오천년 유대인의 지혜와 슬기

성전聖典 탈무드
Talmud

마빈 토케이어 지음 / 김정우 옮김

아이템북스

책머리에

'탈무드' 란 히브리어로 '가르침(Mishnah)에 관한 교훈이나 약속' 이라는 뜻이며 동시에 '위대한 연구' 를 뜻한다.

'사람이 살아 있는 한 누구도 빼앗을 수 없는 것, 그것은 지식이다.' 라는 유대인의 속담이 있다. 유대인은 자식에게 지혜와 지식을 주는 것이야말로 진정한 어버이의 역할이라고 믿어왔다. 이를테면 이러한 '유대인식 육아법' 속에 유대인이 어느 민족보다 뛰어날 수 있는 비밀이 있다 할 것이다.

고금을 막론하고 지혜롭지 못하면 살아 남기 어렵다는 것은 만고의 진리이다. 또한 지혜롭지 못하면 옳바른 처신을 할 수도 없고, 남을 위해 일을 할 수도 없다. 그러나 이 책은 단순히 지혜만을 심어주는 그런 종류의 책은 아니다. 이 책은 지혜를 단련시킬 뿐만 아니라 무한한 진리의 세계로 읽는 이를 안내한다.

탈무드는 지상의 모든 위인들을 한 데 모아 그 사람들이 말한 모든 것을 녹음해 둔 만큼의 가치가 있는 책이다. 인생을 살아가면서 풀기 어려운 갖가지 문제들을 독특한 철학과 인생관을 가지고 풀어 내고 있으며, 특히 그것을 표현하는 기발한 문장작법과 유머, 기지 등은 감탄을 금치 못하게 한다.

탈무드는 1만 2천 쪽에 달하는 방대한 양의 저서로 유대 5천 년의 지혜와 슬기가 총 집결된 보물창고라 할 수 있다.

따라서, 이것은 유대 정신 문화의 근간으로 높이 평가됨은 물론 그들의 종교·사상·철학·역사·법률·사회·민속에 이르기까지 광범위한 분야에 걸쳐 많은 정보를 폭넓게 제공하고 있는 매우 중요한 자료이기도 하다.

즉 탈무드는 법전이 아님에도 율법을 다루고, 역사책이 아님에도 역사를 다루며, 인명사전이 아님에도 수많은 인물이 소개될 뿐만 아니라 백과사전이 아님에도 온갖 것을 총망라해서 다루고 있는 참된 문헌으로서 유대인의 후손들을 위한, 아니 지구상의 온 인류를 위한 정신적 보고(寶庫)인 것이다.

그렇기 때문에 유대인들이 자손의 교육을 위해 만들었던 탈무드는 오늘날 대부분의 국가에서 연구되고 있다. 탈무드를 제대로 이해하게 되면 깊이 있는 정신세계와 보람된 인생을 보내게 될 것이다.

차례

제1부 탈무드 본편

제1장 탈무드의 마음 ·· 011
- 탈무드란 무엇인가 /011 • 세 사람의 위대한 랍비 /019

제2장 탈무드의 귀 ·· 030
- 마법의 사과 /030 • 그릇 /032 • 세 자매 /033 • 혓바닥을 사용하지 않는 뱀 /035 • 하나님께서 맡긴 보석 /035 • 어떤 유서 /036 • 붕대 /039 • 정의의 차이 /039 • 포도밭 /041 • 복수와 증오 /042 • 나무의 열매 /042 • 일곱 번째의 사람 /043 • 약속 /044 • 가정의 평화 /045 • 지도자의 자질 /047 • 세 가지의 현명한 일 /048 • 성(性)의 질서 /052 • 가장 안전한 재산 /053 • 천국과 지옥 /054 • 인생의 세 친구 /055 • 술의 기원 /057 • 효도다운 효도 /058 • 어머니 /059 • 노력의 대가 /059 • 일곱 단계의 일생 /060 • 영원한 생명 /061 • 거미·모기·미치광이 /062 • 선행과 쾌락 /063 • 맹세의 편지 /066 • 하늘 지붕 /067 • 진정한 이득 /068 • 아담과 이브 /068 • 여성의 위력 /069 • 유대인의 의무 /070 • 법률 /070 • 벌거숭이 임금님 /071 • 만찬회 /073 • 소경과 절름발이 /073 • 잃어버린 물건 /074 • 희망 /076 • 유대인을 미워한 황제 /077 • 꿈과 암시 /078 • 대화 /079 • 마음 /081 • 기도 /081 • 암시장 /082 • 시집가는 딸에게 /083 • 숫자 /084 • 사랑 /085 • 비유대인 /086 • 꿈 /087 • 못난 어버이 /087 • 교육 /089 • 공로자 /089 • 감사하는 마음 /091 • 병문안 /092 • 결론 /092 • 약자와 강자 /093 • 일곱 계명 /093 • 하나님 /094 • 작별 인사 /095 • 여섯 번째 /096 • 향료 /097 • 함정 /098 • 솔로몬의 재판 /099 • 중용 /101 • 탈무드 /101 • 상업 /102 • 매매 /105 • 땅 /106

제3장 탈무드의 눈 ·· 107

• 인간 /107 • 인생 /108 • 평가 /109 • 친구 /111 • 우정 /111 • 여자 /112 • 술 /113 • 가정 /114 • 돈 /115 • 섹스 /116 • 교육 /117 • 악 /118 • 헐뜯음 /119 • 판사의 자격 /120 • 동물 /121 • 처세 /121

제4장 탈무드의 머리 ·· 126

• 인간의 애정 /126 • 축복해야 할 때 /127 • '진실'이라는 말 /128 • 평등 /128 • '죄'에 대한 개념 /129 • 태어날 때와 죽을 때 /130 • 아버지와 교사 /131 • 신성한 사람 /131 • 증오 /133 • 결혼 /135 • 학자 /135 • '7'이라는 숫자 /136 • 먹지 않는 것 /136 • 거짓말 /138 • 착한 사람 /138 • 자선을 베푸는 마음 /139 • 두 개의 머리 /139 • 간통죄 /140 • 자백은 무효 /141 • 섹스에 대하여 /141 • 동성연애 /142 • 공정한 재판 /142 • 물레방아 /143 • 보증인 /144 • 광고 /145 • 소유권 /146

제5장 탈무드의 손 ·· 148

• 형제애 /148 • 개와 우유 /150 • 당나귀와 다이아먼드 /151 • 벌금의 규칙 /153 • 자식과 어머니 /156 • 불공정한 거래 /157 • 위기를 극복한 부부 /158 • 하나의 길 /160 • 개와 이리 /163 • 부부싸움 /164 • 진실과 거짓 /165 • 새로운 약 /167 • 새 경영자 /168 • 보트의 구멍 /171 • 축복의 말 /174 • 우는 이유 /175 • 자선행위 /177 • 생명의 바다 /180 • 사자 /181

제6장 탈무드의 발 ·· 183

• 수난의 탈무드 /183 • 탈무드의 내용 /185 • 랍비라는 직업 /186 • 유대인의 장례 /194

차례

제2부 탈무드적 인간

제1장 탈무드와 유대인 ··· 199
• 웃음의 민족 /199 • 시간을 잘 활용하는 인간 /208 • 자기 소생의 기회로 휴일을 활용하라 /209

제2장 탈무드의 발상 ·· 211
• 탈무드적 인간의 시대 /211 • 배움의 정신을 함양하라 /217 • '여유있는 유형' 의 인간 /219 • 권위의식에서의 탈피 /224 • 붕괴된 집단주의 사회 /225 • 연상력을 발휘하는 요령 /228 • 인간은 평등하다 /230 • 자신의 개성을 살려라 /233 • 세계를 자기중심으로 조립하라 /236 • 당당하게 대립하라 /239 • 건전한 성생활 /241 • 극단을 배제하는 지혜 /245 • 가정의 중요성 /247

제3장 탈무드적 인간의 조건 ·································· 250
• 탈무드적 승리 /250 • 풍부한 아이디어의 산실 /258 • '4월의 마음' 을 가지고 있는 탈무드적 인간 /263

제3부 유대인의 지혜

제1장 지식과 지혜 ······································· 271
• 어느 랍비의 유서 /271 • 중요한 것은 배우고자 하는 자세 /272 • 지식보다 지혜를 중시하라 /273 • 배움은 통찰력을 길러준다 /276 • 학식이란 시계와 같은 것 /278 • 교육의 두 종류 /279 • 남을 초월하기보다 자기를 초월하라 /282 • 부모의 유산 /285 • 부모와 스승은 신과 같다 /286

제2장 균형의 조화 ······································· 287
• 돈과 섹스를 혐오하지 말라 /287 • 유대교는 삶의 환희를 추구하는 것 /289 • 사해처럼 저장만 해놓지 말라 /290 • 사흘에 한 번 마시는 술은 금이다 /291 • 시간은 생명과 같은 것 /294 • 감정에 의해 노출되는 정열은 위험하다 /297 • 잡초나 녹도 도움이 되는 것 /298 • 전통을 중시하는 마음 /301

제3장 사랑과 결혼 ······································· 304
• 정열의 생명은 결혼보다 짧은 것 /304 • 여자를 소중히 하는 관습 /305 • 천개의 눈을 가진 질투 /311 • 유대의 중매인 /312 • 조혼의 함정 /314

Talmud 제1부

탈 무 드 본 편

1 탈무드의 마음

탈무드란 무엇인가

어떤 사람이 유대인에 관한 연구를 위해, 먼저 〈구약성서〉를 읽은 다음 유대인에 관한 여러 가지 책을 탐독하였다. 그러나 그는 유대인이 아니었기에 유대인에 대해서 도무지 알 수가 없었다. 그러던 중 그는 유대인의 생활 규범으로 되어 있는 〈탈무드〉를 배우지 않고는 유대인을 이해할 수 없다는 결론을 내리게 되었다.

그는 어느 날 랍비를 찾아가 물어 보기로 마음먹었다. 그래서 어느 날 그가 랍비를 찾아가자 랍비는 대뜸 이렇게 말했다.

"당신이 탈무드를 공부해야겠다고 했는데, 내가 보기에는 아직 탈무드를 읽을 자격이 없소."

그러나 그 사람은 그냥 물러서려 하지 않고 간절히 부탁했다.

"나는 꼭 탈무드를 공부하고 싶습니다. 나에게 그 자격이 있는지 없는지를 한번 시험해 보시면 알 것이 아닙니까? 원컨대 꼭 한번 시험해 주십시오."

그러자 랍비는 그런 결심이라면 어디 간단한 테스트를 해 보자면서 다음과 같이 문제를 제시했다.

"두 남자 아이가 여름방학 때 집의 굴뚝 청소를 했소. 그런데 한 아이는 얼굴이 새까맣게 되어서 내려왔고, 다른 한 아이는 깨끗한 얼굴로 내려왔소. 당신은 두 아이 중 어느 아이가 세수를 할 것이라고 생각합니까?

"그거야 물론 얼굴이 더럽혀진 아이가 아니겠습니까?"

"보시오. 당신은 아직 탈무드란 책을 읽을 자격이 없소."

"그렇다면 어느 쪽입니까?"

사내가 되물었다.

"당신이 탈무드를 공부한 다음에야 그 문제의 답을 내릴 수 있을 것이요."

그리고 랍비는 다음과 같이 설명했다.

"굴뚝 청소를 한 두 명의 아이 중 한 아이는 깨끗한 얼굴로 내려왔고, 또 다른 아이는 더러운 얼굴로 내려왔는데, 얼굴이 더러운 아이는 얼굴이 깨끗한 아이를 보고 자기 얼굴도 깨끗하다고 생각할 것이고, 얼굴이 깨끗한 아이는 얼굴이 더러운 아이를 보고 자기 얼굴도 더럽다고 생각하고 얼굴을 씻겠지요."

그러한 설명을 듣고 나서야 사나이가 외쳤다.

"아, 알았습니다. 한 번 더 테스트해 주시겠습니까?"

그러자 랍비는 똑같은 질문을 했다.

"두 명의 아이가 굴뚝 청소를 했소. 한 아이는 깨끗한 얼굴, 또 다른 아이는 더러운 얼굴이 되었소. 어느 아이가 얼굴을 씻을 것이라고 생각하시오?"

　사나이는 이미 그 답을 알고 있었기 때문에 당연하다는 듯이 얼른 대답했다.
　"그야 물론 얼굴이 깨끗한 아이입니다."
　그런데 이번에도 랍비는 차갑게 대꾸했다.
　"그러기에 당신은 탈무드를 읽을 자격이 없는 것이오."
　사나이는 어리둥절했다.
　"그렇다면 도대체 탈무드에서는 어느 쪽이 정답입니까?"
　사내의 물음에 랍비는 천천히 대답했다.
　"그거야 두 아이가 모두 씻겠지. 왜냐하면, 두 아이가 함께 굴뚝 청소를 했으니 한 아이가 더러운 얼굴로 내려오는데, 다른 아이가 깨끗한 얼굴로 내려올 수는 없는 일 아니오."

이것은 최근에 있었던 이야기이다.

어느 유명한 대학 교수로부터 내게 전화가 걸려왔다. 탈무드를 연구하고 싶은데 하룻밤이면 될 것 같으니 좀 빌려 줄 수 없겠느냐는 것이었다. 나는 흔쾌히 승낙하면서 정중한 말씨로 이렇게 말했다.

"네, 물론 그렇게 하지요. 언제라도 빌려 드리겠습니다. 그러나 오실 때는 반드시 트럭을 준비해 가지고 오시기 바랍니다."

탈무드는 모두 20권으로 1만 2천 쪽에 달하며, 2백 50만 개 이상의 단어로 이루어진 방대한 책으로서 그 무게가 무려 75킬로그램이나 되기 때문이다.

탈무드란 무엇이며, 어떻게 만들어졌고, 어떠한 책인가를 한마디로 설명하기란 지극히 어려운 일이다. 아주 간단히 말하자면 한도 끝도 없는 내용의 책이란 점이다.

탈무드는 책이라고 하기보다는 엄격하게 말하여 '학문'이라고 해야 옳을 것이다. 1만 2천 쪽이나 되는 방대한 탈무드는 기원전 500년으로부터 기원 후 500년에 이르는 약 1천 년의 세월 동안 구전으로 전해 내려오던 것을 2천 명에 달하는 많은 학자들이 10년 동안에 걸쳐 편찬한 것이다.

이 책은 과거 우리 선조들의 생활을 지배해 왔듯 현재 우리의 생활까지도 지배하고 있기 때문에, 유대 5천년의 지혜이자 모든 지식의 저장 창고라 할 수 있다. 그렇지만 이것은 정치가, 관리, 과학자, 철학자, 대부호, 저명 인사에 의하여 만들어진 것이 아니며, 오직 학자들의 손에 의해서 문화, 도덕, 종교, 전통이 총망라된 것임을 알아야만 한다. 이것은 법전이 아니지만 법률을 논하고, 역사책이 아니지만 역사를 말해 주고, 인물사전이 아니지만 많은 인물들을 소개해 주고, 백과사전이 아니지만 백과사전의 구실까지도 해 주고 있다.

삶이란 무엇인가? 인간의 존엄성이란 무엇인가? 행복과 사랑이란 무엇인가? 5천 년 유대 역사의 정신적 재산과 양식이 여기에 모두 담겨 있다. 탈무드야말로 진정한 뜻에서 '뛰어난 문헌'이요 화려한 문화의 모자이크라 아니할 수 없다.

오늘날 서양 문명을 잉태한 문화 양식과 사고방식으로 이해하고자 한다면 탈무드를 먼저 이해하지 않고는 불가능할 것이다.

탈무드의 원류는 〈구약성서〉이지만, 고대 유대인의 사상이라기보다는 구약성서를 보완하여 그것을 더욱 확대 발전시킨 것이라 할 수 있다. 하지만 기독교인들은 예수 출현 이후의 유대 문화를 모두 무시해 왔고 탈무드의 존재도 완강히 거부해 왔다.

탈무드는 학문으로 만들어지기까지는 랍비로부터 제자들에게 입에서 입으로 전해져 내려왔었다. 따라서 그 내부분이 문답 형식으로 되어 있고, 또한 그 내용이 한없이 넓고 깊으며 히브리어와 아랍어로 이야기되었다. 이것이 글로 씌어질 당시는 구두점 따위는 전혀없고 머리말이나 끝맺음 또한 없이 내용만으로 이뤄지고 있다.

탈무드는 너무나 방대한 양이었고, 여러 곳에 무질서하게 흩어져 있었는데, 유대인들은 탈무드의 여러 가지 귀중한 부분들이 없어질 것을 우려하여 탈무드를 전승하고 있는 사람을 여러 곳으로부터 한 곳에 모았던 것이다. 그때 모인 사람들 중 머리가 너무 좋은 사람들은 제외되었는데, 그 까닭은 그들이 자신의 생각을 반영

함으로써 탈무드의 본질을 왜곡할 것을 염려한 때문이었다.

탈무드는 수백 년 동안이나 여러 도시에서 편찬 사업이 추진된 결과 오늘날에는 〈바빌로니아 탈무드〉와 〈팔레스타인 탈무드〉의 두 종류가 알려져 있다. 지금은 〈바빌로니아 탈무드〉가 〈팔레스타인 탈무드〉보다 더 중요시되며 그 권위가 인정되고 있다. 따라서 오늘날 일반적으로 말하는 탈무드는 〈바빌로니아 탈무드〉이다.

탈무드 안에 첨부되어 있는 색인이나 각주는 히브리어를 비롯하여 바빌로니아어·프랑스어·독일어·스페인어·북아프리카어·터키어·폴란드어·러시아어·이탈리아어·영어·중국어 등 여러 나라 말로 주역(註譯)되어 있다.

세계의 모든 나라에서 탈무드가 읽혀지고 연구된 뒤에 새로운 내용을 덧붙인 것이다.

탈무드는 읽는 것이 아니라 배우는 것이다.

우리 작은딸이, 내가 아침 일찍 일어나서 탈무드를 공부하고 있는 것을 보았다가 다시 세 시간 후에 돌아와서 방 안을 살펴보면, 겨우 열다섯 단어 정도밖에 진도가 나가지 않았음을 자주 발견하게 된다. 그러나 이 열다섯 단어를 자신이 이해하고, 그 의미를 진정으로 파악할 수 있다는 것은, 이제까지 나는 인생 경험을 풍부하게 쌓았으며 자신의 사물에 대한 사고법을 새로이 확립시킨 결과로서 생각되기 때문에 자신을 매우 만족한 기분으로 충만시켜 준다. 사고능력이나 정신을 단련하기 위해서는 탈무드만큼 훌륭한 것이 없다고 생각한다.

따라서 탈무드는 유대인의 영혼이라 할 수 있다. 오랜 박해와 이산(離散)의 역사를 겪어 온 유대 민족에게 있어서 오직 탈무드만이 유대인을 지켜 주었다고 할 수 있다.

오늘날에 와서 유대인 모두가 탈무드의 연구가라고는 할 수 없다. 그러나 그들은 정신적인 영양분을 모두 탈무드에서 얻고 있으며, 거기에서 생활의 규범을 찾고 있는 것만은 사실이다.

그것은 유대인의 생활의 일부로 되어 있으며, 유대인이 탈무드를 지켜왔다기 보다는 탈무드가 유대 민족을 지켜 주었다고 말하는 것이 옳을 것이다.

본래 탈무드라는 말은 '위대한 연구', '위대한 학문', '위대한 고전연구' 라는 의미를 지니고 있다. 탈무드는 원래 어느 권(卷)을 펴 보아도 반드시 제2페이지로부터 시작되고 있다. 그것은 탈무드를 읽지 않아도, 당신은 이미 탈무드의 연구가라는 것을 상징하기 위해서이다. 1페이지에는 당신의 경험을 쓰기 위해 남겨진 것이다.

이것은 출판 상식을 벗어난 일이지만, 탈무드는 원래 첫 페이지와 마지막 페이지는 여백으로 남겨 두는 것이 원칙이나.

유대인은 탈무드를 일명 '바다' 라고도 부른다.

바다는 거대하고 모든 것이 거기에 있고 물 밑에는 무엇이 있는지 무궁무진하며 끝이 없기 때문이다. 그러나 탈무드가 아무리 엄청난 것이라 할지라도 겁낼 필요는 없다.

탈무드에 다음과 같은 이야기가 있다.

🍎 두 사람이 기나긴 여행 끝이라 몹시 배가 고팠다. 그런데 어느 방에 들어서자 맛있는 과일들이 가득 담겨져 있는 바구니가 천장에 매달려 있었다. 그것을 본 한 사람이 이렇게 말했다.

"저 과일들이 먹고 싶지만 너무 높이 매달려 있어서 꺼낼 도리가 없군."

그러자 또 한 사람이 말했다.

"정말 먹음직해 보이는군, 나는 저걸 꼭 먹고 말 테야. 저 과일 바구니가 저렇게 높이 매달려 있는 것은 분명 누군가가 저 곳에 매달아 놓았기 때문 아닌가? 나라고 해서 저 곳에 손이 안 닿을 까닭이 없잖은가."

그리고 나서 그는 사다리를 찾아 걸쳐놓고 한 걸음 한 걸음 기어 올라가 그 과일을 꺼내 먹었다.

탈무드가 아무리 위대하고 심오한 것이라 할지라도 그것은 역시 인간에 의하여 만들어진 것이다. 그러므로 인간이 인간의 것으로 만들지 못할 까닭이 없다. 단지 사다리를 걸쳐놓고 한 걸음 한 걸음 올라가는 과정이 필요할 따름인 것이다.

당신이 알고 있는 수백 명의 세계적 위인들을 한 방에 모아 놓고 토론을 벌였다고 가정하자. 그리고 위대한 인물들이 수백 시간에 걸쳐 진지하게 이 방대한 내용을 토론한 것을 완전히 테이프에 담았다고 하자. 분명 이것은 매우 귀중한 자료임에 틀림없을 것이다. 하지만 탈무드는 이것 이상의 충분한 가치를 지니고 있다.

그 한 페이지를 여는 일, 그 자체만으로도 위대한 인물들이 1천 년간 계속 이야기해 온 목소리를 분명 들을 수 있으리라 믿는다. 이 책에서 나는 그 안내자 역할을 하고자 한다.

세 사람의 위대한 랍비

나는 유대학교에 입학하기 위하여 면접시험을 보러 갔을 때 이런 질문을 받았다.

"당신이 이 학교에 입학하려고 하는 이유는 무엇입니까?"

"저는 이 학교에서 공부하는 것이 좋아서입니다."

그러자 그 시험관이 말했다.

"만일 당신이 단순히 공부를 배우기 위해서 이 학교에 입학하려 한다면 도서관으로 가는 편이 나을 것입니다. 학교란 공부를 가르치는 곳이 아닙니다."

그래서 나는 시험관에게 물었다.

"그렇다면 제가 이 학교에 입학할 필요가 없다는 뜻입니까?"

시험관이 대답했다.

"학교에 입학하는 목적은 위대한 스승 앞에 앉기 위해서입니다. 그들로부터 살아 있는 본보기를 배워야 한다는 뜻입니다. 학생은 위대한 랍비나 스승을 마주 대함으로써 한 걸음씩 스스로 배워 가는 것입니다."

여기서 나는 탈무드에 나오는 세 사람의 위대한 랍비들을 소개하려고 한다.

랍비 히레르 *Rabbi hileel*

랍비 히레르는 지금으로부터 2천여 년 전 바빌로니아에서 태어났다. 그가 20세쯤 되었을 무렵, 이스라엘로 가서 위대한 두 명의 랍비에게 배우게 되었는데, 그때는 이스라엘이 로마제국의 지배를 받고 있었으므로 유대인들의 생활이란 매우 고통스런 것이었다.

히레르는 생활을 유지하기 위하여 벌이에 나섰지만 하루에 동전 한 닢을 버는 정도가 고작이었다. 그것도 절반은 최저 생활을 유지하기 위한 수단으로 써야 했고, 나머지 절반은 수업료로 남겨 두어야만 했는데, 그나마 어떤 때는 일자리를 얻지 못할 때가 많아 벌이가 전혀 없는 날도 많았다. 그렇지만 그는 어떻게 하든 학교 강의만은 듣고 싶어 견딜 수가 없었다. 그는 궁리 끝에 학교의 지붕 위로 몰래 올라가 굴뚝 구멍에 귀를 대고 날이 저물 때까지 강의를 들었다. 그런데 그는 엎드린 채 그만 잠이 들고 말았다. 계절은 한겨울이었고, 때마침 펑펑 내린 눈이 잠든 그의 몸을 하얗게 덮어 버렸다.

다음날 아침에 학교 수업은 다시 시작되었다. 그런데 어찌된 영문인지 교실 안이 평소보다 컴컴하였다. 교사와 학생들이 천장을 살펴본 결과 지붕 위의 채광창이 어떤 사람의 몸에 의해 가려져 있는 것을 알 수 있었다. 그들은 의식을 잃고 엎드려 있는 히레르를 지붕으로부터 끌어내려 따뜻한 방에 눕혔다. 얼마 후 히레르가 깨어났고, 그 후부터 그의 수업료가 면제되었다.

그리고 이 일이 계기가 되어 그 후 유대인 학교에서는 학생들로부터 전혀 수업료를 받지 않게 되었다. 이것은 사람들에게 가장 널리 전해져 내려오고 있는 이야기 중의 하나이며, 예수의 말씀 중에도 히레르의 말을 글로 인용한 것이 많다.

히레르는 머리가 좋았을 뿐만 아니라 매우 점잖고 예의 바른 사람이었다. 그는 나중에 랍비의 '대승정(大僧正)'까지 되었다.

언젠가 로마인이 히레르에게 이렇게 말한 적이 있었다.

"내가 한쪽 다리로 서 있을 동안 유대인의 학문을 빠짐없이 말해 보시오."

이때 히레르는 점잖게 타일렀다.

"자기가 당하기 싫은 일을 남에게 강요하지 마시오!"

또 어느 날 학생들이 그를 화나게 할 수 있는가 없는가를 시험해 보기 위해 내기를 한 적이 있었다.

유대인들은 안식일을 경건하게 맞이한다. 안식일은 금요일 오후부터 토요일 오후까지 만 하루 동안으로 이 날에는 몸과 마음을 깨끗이하고 안식일을 맞이한다. 이 날에는 특별한 음식을 준비하였다가 먹곤 하는데, 절대로 이 날만은 불을 사용하지 않는다.

히레르가 안식일을 맞이하기 위하여 어느 금요일 낮에 목욕탕에 들어가 목욕을 하고 있을 때, 내기를 건 학생이 찾아와서 문을 두드렸다. 히레르가 젖은 몸을 수건으로 닦고 옷을 걸친 다음 목욕탕 밖으로 나오자 그 학생이 대뜸 물었다.

"랍비님, 인간의 머리통은 왜 둥근가요?"

쓸데없는 질문이었으나 히레르는 그의 질문에 친절히 답해준 다음 다시 목욕탕 안으로 들어갔다. 그러자 그 학생은 다시 문을 두드렸고, 그가 나오자 '검둥이는 왜 살갗이 검은가요?' 따위의 실없는 질문을 되풀이했다. 히레르는 이번에도 친절하게 그 질문에 대답한 다음 목욕탕 안으로 들어갔다. 그러자 그 학생은 바로 문을 두드렸고 또 쓸데없는 질문을 하였는데, 이런 일이 다섯 번이나 거듭되도록 여전히 젖은 몸을 수건으로 닦아낸 다음 옷을 입고 나와 학생의 질문에 답을 해주었다. 결국 그 학생은 이렇게 항의했다.

"랍비님 같은 분이 있다는 것이 제게는 큰 불행입니다. 저는 랍비님 때문에 많은 돈을 잃게 되었단 말입니다."

그러자 히레르가 이렇게 대답했다.

"내가 인내력을 잃게 되는 것보다는 자네가 돈을 잃게 되는 편이 훨씬 낫지 않은가?"

그리고 또 언젠가 히레르가 거리를 급히 걸어가고 있는데 학생들이 달려와 물었다.

"선생님, 왜 그렇게 급히 걷고 계십니까?"

히레르가 대답했다.

"나는 지금 좋은 일을 하기 위해서 급히 가고 있는 중이네."

학생들은 무슨 좋은 일인가 하고 궁금히 여긴 나머지 그의 뒤를 따라갔다. 그런데 그는 공중 목욕탕 안으로 들어가 자신의 몸을 씻기 시작하였다.

궁금하게 생각한 학생들이 또 물었다.

"선생님, 몸을 씻는 것이 어째서 좋은 일입니까?"

그러자 히레르가 대답했다.

"인간이 자신의 몸을 깨끗이 씻는다는 일은 좋은 일이다. 로마인들을 보아라. 그들은 수많은 동상들을 매일 같이 깨끗이 씻고 있다. 그러나 인간이 동상의 몸을 씻는 일보다는 자신의 몸을 깨끗이 씻는 일이 더 좋은 일이다."

히레르는 이 밖에도 위대한 명언들을 수없이 남겼다. 모두가 되새기면 새길수록 새로운 지혜가 샘솟는 듯한 좋은 명언들이다. 그 중 몇 가지를 알아보자.

- 당신이 만약 지식을 쌓아가지 않는다면 그것은 바로 지식을 감소시키고 있는 중이다.
- 자신의 이름을 남들에게 알리고자 힘쓰는 자는 이미 자신의 이름에 스스로 먹칠을 하고 있는 것이다.
- 상대방 입장이 되어 보지 않고 남을 쉽게 판단하지 말라.
- 배우고자 하는 사람은 부끄러움이 없어야 한다.
- 인내심이 없는 자는 결코 남의 스승이 될 수 없다.
- 만일 당신의 주위에 훌륭한 사람이 없다면, 당신 스스로가 훌륭한 인물이 되지 않으면 안 된다.
- 만일 스스로가 자신을 위해 일을 하지 않는다면 이 세상에 아무도 자신을 위해 일을 해줄 사람은 없다.
- 지금 당장 그 일을 시작하지 않는다면 언제 그 일을 할 수 있는 날이 오겠는가?
- 인생 최대의 목적은 평화를 사랑하고, 평화를 추구하고, 평화를 성취하는 데 있다.
- 자기 자신만을 위하는 인간이 있다면, 그는 그 자신마저도 위할 자격조차 없다.

랍비 요한나 벤 자카이 (Johnnan ben Zakkai)

요한나 벤 자카이는 유대민족이 사상 최대의 위기에 처했을 때 맹활약을 했던 사람이다. 기원 후 70년에 로마인들이 유대민족의 성전을 파괴하고 유대인 말살을 기도할 때 당시 그는 비둘기파였었다. 그래서 그는 항상 매파의 감시를 받고 있어야만 했다. 그는 유대민족이 영원히 살아남기 위한 방법만을 필사적으로 연구하고

　있었다. 그 결과 그는 로마의 한 장군을 찾아가 어떤 일인가를 부탁하지 않으면 안 되었다.

　그러나 그 당시 유대인들은 모두 예루살렘의 성 안에 갇혀 있었기 때문에 출입이 전혀 불가능했다. 그렇지만 그는 한 가지 계교를 생각해 낸 끝에 탈출하는 데에 성공했던 것이다.

　그는 우선 병자 노릇을 했다. 그러자 많은 사람들이 병문안을 왔다. 이윽고 그가 곧 죽을 것이라는 소문이 퍼지기 시작했고, 얼마 후에는 결국 그가 죽었다는 소문이 났다.

　제자들은 그를 관 속에 넣어 성밖으로 들고나가 묻게 해달라고 허가 신청을 했다. 그러나 매파의 수비병들은 그가 죽었다는 사실을 쉽사리 믿으려 하지 않았고, 칼로 시체를 찔러 봐야겠다고 했다. 유대인들의 전통으로 시체를 눈으로 보지 못하게 되어 있었기 때문에 그들은 요한나의 죽음을 확인할 수가 없었다.

그래서 그들은 관으로 다가서 칼로 찌르려고 했다. 그때 제자들은 그런 무례한 행위는 죽은 이를 모독하는 행위라고 필사적으로 제지했다. 일반적으로 유대인의 장례란 관을 노천에 방치하는 것이지만, 제자들은 스승이 대승정이기 때문에 정중히 매장하여 드리고 싶다고 했다. 마침내 그들의 주장이 받아들여져 로마군이 지키고 있는 전선 쪽으로 향할 수 있었다.

전선에 이르자 로마 병사들 또한 매파의 감시병들처럼 관을 칼로 찔러 보아야 한다고 말하며 칼을 빼어 들었다. 그러자 제자들이 언성을 높여 항의했다.

"만일 로마 황제가 죽었다면 당신들이 관을 칼로 찌를 것인가? 우리는 전혀 무장도 하지 않은 사람들이 아닌가?"

그리하여 결국 전선을 통과하는데 성공하였으며, 랍비 요한나는 관 속에서 나와 로마군의 사령관에게 면담을 요청했다. 사령관 앞에 선 그는 사령관의 눈을 지그시 바라보며 정중하게 말했다.

"나는 당신에게 로마 황제를 대하듯 높은 같은 경의를 정중히 표하는 바입니다."

그러자 사령관은 로마 황제를 모독하는 말이라고 벌컥 화를 내었다. 요한나는 다음 말을 계속 하였다.

"제 말을 믿으십시오. 사령관께서는 분명코 다음 차례의 로마 황제이십니다."

그러자 사령관이 기쁨을 감추지 못했다.

"당신이 무슨 말을 하고 있는지 알 것 같소. 그러면 당신이 나에게 부탁하고자 하는 것이 무엇이오?"

"꼭 한 가지만 부탁 드리고자 합니다."

랍비가 서둘러 말했다.

"교실 한 칸이라도 좋으니 학교를 하나만 만들어 주십시오. 열 명의 랍비가 들어갈 수 있는 정도의 것이면 되겠습니다. 그리고 어떤 일이 있어도 학교만은 파괴하지 않는다고 약속해 주십시오. 이것이 바로 저의 간절한 소망입니다."

그는 머지않아 예루살렘이 로마군에게 완전히 장악되어 파괴되리라는 것을 이미 알고 있었던 것이다. 모든 집들이 불살라질 것이고, 많은 유대인들이 처형될 것이 뻔했다. 그러나 단 하나의 학교라도 남아 있다면 유대인의 전통은 끊기지 않을 것이다.

사령관의 입장에서 본다면 그것은 그리 대단한 부탁도 아니었다. 그래서 사령관은 흔쾌히 약속했다.

"좋소, 그렇게 해 드리겠소."

얼마 후 로마의 황제가 죽자, 랍비 요한나의 예언대로 그 사령관이 황제의 자리에 올랐다. 그리고 예루살렘은 짐작한 대로 로마군이 장악했다. 황제는 로마군에게 즉각 명령을 내렸다.

"내가 허가한 그 작은 학교만은 파괴하지 말라!"

바로 그때 그 작은 학교에서 목숨을 부지하였던 몇 명의 랍비들에 의하여 유대인의 지식과 전통이 이어졌던 것이다. 그리고 전쟁이 끝나자 그 학교에 의하여 유대인들의 생활 기반이 새롭게 이루어져 갔던 것이다. 랍비 요한나는 이렇게 말했다.

"착한 마음을 소유한 것이야말로 가장 큰 부를 소유한 것이다."

유대인은 제단에 금속을 절대로 사용하지 않으며 오로지 돌만을 사용한다. 그것은 금속이 무기를 만드는 재료이기 때문이다.

제단은 신과 인간의 사이에 평화를 가져다 주는 존재인 동시에 신과 인간을 연결시켜 주는 다리의 상징이기도 하다. 이를테면 말을 할 줄 모르는 돌조차도 신과 인간의 사이를 연결시킬 수가 있다는 의미가 된다. 그러므로 랍비 요한나는 이렇게 가르쳤다.

"여러분은 인간이기 때문에 남편과 아내 사이의 평화는 물론, 나아가서는 국가와 국가 사이의 평화를 가져올 수 있는 것입니다."

랍비 아키바 Rabbi Akiva

랍비 아키바는 탈무드에 등장하는 여러 랍비들 가운데에서도 가장 존경을 받는 인물이라 할 수 있으며, 유대민족의 영웅이기도 하다.

젊은 시절, 아키바는 큰 부잣집의 양치기로 일하고 있었다. 그러던 중 그 주인집 딸과 사랑하게 되었고, 결혼까지 하기에 이르렀다. 그러나 결국 주인집 딸은 아버지의 반대를 무릅쓰고 결혼을 하였으므로 내쫓기는 신세가 되었다.

아키바는 가난한 살림탓에 학교에 갈 엄두조차 내지 못했다. 배우지 못한 그는 읽고 쓰는 것마저도 제대로 할 수 없는 형편이었다. 그러던 어느 날 아내가 말했다.

"제게 오직 하나의 소원이 있습니다. 이제부터라도 부디 공부를 하시기 바랍니다."

이리하여 그는 늦기는 하였으나 나이어린 학생들과 함께 공부를 하게 되었고, 그가 13년 동안의 학교 공부를 마치고 돌아왔을 땐 이미 당대의 우수한 학자로서 명성을 떨치게 되었다.

후에 그는 최초의 탈무드 편집자가 되었으며, 의학과 천문학에도 조예가 깊었을 뿐만 아니라 여러 나라의 말을 두루 잘 구사하였고, 로마에 유대인의 사절로 파견된 것도 여러 차례였다.

또한 그는 기원 후 132년, 유대인들이 로마의 지배에서 벗어나기 위해 반란을 일으켰을 때 유대인의 정신적 지도자로 크게 활약했다. 이 반란을 진압한 후 로마 당국은 학문을 하는 유대인은 모조리 잡아죽이겠다고 공포를 했다. 그들은 유대인들이 학문을 통해 진정한 유대인이 된다는 사실을 너무 잘 알고 있었기 때문이다.

그때 랍비 아키바는 다음과 같은 여우의 이야기를 했다.

🍎 어느 날 여우가 시냇가를 걷고 있는데, 물 속의 물고기들이 바삐 헤엄치며 다니고 있었다. 여우는 그 중의 한 물고기에게 물었다.

"물고기야, 왜 너는 그렇게 바삐 헤엄을 치고 있니?"

물고기가 대답했다.

"우리들을 잡으러 올 그물이 두려워서 그러는 거예요."

그러자 여우가 또 물었다.

"그렇다면 이리로 나오렴. 언덕으로 올라오면 내가 지켜줄 테니까 안심해도 좋을 꺼야."

그러자 물고기가 이렇게 말했다.

"여우님, 나는 당신의 머리가 꽤 좋은 걸로 알고 있었는데 이제 보니 형편없는 멍텅구리군요. 우리는 이제껏 우리가 살아온 물 속에서도 이렇게 두려운데 그 언덕에 올라가면 무슨 변을 당할지 어떻게 알아요?"

말하자면 랍비 아키바는 이 이야기를 통해 '유대인에게 있어서 학문은 물과 같은 것이니, 학문을 떠나 학문이 없는 곳에 이르게 되면 죽게 될 것은 뻔한 이치요, 따라서 유대인은 어떻게 해서든 학문을 하지 않으면 안 된다'는 것을 강조했던 것이다.

결국 그는 로마인들에게 체포되어 처형이 확정되었다. 로마인들은 그를 십자가에 매달아 죽이는 방법은 그를 너무나 편한 방법으로 죽이는 것이라 생각하였다. 그래서 불에 새빨갛게 달군 인두로 그의 온몸을 지져서 죽이기로 했다.

그가 처형되던 날, 유대인의 지도자가 처형된다 하여 로마군의 사령관이 형장에 입회하였다. 때는 마침 아침해가 떠오를 무렵이어서 아침 기도를 올릴 시간이었다. 새빨간 인두가 온몸을 사정없이 지져대는 데도 불구하고 그는 아침 기도문을 외우기 시작했다.

이 광경을 지켜보던 로마군 사령관이 눈이 휘둥그래진 채 그에게 이렇게 물었다.

"그대는 어찌 이토록 심한 고통속에서도 태연하게 기도를 올릴 수 있는가?"

그러자 랍비 아키바가 대답했다.

"나는 지금 이렇게 죽음을 맞아서도 하나님께 기도를 올릴 수 있는 나 자신을 발견하고, 내가 진정 하나님을 사랑하고 있음을 깨달았으니 그보다 더한 기쁨이 어디에 있겠소?"

이렇게 조용히 말을 마치면서 그는 생명의 등불을 잃어갔다.

2 탈무드의 귀

마법의 사과

임금님에게 외동딸이 있었다. 그 귀한 딸이 우연히 무서운 병에 걸려 사경을 헤메게 되었다. 의사는 영약을 먹이지 않은 한 살아날 가망이 없다고 말했다.

그래서 임금은 자기 딸의 병을 낫게 하는 자에게 딸과 결혼하게 하고, 다음 왕으로 삼겠다는 포고문을 써 붙였다.

이때 아주 먼 변경 지방에 세 사람의 형제가 살고 있었는데, 한 사람이 망원경으로 그 포고문을 보았다. 그리고 그녀를 불쌍히 여긴 삼 형제는 어떻게 해서든지 공주의 병을 낫게 해 주자고 의논했다. 형제들 중 둘째는 마술의 양탄자를 가지고 있었고, 셋째는 마술의 사과를 가지고 있었다. 양탄자는 아무리 먼 거리도 순식간에 날아갈 수 있는 것이었고, 사과는 먹으면 어떤 병이라도 낫는 영약이었다. 그래서 그들 삼형제는 양탄자를 타고 왕궁에 도착한 뒤 서둘러 사과를 공주에게 먹였다. 그러자 공주의 병은 거짓말처럼 나았다.

　사람들은 모두 뛸 듯이 기뻐했고, 임금님은 큰 잔치를 베풀고 약속한 대로 왕위 계승자를 발표하기에 이르렀다.
　그런데 일이 난처해졌다. 삼형제 중 맏형이 이렇게 주장했다.
　"내가 만약 망원경으로 포고문을 보지 않았더라면 우리가 여기에 올 수 없었다."
　그러자 둘째가 나섰다.
　"내 마술의 양탄자가 아니었더라면 이곳까지 빨리 올 수가 없었을 것입니다."
　그러자 이번에는 셋째가 또 나섰다.
　"내 사과가 아니었다면 공주님의 병은 고칠 수 없었을 것입니다."
　만일 당신이 그 임금이라면 공주를 누구에게 주겠는가?
　정답은 바로 사과를 가지고 있는 셋째다.

왜냐하면 망원경을 가지고 있던 맏형은 망원경을 그대로 가지고 있었고, 양탄자를 가지로 있던 둘째도 양탄자를 그대로 가지고 있었다. 그러나 사과를 가지고 있던 셋째는 사과를 주어버렸기 때문에 사과가 없었다. 그는 공주의 병을 낫게 하기 위하여 자기의 귀중한 것을 없애버린 것이다.

탈무드에 의하면 "무엇을 해줄 때에는 가지고 있는 모든 것을 그것에 바치는 것이 가장 중요하다."고 강조하고 있다.

그릇

지혜롭고 머리는 무척 좋지만 얼굴이 형편없이 못생긴 랍비가 한 사람 있었다. 그가 어느 날 로마 황제의 딸인 공주를 만나게 되었다. 공주는 그를 보자 대뜸 이렇게 말했다.

"그토록 놀라운 지혜가 이처럼 못생긴 그릇에 담겨 있군요."

그러자 랍비가 이렇게 물었다.

"공주님, 이 왕궁 안에 술이 있습니까?"

공주가 고개를 끄덕이자 그가 다시 또 이렇게 물었다.

"그 술은 어떤 그릇에 들어 있습니까?"

"보통의 항아리나 주전자 따위의 그릇에 들어 있어요."

랍비는 깜짝 놀란 듯 이렇게 말하였다.

"로마의 공주님이신 훌륭한 분께서 금이나 은으로 만들어진 훌륭한 그릇도 많으실 텐데 왜 하필이면 그런 보잘것 없는 질그릇에 술을 담아 두십니까?"

이 말을 들은 공주는 곧 시녀들을 불러 이제껏 금과 은으로 된 그릇에 담겨 있던 물과 질그릇에 담겨 있던 술을 바꾸어 담도록 명령했다. 그 결과 술맛은 곧 변하여 맛이 없게 되었다.

로마 황제가 노하여 크게 꾸짖었다.

"누가 이런 그릇에 담는 어리석은 짓을 했단 말이냐?"

공주는 얼굴이 새빨개져서 어쩔 줄을 몰랐다.

"황공하옵니다. 제가 생각이 모자라서 그렇게 하도록 잘못 시켰습니다."

공주는 그렇게 사과한 후 곧 랍비에게로 가서 몹시 화를 내며 항의했다.

"랍비님, 어찌하여 당신은 내게 그런 어리석은 일을 시켰단 말씀입니까?"

그러자 랍비는 태연히 이렇게 대꾸하였다.

"저는 다만 몹시 귀중한 것이라 할지라도 때로는 보잘것 없는 질그릇에 담아 두는 편이 훨씬 나은 경우도 있다는 사실을 공주님께 가르쳐 드리고 싶었을 따름입니다."

세 자매

옛날, 세 딸을 가진 아버지가 있었다. 세 딸은 모두가 아름다웠으나 제각기 한 가지씩의 결점을 지니고 있었다 그 중 한 딸은 게으름뱅이었고, 다른 딸은 물건을 훔치는 버릇이 있었으며, 또 한 딸은 남의 험담하기를 즐겨했다.

어느 날 세 아들을 가진 어떤 사람이 그를 찾아와 세 딸을 자기 집으로 시집 보내는 것이 어떻겠느냐고 말했다. 그가 자기 딸들에게 이런저런 결점이 있노라고 고백하자, 그 사람은 그런 정도의 흠은 자기가 책임을 지고 고쳐나갈 수 있으니 염려말라는 것이었다.

그리하여 세 자매는 세 아들에게 각각 시집을 가게 되었다.

세 며느리를 맞이한 시아버지는 게으름뱅이 며느리에게 많은 몸종을 딸려 일을 하게 했다. 그리고 물건을 훔치는 버릇이 있는 며느리에게는 창고의 열쇠를 몽땅 내어 주면서 '가지고 싶은 것이 있으면 무엇이든지 언제나 마음대로 가지라'고 했으며, 남의 험담하기를 좋아하는 며느리에게는 매일 아침마다 '오늘은 남을 헐뜯어 말할 것이 없느냐.'고 물었다.

 어느 날 친정 아버지는 시집간 딸들이 궁금하여 딸네 집을 찾아 갔다. 큰딸은 마음대로 게으름을 피울 수가 있어 행복하다고 말했다. 둘째는 갖고 싶은 것은 언제라도 마음껏 가질 수 있으니까 행복하다고 했다.

그러나 막내는 시아버지가 자신에게 남자 관계를 따지곤 하는 일이 몹시 괴롭다고 말했다. 아버지는 두 딸의 말은 사실로 여겼으나 막내의 말만은 곧이듣지 않았다.

왜냐하면 막내가 자신의 시아버지까지도 헐뜯고 있었기 때문이다.

혓바닥을 사용하지 않는 뱀

세상의 온갖 동물들이 다 모여 뱀에게 물었다.

"사자는 사냥감을 쓰러뜨린 다음에 먹고, 이리는 사냥감을 찢어 가지고 먹는다. 그런데 뱀, 너는 사냥감을 통째로 그냥 꿀꺽 삼키니 이게 도대체 무슨 경우냐?"

그러자 뱀이 대답했다.

"그렇지만 나는 남을 헐뜯는 인간보다는 낫다고 생각한다. 적어도 혓바닥을 함부로 놀려 남에게 상처를 입히는 일 따위는 하지 않으니 말이다."

하나님께서 맡긴 보석

메이어라는 랍비가 교회에서 설교를 하고 있었는데, 그때 그의 집에서는 두 아이가 죽어가고 있었다. 아이들이 죽자 랍비의 아내는 그 죽은 아이들을 이층으로 옮기어 흰 천으로 덮어 두었다.

이윽고 메이어가 교회에서 돌아오자 아내는 그에게 이렇게 물었다.

"당신께 꼭 물어 보고 싶은 일이 한 가지 있습니다. 어떤 사람이 제게 잘 보관해 달라고 하면서 아주 값비싼 보석을 맡기고 갔습니다. 그런데 그가 갑자기 맡겼던 그 보석을 찾아가겠다고 제게로 왔습니다. 그렇다면 저는 어떻게 해야만 합니까?"

메이어는 주저하지 않고 말하였다.

"그야 그 보석을 맡겼던 주인에게 당장 돌려줘야 하지 않겠소?"

그러자 아내는 사실을 말했다.

"사실은 하나님께서 제게 맡기셨던 두 개의 값진 보석을 되찾아 가지고 하늘로 올라가셨습니다."

메이어는 아내의 말을 즉시 알아들었고, 그리고 아무 말도 할 수가 없었다.

어떤 유서

예루살렘으로부터 멀리 떨어진 마을에 사는 어느 현명한 유대인이 그의 아들을 예루살렘에 보내 공부하게 하였다.

그런데 아들이 예루살렘에 가서 공부를 하고 있는 동안 그가 중병에 걸렸다. 그는 아무래도 아들을 만나 보지 못하고 죽을 것 같아 유서를 썼다. 그의 유서는 모든 재산을 한 노예에게 상속하고 아들에게는 그중 단 한 가지만 아들이 원하는 것을 준다는 내용의 것이었다.

결국 그는 죽었고, 노예는 자신의 행운을 기뻐하면서 예루살렘으로 달려가 주인집 아들에게 아버지의 죽음을 알리고 나서 유서를 내밀었다. 아들은 큰 슬픔에 빠졌다.

아버지의 장례를 치르고 난 아들은 어떻게 해야 좋을 것인지 생각하다가 랍비를 찾아가 상의하기로 했다. 랍비를 찾아간 그는 유서의 내용을 설명한 다음 불만에 가득 찬 말투로 이렇게 투덜

거렸다.

"이제까지 제가 아버님을 화나게 해드린 일이라곤 한번도 없었는데, 아버님께서는 무슨 이유로 제게 재산을 상속하지 않으셨는지 모르겠습니다."

그러자 랍비가 말하였다.

"진정하게. 자네 아버님께서는 매우 현명한 분이시네. 아버님께서는 자네를 진심으로 사랑하셨던 것일세. 이 유서가 그것을 잘 말해 주고 있네."

그렇지만 아들은 납득할 수가 없어 계속 원망했다.

"노예에게 모든 재산을 상속하시다니, 그건 말도 안 됩니다. 아버님께서 절 손톱만큼이라도 사랑하셨다면 그런 어리석은 조치는 하지 않으셨을 겁니다."

랍비가 다시 알아듣게 타일렀다.

"자네도 자네 아버님처럼 현명한 생각을 가져야 하네. 자네 아버님께서 진정 원하신 바가 무엇이었는가를 잘 생각해 본다면, 아버님께서 자네에게 남기신 것이 무엇인지 곧 알아낼 수 있을 걸세."

그리고 랍비가 다음과 같이 설명했다.

"아버님께서는 자신이 죽고 나면 아들인 자네가 집에 없으므로 노예가 재산을 가지고 도망치거나 마구 탕진해 버리거나 또 경우에 따라서는 자기가 죽었다는 사실마저도 아들에게 알리지 않을 수가 있다고 생각하셨네. 또한 모든 재산을 노예에게 상속한다는 유서를 남기신 것은 재산을 모두 노예에게 상속함으로써 노예가 기뻐하며 자네에게 달려가 자신의 죽음을 알릴 것이고, 재산도 소중하게 간수해 둘 것이라는 것을 아버님께서는 잘 알고 계셨던 것이네."

"그것이 제게 무슨 소용이란 말씀이십니까?"

"자네는 젊은 탓으로 역시 자네 아버님의 현명함에 미치지 못하는군. 노예의 재산은 모두 주인에게 속한다는 사실을 왜 생각지 못하고 있는가? 아버님께서는 유서에 분명 단 한 가지만은 자네에게 원하는 것을 가질 수 있도록 쓰시지 않았는가? 그러니까 자네는 전 재산을 가진 노예를 선택하면 될 것이야. 자네 아버님의 애정과 현명함에 고개 숙이지 않을 수 없네."

그제야 비로소 아들은 아버지의 깊은 뜻을 깨달았고, 랍비의 말대로 한 다음 그 노예를 해방시켜 주었다. 그 후 그 아들이 세상을 살아가면서 항상 입버릇처럼 하는 말이 있었다.

"나이 많은 사람들의 지혜는 감히 따르지 못한다."

붕대

법률이란 마치 붕대와 같은 것이다.

어떤 나라 임금님이 어쩌다 상처를 입은 아들에게 붕대를 감아 주면서 이렇게 당부했다.

"아들아, 이 붕대를 꼭 감고 있어야 한다. 붕대를 풀어 버리지만 않는다면 너는 무엇을 먹거나 달리거나 물 속에 들어가더라도 결코 통증을 느끼지 않을 것이다. 그렇지만 이 붕대를 풀어 버린다면 상처가 심해지고 크게 덧날거야."

인간의 마음도 이와 똑같은 이치라 할 수 있다. 사람의 마음속에는 악한 마음이 숨어 있게 마련이다. 그렇지만 법률을 지킨다면 결코 사람이 악에 빠지게 되는 일이란 없을 것이다.

정의의 차이

알렉산더 대왕이 이스라엘에 갔을 때, 한 유대인이 대왕에게 물었다.

"대왕께서는 우리들이 가지고 있는 금은 보화가 탐나십니까?"

그러자 알렉산더 대왕은 이렇게 대답했다.

"나는 금은 보화를 많이 가지고 있다. 그러므로 그런 것은 조금도 탐이 나지 않는다. 다만 너희 유대인들의 생활 관습과 한결같은 옳바름에 대해 알고 싶을 따름이다."

알렉산더 대왕이 이스라엘에 머무르고 있는 동안 마침 유대인

두 사람이 어떤 일을 상의하려고 랍비를 찾아갔다. 그중 한 사람이 상대편으로부터 쓰레기를 샀는데, 그 쓰레기 속에서 많은 돈이 나왔다는 것이다. 그래서 그 쓰레기를 산 사람은 판 사람에게 말했다.

"나는 고물 부스러기들을 산 것이지 돈까지 산 것은 아니오. 그러므로 이 돈은 마땅히 당신이 돌려 받아야 하오."

하고 주장했다. 그러나 그 쓰레기를 판 사람은 판 사람대로 사양을 했다.

"무슨 말씀을, 나는 그 고물 부스러기 전체를 판 것이니 그 속에 무엇이 들었건 그건 모두 당신 것이오."

하고 대답하는 것이었다.

그래서 랍비는 이 사건에 대해 이렇게 판결을 내렸다.

"당신에게는 딸이 있고, 또 당신에게는 아들이 있소. 그러므로 그들을 결혼시켜 가지고 그들에게 그 돈을 주는 것이 합당한 일이라 생각하오."

그리고 나서 랍비가 알렉산더 대왕에게 이 문제에 관해서 물었다.

"대왕 폐하. 폐하의 나라에서는 이런 경우 어떻게 판결을 내리고 있습니까?"

알렉산더 대왕의 답변은 간단했다.

"우리 나라에서는 그럴 경우 두 놈을 모두 죽이고 그 돈은 내가 갖는다. 그것이 내가 생각하는 합당한 조치다."

포도밭

어느 날, 여우 한 마리가 포도밭 울타리 곁에서 어떻게 하든 포도밭으로 들어가려고 애쓰고 있었다. 그러나 도무지 울타리를 뚫고 들어갈 방법이 없었다. 궁리에 궁리를 거듭한 끝에 여우는 사흘 동안을 굶어서 몸을 홀쭉하게 만든 다음에야 겨우 울타리 틈새를 뚫고 들어갔다.

포도밭에 들어간 여우는 맛있는 포도를 실컷 따먹을 수 있었다. 하지만 막상 포도밭으로부터 빠져나오려 할 때 배가 불러 도저히 빠져 나올 수가 없었다. 그리하여 여우는 또다시 사흘 동안 굶은 다음 몸을 홀쭉하게 만들어 가지고 간신히 포도밭에서 나왔다.

울타리를 빠져 나온 여우는 이렇게 말했다.

"결국 배고프기는 들어갈 때나 나올 때나 다른 것이 없군."

사람의 삶도 이와 마찬가지인 것이다. 사람이란 누구나 빈 손으로 왔다가 빈 손으로 가게 마련이다.

사람이 죽은 뒤에는 가족과 부귀와 선행 등 세 가지를 이 세상에 남기게 된다. 그렇지만 이 세 가지 중 선행 이외의 것은 별로 가치가 없는 것이다.

복수와 증오

어떤 사람이 친구에게 낫을 빌려 달라고 했다. 그러자 그 친구는 싫다고 거절했다.

얼마 후 반대로 그 친구가 그에게 찾아와 말을 빌려 달라고 했다. 그러자 그는 이렇게 거절했다.

"자네가 낫을 빌려주지 않았는데 내가 말을 빌려 줄 수 있겠나?"

이것은 복수에 속한다.

어떤 사람이 친구에게 낫을 빌려 달라고 했다. 그러자 그 친구는 안 된다고 거절했다.

얼마 후 반대로 그 친구가 그에게 찾아와 말을 빌려 달라고 했다. 그러자 그는 이렇게 말하면서 말을 빌려 주었다.

"자네는 내게 낫을 빌려 주지 않았지만 나는 빌려 주겠네."

이것은 증오에 속하는 것이다.

나무의 열매

한 노인이 뜰에서 묘목을 심고 있었다. 그때 지나가던 나그네가 이것을 보고 노인에게 물었다.

"영감님께서는 이 나무에 언제쯤 열매가 열릴 것으로 생각하십니까?"

노인의 대답은 이러했다.

"아마 70년쯤 지나면 열리지 않겠소?"

그러자 나그네가 다시 물었다.

"영감님께서 그때까지 사실 수 있으리라고 생각하십니까?"

노인은 대답했다.

"아니오, 그런 것이 아니오. 내가 어렸을 때 우리 과수원에 과일이 많이 달려 있었소. 그것은 내가 태어나기 훨씬 전에 내 아버님께서 나를 위해 그 나무들을 심어 주셨기 때문이었소. 나도 아버님과 똑같은 일을 지금 하고 있는 중이오."

일곱 번째의 사람

한 랍비가 이렇게 말했다.

"내일 아침에 여섯 사람이 모두 모인 다음 어떤 문제에 대한 해결책을 의논합시다."

그런데 다음날 아침, 모인 사람은 모두 일곱 사람이었다. 초대하지 않은 사람이 하나 끼어 있었다. 랍비는 초대하지 않은 그 한 사람이 누구인지 도무지 알 수가 없었다.

그래서 그는 이렇게 말했다.

"여기에 초대받지 않은 분은 이 자리에서 나가 주시기 바랍니다."

그러자 유명한 랍비로서 누가 생각하든 꼭 그 자리에 있어야만 할 사람이 침착한 태도로 일어나서 나가 버렸다.

왜 그 사람이 나갔다고 생각하는가? 그는 초대받지 않았음에도 초대받은 것으로 잘못 알고 나온 사람이 창피함을 느끼지 않도록 하기 위해 그 자신이 자진해서 나갔던 것이다.

약속

아름다운 아가씨가 가족과 함께 여행을 하고 있었다. 그런데 어느 날 그 아가씨는 잠깐 혼자서 산책을 즐기다가 그만 길을 잃고 말았다. 그녀가 어떤 우물가에 이르렀을 때, 목이 몹시 말랐기 때문에 두레박 줄을 타고 우물 속으로 내려가 실컷 물을 마셨다.

그런데 다시 올라갈 생각을 하니 앞이 캄캄하였다. 그녀는 구출을 호소하기 위하여 큰 소리로 울음을 터뜨렸다.

때마침 그 옆을 지나던 한 젊은이가 그 소리를 듣고 그녀를 구해 주었다. 그것이 인연이 되어 두 사람은 곧 사랑을 맹세하는 사이가 되었다.

며칠이 지나가 그 젊은이는 아가씨와 작별을 하고 다시 길을 떠나지 않으면 안 되었다. 그들은 자신들의 사랑을 성실히 지킬 것을 서로 굳게 약속하였다.

아가씨는 그와 결혼하게 될 그날까지 기다리겠노라고 했다. 하지만 그 젊은이는 자기들의 언약에 대한 증인이 필요하다고 생각했다. 때마침 족제비 한 마리가 숲 속을 향하여 가고 있었다.

아가씨가 말했다.

"됐어요, 저 족제비와 이 우물이 우리의 약속의 증인이에요?"

그리고 두 사람은 헤어지게 되었다. 그후 아가씨는 이 약속을 지키기 위하여 결혼도 하지 않은 채 젊은이를 학수고대 기다리고 있었다. 하지만 젊은이는 멀고 먼 타향에서 다른 여자와 결혼하여 아이를 낳고 행복하게 살았다.

몇 년의 세월이 지난 뒤 그 젊은이가 낳은 아이가 밖에서 놀다 풀밭에 엎드려 잠들었다. 그때 족제비 한 마리가 나타나 그 아이의 목을 물어 아이는 그만 죽고 말았다. 젊은이와 그의 부인은 몹시 슬퍼하였다.

그렇지만 몇 년이 다시 지나자 아이가 또 태어났고, 그들은 행복한 나날을 되찾았다. 그 아이가 조금씩 걸을 수 있게 되었을 때, 아이는 우물가에서 놀다가 그만 그 우물에 빠져 죽고 말았다.

젊은이는 그때 비로소 그 옛날 아가씨와 맹세했던 약속이 생각났다. 그때 족제비와 우물을 증인으로 삼았던 일도 기억했다. 그는 아내에게 지난 일들을 고백하고 아내와 헤어진 후 아가씨가 살고 있는 마을로 되돌아왔다.

그녀는 그때까지도 혼자서 그 젊은이를 기다리고 있었다. 두 사람은 결혼하여 행복하게 살았다.

가정의 평화

메이어는 설교를 매우 잘하는 랍비로 널리 이름이 나 있었다. 그는 매주 금요일 밤이면 교회에서 설교를 했다. 그럴 때면 수백 명의 사람들이 그의 설교를 들었다. 그들 가운데 그의 설교를 매우 좋아하는 여인이 한 사람이 있었다.

다른 유태 여인들이 금요일 밤이면 다음날 안식일에 먹어야 할 음식들을 준비하느라 바쁜데 그녀는 메이어의 설교를 들으러 오는 것이다.

그 날도 메이어는 긴 시간 동안 설교를 하였고, 그녀는 이를 듣고 나서 흐뭇한 마음이 되어 집으로 돌아갔다. 그런데 그녀의 남편이 문앞에서 기다리고 있었다. 남편은 화를 내며 소리를 질렀다.

"내일이 안식일인데, 아직 음식을 장만할 생각도 하지 않고 도대체 어딜 갔다 이제 오는 거야!"

그녀는 대답했다.

"교회에 가서 랍비님의 설교를 듣고 왔어요."

그러자 남편은 더욱더 화가 난 듯이 이렇게 말하는 것이었다.

"그 랍빈가 뭔가 하는 자의 얼굴에 침을 뱉고 오기 전에는 집에 발도 들여놓지 못하게 할 테다!"

남편한테 쫓겨난 그녀는 하는 수 없이 친구의 집에 가 머무르고 있었다.

이 소문이 메이어의 귀에 들어갔고, 그는 자신의 설교가 너무 길었기 때문에 한 가정의 평화를 깨뜨리는 결과를 초래했음을 후회했다. 그래서 그는 그 여인을 불러 자신의 눈이 몹시 아프다고 호소했다.

"침으로 씻으면 쉽게 낫는다는데 부인께서 좀 씻어 주시겠소?"

그리하여 여인은 랍비의 눈에 침을 뱉게 되었다. 이를 본 제자들이 의아하게 생각하여 메이어에게 물었다.

"하늘같이 높은 덕망을 쌓으신 랍비님께서 어찌하여 저 여인으로 하여금 얼굴에 침을 뱉도록 허락하셨습니까?"

그러자 랍비는 이렇게 대답했다.

"가정의 평화를 위해서는 그보다 더한 일이라도 감수하지 않으면 안 되는 것일세."

지도자의 자질

한 마리의 뱀이 있었다. 뱀의 꼬리는 언제나 그 머리가 가는 대로 따라다녀야만 했다. 어느 날 꼬리가 머리에게 불만을 터뜨렸다.

"왜 내가 항상 네 꽁무니만 무작정 따라다녀야 하는 거야? 왜 항상 네가 나를 무작정 끌고 다니는 거지? 이건 너무나 불공평한 처사라고 생각한다. 나도 너와 마찬가지로 뱀의 일부분인데 나만 항상 노예처럼 네게 끌려 다니기만 한 대서야 도대체 말이 되느냐?"

그러자 뱀의 머리가 말하였다.

"꼬리야, 바보 천치 같은 소리는 하지마. 네게는 앞을 볼 수 있는 눈이 없고, 위험한 소리를 미리 알아챌 귀도 없고, 행동을 결정할 수 있는 머리도 없어, 내가 너를 끌고 다니는 건 내 자신을 위해서가 아냐. 그렇게 생각한다면 그건 큰 오해야. 나는 단지 너를 생각하기 때문에 그렇게 하는 거야."

이 말을 듣고 꼬리가 큰소리로 비웃고 머리한테 말했다.

"그 따위 쓸데없는 소리는 귀가 아프도록 들어 왔으니까 나를 쉽사리 설득할 생각일랑 아예 하지도 마. 어느 독재자나 폭군을 막론하고 모두가 자신을 따르게 하려고 구실을 핑계 삼아 실컷 독재를 휘두르며 폭력을 행사한단 말씀이야."

그러자 하는 수 없다는 듯 뱀의 머리가 이렇게 제안했다.

"꼬리야, 네가 정 그렇게 생각한다면, 내가 하는 일을 내 대신 네가 한 번 해보는 것이 어떻겠니?"

꼬리는 이 말을 듣고 몹시 기뻐하였다. 그러나 꼬리가 앞으로 나가 움직이기 시작한 지 얼마 지나지 않아 뱀은 깊은 개울로 굴러 떨어지고 말았다. 머리가 갖은 고생을 다한 끝에 뱀은 겨우 도랑으로부터 기어오를 수가 있었다.

그리고 나서 또 얼마를 기어가자, 꼬리는 가시 덩굴이 무성한 덤불 속으로 기어들고 말았다. 꼬리가 빠져 나오려고 기를 쓰면 쓸수록 가시가 점점 더 몸을 찔러왔고 속수무책이었다.

이번에도 머리가 애를 써서 뱀은 가시덤불로부터 빠져나올 수가 있었는데 온몸이 상처 투성이었다.

꼬리는 다시 앞장서서 기어가기 시작했다. 그런데 이번에는 산불이 난 곳으로 기어들고 말았다. 뱀은 점점 몸이 뜨거워졌고, 갑자기 눈앞이 캄캄해졌다. 뱀은 공포에 사로 잡혀 위기에서 급히 벗어나려고 머리가 필사적으로 움직였으나 이미 때가 늦었다. 결국 몸은 불에 탔고 머리도 함께 죽어버렸다.

뱀은 분별없는 맹목적인 꼬리 때문에 죽었던 것이다. 그러므로 사람도 지도자를 택할 때에는 언제나 머리와 같은 자를 택해야지 꼬리와 같은 우둔한 자를 택하게 되면 모두 죽게 된다.

세 가지의 현명한 일

예루살렘에 사는 어떤 유태인이 여행 도중에 병이 났다. 살아날 가망이 없다고 낙담한 그는 여관 주인을 불러서 이렇게 말했다.

"나는 이제 곧 죽게 될 겁니다. 내가 죽었다는 전갈을 받고 예루살렘으로부터 내 아들이 찾아오거든 내 소지품들을 모두 아들에게 내어 주십시오. 저의 모든 것이 그 안에 있습니다. 단 그가 세 가지의 현명한 일을 하지 않으면 절대로 내어 주지 마십시오. 내가 여행을 떠나올 때 이미 그에게 '내가 만약 여행 중에 죽는다면 세 가지의 현명한 일을 행해야만 유산을 상속받게 될 것이다.' 라고 말해 두었으니까 말입니다."

예루살렘에 있던 아들이 아버지의 죽음을 전해 듣고 아버지가 돌아가신 마을로 찾아왔다. 그렇지만 그는 자기 아버지가 돌아가신 여관을 찾을 수가 없었다. 그것은 그의 아버지가 죽기 직전에, 그 여관의 위치를 아들에게 알려 주지 말라는 유언을 하였기 때문이다. 아들은 자기 힘으로 그 여관을 알아내야만 했다.

때마침 땔감 장수가 장작 다발을 한 짐 지고 걸어가고 있었다. 아들은 그 땔감 장수를 불러 장작을 산 다음, 그것을 예루살렘에서 온 유태인이 죽은 여관으로 배달해 달라고 주문했다. 그리고 나서 그는 그 땔감 장수의 뒤를 따랐다.

여관에 도착하자 여관 주인은 장작을 주문한 일이 없다고 했다. 그러자 땔감 장수가 말했다.

"아니올시다. 지금 제 뒤에 따라오신 분께서 장작을 사셔서 이리로 배달해 달라고 부탁하신 것입니다."

이것이 그 아들이 행한 첫 번째의 현명한 일이었다.

여관집 주인은 그 아들을 기꺼이 맞이하여 방으로 불러들인 다음 저녁식사를 차려 왔다. 식탁에는 다섯 마리의 비둘기와 한 마리의 닭이 요리되어 있었다. 그리고 식탁에는 주인 부부와 두 아들과 두 딸이 함께 자리하여 모두 일곱 사람이 둘러앉게 되었다.

여관 주인이 아들에게 이렇게 말했다.

"자, 그럼 이제부터 여기 있는 모두에게 음식을 나누어주시기 바랍니다."

그러자 아들이 손을 내저으면서 말했다.

"아, 아닙니다. 그건 주인장께서 나누어 주시는 편이 옳을 것 같습니다."

그러자 주인은 또다시 이렇게 말했다.

"아니지요. 당신은 우리 집에 온 손님이니까 당신이 좋을 대로 나누어주시는 것이 이치에 맞습니다."

그래서 할 수 없이 아들이 음식을 나누어 줄 수밖에 없었다. 그는 우선 비둘기 한 마리를 가지고 주인의 두 아들에게 나누어 준 다음, 또 한 마리를 가지고 두 딸에게 나누어주었다. 그리고 남은 세 마리 중 한 마리를 가지고 주인 부부에게 나누어 준 다음, 자기 몫으로 나머지 두 마리를 몽땅 차지했다.

이것은 그가 행한 두 번째의 현명한 일이었다.

집주인은 몹시 못마땅하게 여기는 눈치였으나 아무 말도 하지 않고 있었다.

아들은 다시 닭 한 마리를 가지고 나누어주기 시작했다. 우선 닭의 머리를 떼어 주인 부부에게 준 다음, 두 다리를 떼어 두 아들에게 주었고, 두 날개를 떼어 두 딸에게 주었다. 그리고 나서 나머지의 커다란 몸통을 자기 몫으로 차지했다.

이것이 바로 그 아들이 행한 마지막 세 번째의 현명한 일이었다.

이 꼴을 보고 있던 주인은 더 이상 참을 수 없다는 듯 벌컥 화를 내며 소리쳤다.

"이것 보시오, 손님! 예루살렘에서는 그런 식으로 하는가 보지요? 당신이 비둘기 요리를 나누어 줄 때는 아무 말도 안 했지만, 닭 요리까지 그런 식으로 나누다니! 더 이상 참고 있을 수 없소! 도대체 그렇게 하는 이유가 뭐요?"

그러자 그 아들이 차분하게 설명했다.

"처음부터 저는 이 음식을 나누는 일은 맡고 싶지가 않았습니다. 그렇지만 주인장께서 그렇게 간곡하게 말씀하시는 것을 받아 드리지 않는 것도 예의가 아닌 듯 싶어 나름의 최선을 다해 나누었을 따름입니다. 그러면 이렇게 나눈 이유를 설명해 드리겠습니다. 주인 어른과 부인과 비둘기 한 마리를 합하면 셋이요, 두 아드님과 비둘기 한 마리를 합하면 또한 셋이요, 두 따님과 비둘기 한 마리를 합하면 역시 셋입니다. 그리고 저와 비둘기 두 마리를 합하면 그 또한 셋 아닙니까? 그러니 이보다 더 공평하게 나누는 방법이 세상에 또 어디 있겠습니까? 또 닭 요리도 마찬가지입니다. 주인 내외분께선 이 집안의 어른이시므로 닭의 머리를 드린 것이고, 두 아드님은 이 집안의 기둥이므로 닭의 두 다리를 드린 것이고, 두 따님은 이제 머지 않아 날개가 돋쳐 시집으로 날아가 버릴 것이므로 닭의 날개를 드린 것입니다. 그리고 저는 이곳에 올 때 배를 타고 왔으며, 돌아 갈 때도 배를 타고 돌아가야 하니까 배와 같은 모양을 한 몸통을 가졌습니다. 이제 아버님께서 맡기셨던 유산을 제게 돌려주시면 고맙겠습니다."

성(性)의 질서

한 젊은이가 깊은 사랑에 빠졌다. 마침내 그 젊은이가 병이 들어 자리에 눕자 의사는 이렇게 진단했다.

"이 병은 상사병이라는 것으로서 사랑을 이루지 못해 생긴 것이야. 자네가 사모하는 그 여인과 사랑을 나누게 된다면 저절로 낫게 될 걸세."

젊은이는 랍비를 찾아가 의사의 처방을 말하고 나서 그렇게 해도 되겠느냐고 물었다. 그러자 랍비는 그것은 절대로 찬성할 수 없는 일이라고 반대했다.

그래서 젊은이는 다른 방법을 이야기했다. 그 여인이 벌거벗은 모습으로 자기 앞에 서게 한 다음 바라보면서 마음의 울적함을 달래어 병을 고치는 것이 어떻겠느냐는 것이었다. 그러나 이번에도 랍비는 반대하였다.

물론 탈무드는 여기서 말하는 '여인'이 결혼을 했는지, 안 했는지를 확실히 밝히고 있지 않다.

아무튼 그 젊은이는 물론 주위의 사람들까지도 모두 랍비의 처사가 너무한 것이라고 생각하자 이렇게 항의했다.

"아니, 랍비님, 랍비님께선 무엇 때문에 그 세 가지 방법을 모두 그토록 반대하시는 겁니까?"

랍비가 대답했다.

"사람이란 모름지기 순결해야만 합니다. 만약에 사람이 단지 서로 마음이 통한다는 이유 때문에 아무 때고 성관계를 갖는다면 사회의 질서는 유지되지 못할 것이기 때문입니다."

가장 안전한 재산

이것은 어느 배 안에서 일어났던 이야기이다. 배에 탄 승객들은 한결같이 큰 부자들이었고, 그 속에 가난한 랍비가 끼어 있었다. 부자인 승객들은 서로를 비교해 가며 자신들이 소유하고 있는 재산의 크기를 자랑하고 있었다.

랍비는 이때 이렇게 말하였다.

"나는 내 자신이 누구 못지 않은 큰 부자라고 생각하고 있습니다. 하지만 지금 당장 내 재산을 당신들에게 보여 드릴 수가 없는 것이 유감이오."

얼마 후, 해적들이 나타나 그 배를 습격하기 시작했다. 부자임을 자랑하던 그들은 금은보화를 비롯한 전 재산을 해적들에게 약탈

당했다. 해적들은 물러갔고, 배는 가까스로 어느 항구에 닿았다.
　랍비는 곧 그 항구 사람들로부터 높은 지식과 교양을 인정받게 되었고, 학교에 학생들을 모아 가르치게 되었다.
　그렇지만 랍비와 함께 배를 타고 왔던 그 부자들은 모두가 비참한 가난뱅이로 전락하여 어려운 생활을 감수해야만 했다.
　랍비에게 그들이 이렇게 말했다.
　"랍비님의 말씀이 옳았습니다. 지식을 소유한 사람은 재물보다 더 귀한 모든 것을 다 소유한 것이나 다름없습니다."
　지식이란 남에게 빼앗길 일이 없으므로 가장 안전한 재산이며, 이때부터 '교육이 제일 중요하다'는 말이 생겨난 것이다.

천국과 지옥

　한 아들이 그의 아버지에게 닭을 잡아 대접했다.
　"애야, 이게 어디서 난 닭이냐?"
　그러자 아들이 대답했다.
　"아버지, 그런 걱정일랑 그만두시고 어서 많이 잡수세요."
　아버지는 잠자코 있었다.
　또 한 아들은 방앗간에서 밀을 빻는 일을 하고 있었다. 그때 임금이 온나라의 방아꾼들을 소집한다는 포고를 내렸다. 그는 자기 아버지로 하여금 대신 방앗간 일을 하게 하고, 자기는 왕궁으로 향했다.
　이 두 아들 중 어느 쪽이 죽은 후에 천당에 가거나 지옥에 갔을 것으로 생각하는가? 그리고 그 이유는 무엇일까?

뒤에 말한 방아꾼 아들은 임금이 강제로 소집한 방아꾼들을 때리면서 혹사시킬 것이며 먹을 것도 제대로 먹이지 않을 것을 잘 알고 있었으므로 그의 아버지 대신 자기가 왕궁으로 갔던 것이다. 그러므로 그는 죽은 후에 천당에 갔을 것이다.

첫번째 아들은 그의 아버지에게 닭을 잡아 대접했으나 아버지의 걱정스런 물음에 제대로 대답하지 않았다. 그러므로 그는 죽은 후에 지옥에 갔다.

정성이 담긴 극진한 대접이 아니라면 차라리 부모에게 일을 하게하는 편이 낫다는 교훈이다.

인생의 세 친구

임금으로부터 소환장을 받은 한 사람이 있었다. 그런데 그 사람에게는 세 친구가 있었다.

첫 번째 친구는 그가 매우 소중하게 여기고 있었으며 세상에 둘도 없는 특별한 친구로 생각하고 있었다.

두 번째 친구 또한 그가 사랑하고 있었으나 첫 번째 친구만큼 소중하게 여기지는 않고 있었다.

세 번째 친구는 친구로는 생각하고 있었으나 별로 관심을 가지고 있지 않은 친구였다.

임금의 소환장을 받은 그는 자기가 나쁜 짓을 저질러 임금으로부터 벌을 받게 되는 것은 아닐까 생각해서 무서웠다. 그는 혼자 임금에게로 갈 용기가 나지 않자 세 친구에게 차례로 함께 가자고 부탁했다.

그가 첫 번째 친구에게 부탁하자 그 친구는 아무 이유도 말하지 않은 채 그냥 싫다고 거절하는 것이었다.

이번엔 두 번째 친구에게 부탁했다.

"대궐 문앞까지는 함께 가줄 수가 있어. 그렇지만 그 이상은 곤란해."

그가 다시 세 번째 친구에게 함께 가달라고 부탁했을 때, 세 번째 친구는 이렇게 말했다.

"물론 함께 가주고 말고. 너는 아무 나쁜 짓도 저지르지 않았으니 전혀 무서워할 필요가 없어. 내가 임금님께 함께 가서 잘 말씀드려 줄게."

세 친구는 각각 어떤 친구이며 왜 그렇게 대답한 것일까?

첫 번째 친구는 재산의 상징이다. 사람이 제아무리 재산을 소중히 여기고 사랑한다 할지라도, 죽을 때는 고스란히 남겨 둔 채 혼자 떠나지 않으면 안 된다.

두 번째 친구는 혈육·친척의 상징이다. 무덤까지는 함께 따라가 주지만, 그를 무덤 속에 남겨 둔 채 돌아가 버리는 것이다.

세 번째 친구는 선행(善行)의 상징이다.

선행이란 평소에는 별로 남의 눈길을 끌지 못하지만 죽은 뒤까지도 영원히 그와 함께 있는 것이다.

술의 기원

태초에 인간이 포도나무를 심고 있을 때, 사탄이 찾아와서 무엇을 하고 있느냐고 물었다.

그러자 인간이 대답했다.

"나는 지금 기가 막히게 좋은 식물을 심고 있다."

그러자 사탄이 고개를 갸우뚱했다.

"이 식물이 자라면 대단히 달콤하고 맛있는 열매가 주렁주렁 열리게 된다. 그 열매의 즙을 짜서 마시면 누구나 황홀해지고 행복해진다."

그 말을 들은 사탄은 자기도 꼭 그 나무를 함께 심게 해달라고 졸랐다. 그리고 나서 사탄은 양과 사자와 원숭이와 돼지를 차례로 끌고 와서 죽인 다음 그 피로 차례차례 거름을 주었다. 이것이 포도주가 생겨난 기원이다.

술이란 처음 마시기 시작할 때는 양처럼 온순하지만, 조금 더 마시면 사자처럼 사나와지고, 더욱 마시게 되면 원숭이처럼 춤추고 노래 부른다. 거기다 더욱더 마시고 나면, 토하고 뒹굴고 형편없는 꼴이 되어 마치 돼지처럼 추해지는데, 이것이야말로 사탄이 인간에게 준 선물이다.

효도다운 효도

고대 이스라엘의 디머라는 마을에 한 사내가 살고 있었는데, 그는 금화 3천 개의 값어치에 해당하는 커다란 다이아몬드를 한 개 가지고 있었다.

어느 날 랍비가 그것을 사원 정각에 장식으로 쓰기 위해 그 값의 두 배에 해당하는 금화 6천 개를 가지고 다이아몬드를 사러 갔다. 그런데 하필이면 그 다이아몬드를 보관한 금고 열쇠를 베개 밑에 넣은 채 그 사내의 아버지가 낮잠을 자고 있었다.

그 사내는 이렇게 말했다.

"아무리 두 배의 값을 주신다 해도 주무시는 아버님을 깨시게 할 수는 없습니다. 다이아몬드를 팔지 못하겠습니다."

랍비는 대단한 효도라고 생각하며 감탄하였고, 이 이야기를 다른 사람들에게 널리 알렸다.

어머니

한 랍비가 어머니와 함께 길을 걷고 있었다. 그 길은 돌 투성이에다 울퉁불퉁하기까지 하여 걷기가 무척 힘들었다. 그래서 랍비는 그의 어머니가 한 걸음씩 발길을 옮길 때마다 자신의 손을 어머니의 발밑에 받쳐 드렸다.

탈무드에는 부모가 등장하면 언제나 아버지를 앞세우는데, 이 이야기는 어머니만 단독으로 등장하는 유일한 이야기이다. 아마 어머니도, 아버지와 마찬가지로 소중한 분이라는 것을 나타내기 위하여 만들어진 것이리라.

그러나 유태인은 만일 부모가 동시에 물을 마시고 싶다고 하는 경우가 있다면 아버지에게 먼저 물을 가져간다. 왜냐하면 어머니도 아버지를 섬겨야 할 입장에 있는 분이기 때문이며, 설혹 어머니에게 먼저 물을 가져간다 하더라도 어머니는 자신이 먼저 그것을 마시지 않고 아버지에게 건네 준다.

노력의 대가

임금이 가지고 있는 포도밭에는 많은 일꾼들이 일하고 있었다. 그 중의 한 사람은 탁월한 능력을 가진 뛰어난 사람이었다. 어느 날 임금이 포도밭에 나와 그 뛰어난 일꾼과 함께 포도밭을 두루 산책하였다.

유태인의 전통으로는 일한 대가가 매일매일 동전으로 받게 되어 있다. 하루의 일과가 끝나자 일꾼들은 줄을 서서 일한 대가를 받았다. 그들은 모두 똑같은 금액의 대가를 받았는데, 그 뛰어난 일꾼도 똑같은 금액의 대가를 받자 다른 일꾼들이 화가 나서 항의하였다.

"저 친구가 오늘 일한 시간은 두 시간밖에 되지 않습니다. 나머지 시간은 임금님과 함께 산책을 하기만 했습니다. 그럼에도 불구하고 우리와 똑같은 대가를 받는다는 것은 형편의 원칙에 어긋납니다."

불평을 듣고 있던 임금은 조용히 이렇게 말하였다.

"이 사람은 오늘 너희가 하루 종일 걸려서 한 일보다 더 많은 양의 일을 단 두 시간 동안에 해치웠다."

이를테면 오늘 28세의 나이에 사망한 랍비가 있다고 하자. 다른 사람들이 백 년 동안을 산 것보다 더 큰 일을 했을 수가 있다. 사람이란 얼마나 오래 살았느냐가 중요한 것이 아니라, 얼마만한 업적을 얼만큼 쌓았느냐가 중요한 것이기 때문이다.

일곱 단계의 일생

탈무드는 남자의 일생을 일곱 단계로 나누고 있다.
① **한 살은 임금** – 모든 사람들이 그의 주위에 모여 마치 임금을 받들 듯이 달래 주기도 하고 기분을 맞춰 주기도 한다.
② **두 살은 돼지** – 진흙탕 속에 기어다닌다.
③ **열 살은 어린 양** – 천진하게 웃고 떠들며 뛰어다닌다.

④ **열여덟 살은 말** – 준수하게 성장하여 자신의 힘을 뽐내고 싶어한다.
⑤ **결혼을 하면 당나귀** – 가정이라는 무거운 짐을 걸머지고 터벅터벅 걸어야만 한다.
⑥ **중년은 개** – 가족을 먹여 살리기 위하여 남들의 호의를 구걸하는 신세가 된다.
⑦ **노년은 원숭이** – 어린애로 되돌아가지만 아무도 그에게 관심을 기울이지 않는다.

영원한 생명

랍비가 시장에 찾아가서 장사꾼들에게 말했다.

"이 시장 안에 영원한 생명을 약속 받기에 적합한 자격을 갖춘 사람이 있습니다."

그렇지만 장사꾼들이 볼 때에 그곳 어디에도 그런 자격을 갖춘 사람이 있을 것 같지가 않았다. 그때 랍비는 두 사내를 부르고 나서 그들을 가리켜 이렇게 말했다.

"이 두 분이 바로 많은 선행을 베풀고 있는 사람으로서 영원한 생명을 약속 받기에 적당한 자격을 갖춘 분들입니다."

장사꾼들이 궁금하여 그 두 사내에게 물었다.

"두 분께선 대체 무슨 장사를 하고 계십니까?"

두 사내 중 한 사람이 대답했다.

"우리 둘은 광대입니다. 쓸쓸한 분들에게 웃음을 안겨드리고,

싸우는 분들에게는 평화를 안겨 드리지요."

거미 · 모기 · 미치광이

다윗 왕은 평소에 거미를 아무짝에도 쓸모가 없는 보잘것 없는 벌레로 생각하고 있었다. 뿐만 아니라 거미는 때와 장소를 가리지 않고 아무 곳에나 거미줄을 치는 불결한 놈으로 생각을 했다.

그런데 언젠가 그가 전쟁터에서 적군에게 포위되어 위기에 빠졌는데, 도무지 살아날 방도가 없었다. 다급해진 그는 어느 동굴 속으로 급히 몸을 피해야만 했다. 그런데 마침 거미 한 마리가 그 동굴 입구에 거미줄을 치기 시작했다.

뒤쫓아온 적군 병사들이 마침내 그 동굴 앞에까지 다다랐으나, 그들은 거미줄을 보자 사람이 출입하지 않는 동굴로 판단하고 다른 곳으로 가버림으로써 그는 목숨을 건지게 되었다.

또 언젠가는 깊은 밤 적장이 잠자는 틈을 타 몰래 그의 막사에 잠입해 그의 칼을 훔쳐왔다. 그리고 이튿날 날이 밝으면 그에게 전갈을 보내어 이 사실을 알려 기를 꺾고 감화시켜 항복을 받으려 했다.

"나는 지난밤 너의 칼을 쥐도 새도 모르게 빼앗아 왔노라. 물론 너를 간단히 죽일 수도 있었으나 개심의 기회를 부여하기 위하여 자비를 베풀었노라."

그러나 이런 기회는 자주 오지 않았다. 하지만 끈기 있게 기회를 엿보던 그는 마침내 어느 막사에 잠입할 수 있었으나 적장이 칼을 자기의 발 밑에 깔고 자고 있었다. 그 칼을 건드리기만 하면 적장은 잠이 깰 것 같았다.

결국 다윗 왕은 포기하고 돌아갈 수밖에 없었다. 그런데 바로 그때, 한 마리의 모기가 날아와 적장의 발에 앉아 피를 빨았다. 적장은 잠결에 발을 움직여 그곳을 손으로 긁었다. 그 순간, 다윗 왕은 손쉽게 그의 칼을 탈취할 수 있었다.

🍎 그가 전투에서 패주하여 위기일발에 처했을 때 갑자기 미치광이를 흉내 낸 적이 있었다. 적군의 병사들은 그 미치광이가 왕이라고는 꿈에도 생각지 못한 채 그를 살려 주었다.

이 세상에 존재하는 것은 무엇이든 쓸모 없는 것이라곤 없다. 아무리 보잘것 없는 것이라도 소홀히 생각해서는 안 된다.

선행(善行)과 쾌락

한 척의 배가 항해를 하고 있었다. 그때 갑자기 폭풍우를 만나 파도에 밀려 배는 항로를 잃고 말았다.

아침이 되자 바다는 다시 조용해졌고, 멀리 아름다운 포구가 있는 섬이 보였다. 섬으로 다가가 포구에 닻을 내렸고 그곳에 잠시 머무르게 되었다.

그 섬에는 진귀하고 아름다운 꽃들이 만발해 있었고, 먹음직스런 과일들이 주렁주렁 달린 나무들과 온갖 새들이 아름다운 목소리를 자랑하고 있었다.

승객들은 다섯 부류의 사람들로 나뉘어졌다.

첫 번째 부류의 사람들은 그들이 섬에 내린 동안 순풍이 불면 배가 갑자기 떠날 것을 우려하였다. 그래서 아예 그 아름다운 섬을 구경할 생각조차 않고 배가 빨리 목적지로 가줄 것만을 생각하면서 배에 그대로 남아 있었다.

두 번째 부류의 사람들은 서둘러서 섬으로 내려가 감미로운 꽃향기도 맡고, 시원한 나무 그늘 아래 앉아 맛있는 과일도 실컷 따먹으면서 기운을 되찾은 다음 즉시 배로 되돌아왔다.

세 번째 부류의 사람들은 섬에 내려가 아주 오랫동안 즐겼으나, 갑자기 순풍이 불어오는 것을 알고는 배가 떠날 것을 염려하여 허겁지겁 달려왔다.

네 번째 부류의 사람들은 순풍이 불어와 선원들이 닻들 걷어올리는 것을 바라보면서도 서둘러 돌아오지 않았고, 돛을 달려면 아직 꽤 시간이 걸릴 것이며 선장이 설마 자기네들을 놔두고 떠나기야 하겠느냐고 말하면서 그대로 그 섬에서 즐기고 있었다. 그러나 막상 배가 포구로부터 미끄러져 나가기 시작하자 허겁지겁 물에 뛰어들어 헤엄친 다음에야 올라탔다.

다섯 번째 부류의 사람들은 섬에 내려가 그 경치에 도취되어 먹고 즐겼기 때문에 배가 출항하는 것조차 모르고 있었다. 그래서 그들 중 일부는 숲속 맹수들에게 죽임을 당하기도 했고, 또 일부는 독이 있는 열매를 따먹어 병이 들기도 해서 결국은 모두가 죽게 되었다.

당신이 그 배의 승객이었다면 어떤 부류에 속했을 거라 생각하는가?

이 이야기에서 말하는 '배'는 인생에 있어서의 '선행(善行)'을 상징한다. 또한 '섬'은 인생에 있어서의 '쾌락'을 상징한다.

첫 번째 부류의 승객들은 인생의 쾌락을 전혀 무시한 사람들이었다.

두 번째 부류의 승객들은 알맞게 쾌락을 맛보았고, 배를 타고 목적지에 가야 한다는 생각을 저버리지 않았다. 가장 지혜로운 사람들이라 할 수 있을 것이다.

세 번째 부류의 승객들은 지나칠 정도로 쾌락에 빠지지 않아 안전하게 배로 돌아오기는 했으나 역시 손해를 보고 고생을 감수해야만 했다.

네 번째 부류의 승객들은 결국 선행으로 돌아오기는 했으나 그것이 너무 늦어 고생하였고, 상처를 입었으며, 목적지에 도착할 때까지도 그 아픔을 참아야만 했다.

그렇지만 사람이 살아가면서 가장 경계해야 할 것은 다섯 번째 부류의 승객들과 같은 경우에 빠지는 일이다. 사람이 일생을 향락과 허영에 빠져 앞날의 일을 망각한 채, 맹수의 습격을 받고 달콤한 열매 속에 독이 든 것도 모르고 먹어 불행한 죽음을 당한다면 그보다 더 불행한 일이 또 어디에 있겠는가?

맹세의 편지

건강한 젊은이와 아름다운 한 여자가 있었다. 두 사람은 사랑하게 되었고, 남자는 일생 동안 여자에게 성실할 것을 편지로 맹세했다.

두 사람은 얼마 동안 행복한 나날을 보냈다. 그러던 어느 날 남자는 여자를 남겨둔 채 여행을 떠나게 되었다. 여자는 그가 돌아오기를 손꼽아 기다렸으나 그는 오랫동안 돌아오지 않았.

그녀의 가까운 친구들은 그녀를 불쌍히 여겼고, 그녀를 시기하는 사람들은 남자가 영원히 돌아오지 않을 것이라며 비웃기도 했다.

여자는 집으로 돌아가서 남자가 일생 동안 그녀에게 성실할 것을 맹세한 편지를 다시 읽었다. 그 편지는 실의에 빠진 그녀를 위로해 주었고, 그녀에게 힘을 주었다.

그러던 어느 날 남자가 돌아왔다. 여자는 오랫동안 자신이 겪었던 슬픔을 그에게 호소했다.

남자가 물었다.

"그토록 괴로운 세월 동안 어찌하여 나만을 기다리고 있었단 말이오?"

그녀는 웃으면서 대답했다.

"저는 이스라엘과 같은 몸이기 때문이에요."

이스라엘 민족이 나라를 빼앗기고 떠돌던 시절 다른 나라 사람들이 모두 그들을 비웃었다. 이스라엘의 현인들을 바보 취급했으며, 이스라엘이 나라를 되찾고 독립할 것이라는 것을 아무도 믿지 않았다. 이스라엘 민족은 교회나 학교에서 쉬임없이 그들의 전통을 지켜갔다. 그들은 하나님께서 그들에게 주신 맹세를 계속 읽었으며, 그 거룩한 약속을 굳게 믿고 살았다. 하나님께서는 약속을 지키셨다. 이 이야기 속의 여자도 남들이 비웃든 말든 남자가 편지로서 맹세했던 것을 굳게 믿으며 기다린 결과 남자가 돌아왔으므로 '이스라엘과 똑같다'는 말을 한 것이다.

하늘 지붕

사내아이가 태어나면 삼(杉)나무 묘목을 심고, 여자아이가 태어나면 소나무 묘목을 심는다고 한다. 그리고 그들이 자라 결혼할 때면 그 삼나무 가지와 소나무의 가지를 꺾어 하늘을 가리는 지붕을 만든다. 사람들은 누구나 신랑·신부가 그 지붕 밑으로 들어가는 것에 대해서는 알고 있지만, 그 속에서 그들이 하는 일에 관해서는 말할 수 없다고 생각하고 있다.

진정한 이득

　　　　랍비 몇 사람이 길을 가다가 악인 일당과 마주쳤다. 그들은 인간의 피까지 빨아먹을 정도로 나쁜 사람들이었다. 요컨대 세상에서 가장 교활하고 잔인한 인간들이었다.
　랍비 한 사람이 "이런 자들은 몽땅 물에 빠져 죽어 없어지기라도 했으면 좋겠다"고 말했다.
　그러자 그들 중 가장 윗사람인 랍비가 이렇게 타일렀다.
　"그것은 안될 말이야, 유대인으로서 그런 생각을 갖는다는 건 옳지가 않아. 아무리 이 자들이 죽어 없어지는 게 나을 법한 인간들이라 할지라도 그런 생각을 하면 안돼, 악한 자들이 죽기를 바라는 것보다는 참회하기를 바라는 것이 옳은 일이야."
　악인을 벌하는 일은 아무런 이득이 없는 일이다. 오히려 그들로 하여금 잘못을 뉘우치게 하여 자기편으로 만드는 것이 진정한 이득이다.

아담과 이브

　　　　〈**구약**성서〉를 보면 인류 최초의 여성인 이브는 하나님께서 아담의 갈비뼈 하나를 뽑아 만들어졌다고 되어 있다.
　어느 날 로마 황제가 한 랍비의 집에 찾아가 이런 질문을 했다.
　"하나님은 도둑이나 다름없다. 어째서 남자가 잠자는 틈을 타 몰래 그의 갈비뼈를 훔쳐 갔단 말인가?"

그러나 옆에서 듣고 있던 랍비의 딸이 끼어 들었다.

"황제 폐하, 폐하의 부하 한 사람만 제게 보내 주십시오. 좀 난처한 문제가 생겨서 그것을 알아보고자 하옵니다."

"그야 어렵지 않은 일이다. 하지만 네가 말하는 그 난처한 문제란 무엇이냐?"

"실은 어젯밤 저희 집에 도둑이 들었는데 금고를 훔쳐갔습니다. 그런데 그 도둑이 금고를 가져간 대신 황금 항아리를 놓고 갔습니다. 이것이 난처한 일이 아니고 무엇이겠습니까? 그래서 그 까닭을 조사해 보고자 합니다."

"흠, 거 참 부러운 일이로다. 까닭을 조사할 필요가 있겠느냐? 그런 도둑이라면 내게도 들어왔으면 좋겠다."

이때 랍비의 딸이 결론을 내렸다.

"그렇게 말씀하실 줄 알았습니다. 그러나 그 일은 곧 하나님께서 아담의 갈비뼈 한 개를 가져가신 일과 다름없지 않습니까? 하나님께서는 갈비뼈 한 개를 가져가신 대신 그 이상의 값어치 있는 보물, 즉 여자를 세상에 남기셨습니다."

그 말을 들은 로마 황제는 아무 말도 하지 못했다.

여성의 위력

착한 두 남녀가 함께 살았는데 어쩌다 이혼을 하게 되었다. 남편은 곧 재혼을 했다. 그러나 마음이 악한 여자를 만난 탓으로 그도 악한 사내가 되었다.

헤어진 아내도 곧 재혼을 했다. 그녀 역시 악한 남자를 만났다. 그러나 새로 만난 남편은 그녀에 의해 그녀처럼 착한 사내가 되었다.

이렇듯 남성이란 언제나 여성에 의해 만들어지기 마련이다.

유대인의 의무

유대인 중에 만약 속세를 완전히 떠나서 10년 동안 공부에만 전념하는 사람이 있다면, 그는 10년 후 하나님께 재물을 바치고 용서를 빌지 않으면 안 된다.

그 이유는 간단하다. 아무리 훌륭한 공부를 했더라도 자신을 사회로부터 떼어놓는 것은 큰 죄악이기 때문이다. 그러므로 유대인의 사회에서는 이러한 사람을 찾아볼 수가 없다.

법률

유대인에게는 많은 사람들이 지킬 수 없는 법률을 만들어서는 안 된다는 원칙이 있다. 지킬 수 없는 법률을 만든다는 것은 소용 없는 일이라 여기기 때문이다.

벌거숭이 임금님

　　　마음씨 착한 부자가 있었다. 그는 자신의 노예를 기쁘게 해주기 위하여 많은 물건을 배에 실어주면서 이렇게 말했다.
　"이제부터 너는 자유의 몸이다. 네가 가고 싶은 곳으로 찾아가 그곳에서 이 물건들을 팔아 행복하게 살아라."
　그 배는 넓은 바다로 나갔으나 그만 폭풍을 만나 침몰되고 말았다. 배에 실었던 물건들은 모두 물에 빠졌고, 그 노예는 겨우 목숨만 건져 가까운 섬으로 헤엄쳐 갔다. 그는 모든 것을 잃고 고독과 슬픔에 잠겨 있었다.
　그가 옷도 걸치지 못한 채 벌거벗은 몸으로 섬에 들어가니 커다란 마을이 있었다. 그 마을 사람들이 모두 달려나와 환성을 올리며 그를 맞이해 '임금님 만세'를 외쳤다. 그런 다음 그를 임금으로 받들었다.
　그는 화려한 궁전에서 살게 되었는데, 마치 꿈을 꾸고 있는 듯했다. 그는 이런 현실이 믿어지지 않아 한 사람에게 이렇게 물었다.
　"아무리 생각해도 알 수가 없는 노릇이야. 내가 이곳에 벌거숭이로 도착했는데 사람들은 나를 임금으로 받들어 주었거든, 그 이유를 자네는 알고 있는가?"
　그러자 그 사람이 이렇게 말했다.
　"우리들은 살아 있는 인간이 아니라 영혼이올시다. 그래서 매년 한 번씩 살아 있는 인간 한 사람이 이곳으로 와서 우리의 임금 노릇을 해주기를 고대하고 있지요. 그렇지만 이 점만은 알아 야 할 겁니다. 임금님께서는 만 1년이 지나게 되면 이곳으로부터 추방되실 것이며, 생명체도 없고 먹을 것도 하나 없는 황량한 곳으로 혼자 가시게 될 테니까요."

임금이 된 노예는 그 사람에게 감사했다.

"정말 고맙군. 그게 사실이라면 나는 지금부터 그때를 대비하여 부지런히 여러 가지 준비를 하지 않으면 안 되겠군."

그리하여 그는 마치 사막과도 같이 황량한 섬으로 가서 꽃과 과수를 심음으로써 1년 후에 있을 추방에 대비하기 시작했다.

만 1년이 되자 그는 그 호사스러운 곳으로부터 추방되었다. 그는 그곳에 도착할 때와 다름없이 벌거벗은 몸으로 죽음의 섬을 향해 떠나야 했다.

사막처럼 황량하였던 섬에 도착해 보니 아름다운 꽃들도 피어났고 과일들도 주렁주렁 달려 있었다. 그곳은 이미 황량한 곳이 아니었다. 또 그 섬에 그보다 먼저 추방되어 왔던 사람들이 그를 따뜻이 맞아 주었다. 그곳에서 그는 또다시 행복한 나날을 보낼 수가 있었다.

이 이야기는 여러가지 의미가 있다. 제일 처음의 부자는 하나님의 상징이며, 노예는 인간의 영혼을 상징한 것이다. 그리고 그 노예가 처음 도착해서 임금이 된 섬은 이 세상을 상징한 것이고, 그 섬의 사람들이 만 1년 후에 추방되어 간 곳은 '사후 세계'의 상징이며, 그곳에 피어난 아름다운 꽃들과 주렁주렁 달린 과일들은 그가 미리 베풀었던 '선행'인 것이다.

만찬회

임금님이 하인들을 만찬회에 초대하겠다고 약속하였다. 하지만 만찬회가 언제 열릴 것인지에 대해서는 말하지 않았다.

하인들은 두 부류로 나뉘었다.

그들 중 현명한 자들은 '임금님이 하시는 일이니까 언제고 그가 원하실 때면 만찬회를 여실 수 있을 거야. 그러니까 그 만찬회에 참석할 수 있도록 미리 준비를 하자.' 하고 생각하며 왕궁 앞에 가서 기다렸다.

그러나 그들 중 어리석은 자들은 '만찬회를 열자면 상당한 준비가 필요하겠지. 그러니까 아직 시간이 많이 남았어.' 하고 생각하여 만찬회에 대비한 아무 준비도 하지 않았다.

예고도 없이 만찬회가 열리자 현명한 자들은 곧 왕궁으로 들어가 맛있는 음식을 배불리 먹을 수 있었으나, 어리석은 자들은 만찬회에 참석할 수 없었다.

인간이란 언제 하나님으로부터 부르심을 받게 될지 모른다. 하나님께서 만찬회에 초대하실 때 당황함이 없이 곧바로 달려갈 수 있도록 언제나 만반의 준비를 갖추어 놓고 있지 않으면 안 된다.

소경과 절음발이

임금은 '오차'라는 맛있는 과일이 달리는 나무를 가지고 있었다. 그는 두 사람으로 하여금 그 나무를 지키도록 하였다.

그들 중 하나는 소경이었고, 하나는 절름발이였다.

그런데 그 두 사람이 변심하여 함께 '오차'를 따먹기로 하였다. 그들은 의논 끝에 소경이 절름발이를 무등 태운 다음 절름발이가 눈으로 보고 그 진귀한 과일을 실컷 따먹을 수 있었다.

나중에 과일이 없어진 것을 안 임금은 몹시 화가 나서 두 사람을 대질심문하였다. 그러자 소경은 앞을 볼 수 없으므로 따먹을 수 없었다고 말했고, 절름발이는 너무 높은 곳에 과일이 달려 있어 따먹을 재간이 없었노라고 각각 발뺌을 하였다.

임금은 일리가 있는 말이라고 생각했으나, 그 두 사람을 전적으로 믿지는 않았다.

어떤 경우를 막론하고 둘의 힘은 하나의 힘보다 위대한 것이다. 사람에게 있어서도 마찬가지이다. 육체만 가지고는 아무 일도 할 수 없다. 육체와 정신을 합해야 좋은 일이건 나쁜 일이건 이루어 낼 수가 있다.

잃어버린 물건

어느 랍비가 로마에 도착했을 때, 거리에는 다음과 같은 포고문이 붙어 있었다.

"왕비께서 엄청나게 값비싼 장신구를 잃어버렸다. 30일 이내에 그것을 찾아오는 자에게는 큰 상을 내리겠다. 그러나 만일 30일 이후에 그것을 가지고 있는 자가 발견되면 즉시 사형에 처하겠다."

랍비는 우연히 그 장신구를 습득하게 되었다. 그는 그것을 가지고 있다가 31일째 되는 날 왕궁에 가져가 왕비 앞에 내놓았다. 그러자 그 왕비가 이렇게 물었다.

"나는 30일 전에 포고문을 거리에 붙이게 했는데, 당신은 그것을 못 보았소?"

랍비는 보았다고 대답했다.

왕비가 또 물었다.

"30일이 지난 다음에 이것을 가지고 오면 어떠한 벌을 받게 되는지도 알고 있소?"

랍비는 역시 알고 있다고 대답했다.

왕비가 또 물었다.

"그렇다면 왜 30일이 지나도록 이것을 가지고 있었소? 만일에 당신이 이것을 하루만 일찍 가져왔더라도 커다란 상을 받았을 거요. 당신은 목숨이 아깝지 않소?"

랍비가 대답했다.

"만약 제가 30일 이내에 이것을 돌려 드렸더라면, 사람들은 제가 왕비님을 두려워했던 까닭이라 생각할 것입니다. 그렇기 때문에 저는 오늘까지 기다렸다가 가져온 것이며, 제가 두려워하는 대상은 결코 왕비님이 아니라 오직 하나님뿐이라는 사실을 사람들에게 알려 주고 싶었을 따름입니다."

이 말을 들은 왕비는 경건한 자세로 말했다.

"그처럼 훌륭한 하나님을 섬기는 당신에 대하여 깊은 경의를 표합니다."

희망

랍비 아키바가 여행 중이었다. 그는 나귀 한 마리와 개 한 마리, 그리고 작은 등불 하나를 가지고 있었다.

날이 저물자 그는 헛간을 발견하여 그곳에 여장을 풀게 되었는데, 잠들기에는 아직 이른 시간이었으므로 등불을 켜고 책을 읽기 시작했다. 그런데 바람이 불어와 등불이 꺼져 할 수 없이 잠을 청해야만 했다.

그날 밤 여우가 와서 그의 개를 죽여 버렸고, 사자가 와서 그의 나귀까지 죽여 버렸다.

날이 밝자, 그는 등불 하나만을 지닌 채 터벅터벅 길을 떠나야만 했다. 그런데 마을엔 사람의 그림자는커녕 개미새끼 한 마리도 보이지 않았다. 알고 보니 전날 밤 도적떼가 그 마을을 습격하여 파괴와 약탈을 자행하였던 것이다. 마을 사람들은 한 사람도 남은 사람이 없었다.

만일 전날 밤 등불이 바람에 꺼지지 않았더라면 랍비 아키바도 도적떼에게 발견되어 죽음을 면치 못했을 것이다. 그리고 만일 여우가 개를 죽이지 않았더라면 개가 짖어 역시 도적떼를 부르는 결과를 초래했을 것이다. 또한 사자가 나귀를 죽이지 않았더라도 나귀가 소란을 피우게 되어 마찬가지였을 것이다.

결국 그가 살아 남게 된 것은 그 세 가지 불행처럼 보이는 일들 때문이었다.

그래서 그는 다음과 같은 진리를 깨달았던 것이다.

"사람이란 최악의 상황에서도 희망을 가질 필요가 있다. 불행처럼 보이는 일이 행운인 경우가 얼마든지 있다는 사실을 믿지 않으면 안 된다."

유대인을 미워한 황제

유대인을 미워한 로마 황제가 있었다. 어느 날 한 유대인이 그의 앞을 지나게 되었다.
"황제 폐하, 안녕하셨습니까?"
유대인이 이렇게 인사하자 황제가 물었다.
"너는 도대체 누구인고?"
그가 대답했다.
"저는 유대인이옵니다."
그러자 황제는 그의 부하에게 이렇게 명령하였다.
"건방진 녀석이로다. 감히 대로마 제국의 황제인 내게 인사를 하다니. 당장 저놈의 목을 잘라 처형하라!"

그 다음날 또 유대인 한 사람이 황제의 앞을 지나게 되었다. 그런데 그 유대인은 황제에게 인사를 하지 않았다. 그러자 이번에도 황제는 부하에게 명령하는 것이었다.

"감히 대로마 제국의 황제인 나에게 인사를 하지 않다니 괘씸한 놈이로다. 당장 저놈의 목을 쳐라!"

그러자 다른 대신들이 의아한 얼굴로 물었다.

"황제 폐하, 폐하께서 어제는 인사를 한 죄로 처형하셨사옵니다. 어느 쪽이 옳은 처사이시옵니까?"

그러자 황제가 대답했다.

"양쪽이 다 옳은 처사로다. 그대들은 잘 모르고 있구나. 나는 유대인을 대하는 방법을 잘 알고 있도다."

그는 유대인을 미워했기 때문에 유대인이 어떤 일을 했든 아니 했든 단지 유대인이라는 사실 하나만으로 그들을 죽였던 것이다.

꿈과 암시

로마 군대의 한 장교가 랍비를 찾아가 이렇게 말했다.

"나는 유대인이 무척 현명하다는 말을 들었다. 오늘 밤, 내가 어떤 꿈을 꿀 것인지 가르쳐 줄 수 있겠소?"

그 당시 로마군 군대가 대적하고 있는 것은 페르시아 군대였다. 랍비는 이렇게 대답했다.

"페르시아군이 로마에 기습을 단행하여 로마를 쳐부순 다음, 로마를 지배하고, 로마인들을 노예로 삼고, 로마인들이 가장 싫어하는 일들을 시키는 꿈을 꾸실 겁니다."

이튿날 아침, 그 로마 장교는 다시 찾아와 랍비에게 신기한 듯 이렇게 묻는 것이었다.

"어젯밤에는 당신이 예언한 대로 꿈을 꾸었소. 당신은 어떻게 내 꿈을 그토록 정확히 알아 맞출 수가 있었소?"

그 장교는 꿈이란 암시를 받음으로써 꾸어지는 것이란 사실을 까맣게 모르고 있었고, 자기 자신이 랍비의 암시에 걸렸다는 사실을 몰랐던 것이다.

대화

로마 황제가 이스라엘의 랍비와 두터운 친분을 유지하고 있었다. 그것은 그들 두 사람이 생일이 같기 때문이기도 했다.

그들 두 사람은 두 나라 사이의 관계가 익화될 때에도 그 친분에 변함이 없었다. 그렇지만 로마 황제와 이스라엘의 랍비가 절친한 사이라는 것도 두 나라 사이의 관계를 보아 별로 좋은 일이 못 되었다. 그래서 로마 황제는 이스라엘의 랍비에게 무엇을 물어 보고 싶은 것이 있을 때면 사자를 보내어 간접적으로 그의 의견을 물어 보았다.

어느 날, 황제는 사자를 시켜 랍비에게 다음과 같은 질문이 담긴 편지를 전하게 했다.

"내가 원하는 바가 두 가지 있다. 첫째는 내가 죽고 난 후 내 아들로 하여금 황제의 자리를 잇게 함이요, 둘째는 이스라엘의 도시

타이베리아스를 관세 자유도시로 만드는 것이다. 그렇지만 나는 이 두 가지 중 한 가지밖에 성공하지 못할 것 같은 예감이 든다. 이 두 가지를 모두 성공할 수 있는 방법이 없겠는가?"

때마침 로마와 이스라엘의 관계는 최악의 상태였으므로, 랍비는 그 편지에 대한 답을 할 수가 없었다. 만일 랍비가 로마 황제에게 그런 답변을 보낸 사실을 이스라엘 사람들이 안다면, 엄청난 사태가 벌어질지도 모를 일이었다.

사자가 돌아오자 황제는 이렇게 물었다.

"수고했다. 편지를 받고 나서 그가 어떻게 하더냐?"

사자는 단지 이렇게 말할 뿐이었다.

"그는 편지를 읽고 나자, 자신의 아들을 어깨 위에 올려놓더니 비둘기를 그 아들에게 주어 하늘 높이 날려보내게 했습니다. 그리고는 아무 말도 없었습니다."

황제는 그 말을 듣고 랍비의 뜻을 즉각 알 수 있었다. 그것은 '우선 황제의 자리를 아들에게 물려 준 후에, 그 아들로 하여금 관계를 자유화하도록 하면 된다'는 뜻이었다.

그후 황제는 또 랍비에게 사자를 보냈다. 질문은 이런 것이었다.

"내 정책에 반대하는 자들이 내 마음을 괴롭히고 있다. 어떻게 하면 좋겠는가?"

랍비는 역시 무언의 대화로써 뜰에 있는 밭으로 나가 채소 한 포기를 뽑아들고 들어왔다. 그리고 잠시 후 또 한 포기를 뽑아왔고, 그런 행동을 몇 차례 반복하였다.

이번에도 황제는 즉각 랍비의 뜻을 알 수 있었다.

"너의 적을 한꺼번에 뿌리뽑을 생각을 하지 말라. 몇 차례에 걸쳐 한 명씩 한 명씩 뿌리뽑으면 되는 것이다."

인간은 언어나 문장을 사용하지 않고도 충분히 무언의 대화로 자신의 의사를 나타낼 수가 있다.

마음

인간의 모든 것은 마음에 의하여 좌우된다.

마음을 보고, 듣고, 걷고, 서고, 딱딱해지고, 부드러워지고, 거만스러워지고, 이해하고, 사랑하고, 미워하고, 부러워하고, 질투하고, 생각하고, 반성하는 등 모든 것을 결정한다.

가장 강한 인간이란 자신의 마음을 잘 조절할 수 있는 사람이다.

기도

여러 나라 사람들이 같은 배에 타고 있었다. 그런데 갑자기 폭풍우를 만났다. 사람들은 각기 자기 나라에서 믿는 자기의 신에게 자기 나름대로의 방법으로 기도를 올렸다. 그렇지만 폭풍우는 멎을 줄을 모르고 더욱 심해졌다.

그들은 일제히 유대인에게 물었다.

"당신은 왜 기도를 올리지 않는 거요?"

그러자 유대인이 기도를 올리기 시작했다. 폭풍우는 즉시 멎었고 바다에는 다시 평화가 찾아왔다.

배가 무사히 항구에 도착했을 때 사람들이 유대인에게 물었다.

"우리가 각기 열심히 기도를 올렸을 때는 효과가 없었소. 그런데 당신이 기도를 올리자 금방 폭풍우가 잠잠해졌소. 당신은 그 이유가 뭐라고 생각하시오?"

그러자 유대인은 이렇게 대답했다.

"그 이유는 나도 정확히 알 수가 없습니다. 그렇지만 여러분들은 각자 여러분의 나라에서 믿는 신에게 기도한 것만은 사실입니다. 바빌로니아에서 오신 분들은 바빌로니아의 신에게 기도를 하였고, 로마에서 오신 분들은 로마의 신에게 기도를 하였습니다. 하지만 바다는 그 어느 나라에도 속해 있지 않습니다. 우리 유대인들은 온 우주를 다스리는 커다란 신 한 분께만 기도를 올립니다. 그렇기 때문에 바다에서 기도를 올린 내 소원도 들어주신 것 같습니다."

암시장

한 현명한 재판관이 있었다. 그는 어느 날 시장을 지나가다가, 도둑질한 물건들이 그곳에서 매매되고 있다는 사실을 알았다. 그래서 그는 마을 사람들과 도둑들을 일깨워 주기 위하여 암시적인 행동을 해야겠다고 생각했다.

즉, 그는 족제비 한 마리를 내놓고 작은 고기 조각 하나를 주었다. 그러자 족제비는 그것을 물고 곧 자기의 작은 구멍에 가져다 감춰두고 나왔다. 사람들은 족제비가 그 고기를 숨긴 곳을 알 수 있었다.

그 재판관은 구멍을 막은 다음 이번에는 좀 더 큰 고깃덩이를 족제비에게 주었다. 족제비는 역시 자기의 굴로 갔다. 그러나 굴이 막혀 있자 고깃덩이를 물고 재판관 앞으로 돌아왔다. 족제비는 자기가 가지고 있는 고깃덩이가 주체스러워 마침내 고기를 준 사람에게로 가지고 돌아온 것이다.

그 광경을 지켜본 마을 사람들은 시장으로 몰려가 물건을 조사하여 자기들이 도둑맞은 물건들을 도로 찾아냈다.

시집가는 딸에게

사랑하는 내 딸아, 만일 네가 남편을 왕처럼 섬긴다면 그는 너를 여왕처럼 대우할 것이다. 그리고 네가 하녀처럼 행동한다면 그는 너를 하녀 취급하듯 할 것이다. 또 네가 사존심을 내세워 그에게 봉사하기를 거부한다면 그는 너를 힘으로 정복하여 하녀로 삼아버릴 것이다.

너의 남편이 친구의 집을 방문할 때면, 그가 목욕하게 하고 정장을 하고 나가게 하라. 그리고 남편의 친구가 집에 찾아왔을 때는 성의를 다해서 극진히 대접해라. 그러면 남편은 너를 소중하게 여길 것이다.

또한 언제나 가정에 마음을 쓰고, 남편의 소지품은 소중히 다루어라. 그렇게 하면 남편은 네 머리 위에 왕관을 올려놓을 것이다.

숫자

내가 어느 사람에 대하여 분별없는 말로 그의 명예에 상처를 입혔다고 하자. 그리고 나서 다음에 그 사람을 만났을 때 이렇게 사과할 수 있다.

"지난번에는 흥분 끝에 실례되는 말을 하여, 당신의 명예를 손상시켜 대단히 죄송합니다."

그래도 상대방이 매우 불쾌해하며 용서해 주지 않을 경우에는 어떻게 해야 할까?

그런 경우 유대인들은 열 사람에게 이렇게 묻는다.

"나는 지난번에 어느 사람에게 몇 가지 실례되는 말을 하여 그를 화나게 했기 때문에 그에게 사과하러 갔지만, 그가 용서해 주지 않았습니다. 나는 진심으로 내 잘못을 뉘우치고 있습니다. 여러분은 내 잘못을 용서해 주시겠습니까?"

하고 물어, 열 사람이 모두 용서해 준다면 잘못을 용서받는다.

만일 모욕을 당한 상대방이 이미 죽어버려 사과할 수가 없으면 그 열 사람을 그의 무덤으로 데리고 가서 그들이 보는 앞에서 무덤을 향하여 용서를 빌어야 한다.

그 경우 열 명이란 숫자가 왜 필요하냐 하면 유대교의 교회에서 기도할 때는 열 명 이상의 사람이 있지 않으면 기도가 성립되지 않기 때문이다. 아홉 명 이하의 수는 개인으로 인정하고 열 명이란 수가 되어야 비로소 집단이 되는 것이다.

정치적인 결정이 아닌 종교적인 결정도 역시 열 사람이 되지 않으면 하지 못한다. 결혼식에 있어서도 열 사람 이상이 모이지 않으면 거행하지 못한다.

사랑

솔로몬 왕에게는 매우 아름답고 영리한 공주 한 분이 있었다.

어느 날 꿈을 꾼 솔로몬 왕은 딸의 장래 남편이 될 사람이 딸에게는 어울리지 않는 보잘것 없는 인물이란 것을 예감했다.

그리하여 솔로몬 왕은 딸을 어느 작은 섬으로 데리고 가서 높은 담을 둘러친 다음 감시병을 배치해 놓았다. 그리고 열쇠를 가지고 돌아왔다.

왕이 꿈에서 본 사위감은 어느 황야에서 혼자 방황하고 있었다. 밤이 되자 몹시 추웠기 때문에 그는 사자들의 시체 속을 파고 들어가 잠을 잤다. 그때 큰 새가 날아와 사자의 털가죽과 함께 그 사나이를 물어다 공주가 감금되어 있는 별궁 위에 떨어뜨렸다. 그래서 그 사나이는 공주를 만나게 되었고, 두 사람은 사랑에 빠지고 말았다.

진실한 사랑은 모든 것을 극복하기 때문에 외딴 섬 같은데 감금시켜 놓을지라도 막을 수는 없는 것이다. 언제고 일어날 것은 반드시 일어나기 마련이다.

비유대인

많은 양을 기르고 있는 왕이 있었다. 왕은 양치기를 시켜 그 양들을 날마다 방목하였다.

그러던 어느 날 양과는 전혀 다르게 생긴 동물 한 마리가 양떼 속에 끼어들었다. 그래서 양치기가 왕에게 알렸다.

"이상한 동물 한 마리가 양떼 속에 끼어들었는데 어떻게 할까요?"

"그 동물을 특별히 더 잘 보살펴 주도록 하라."

하지만 양치기가 의아스러운 표정을 짓자 왕은 이렇게 말했다.

"양들은 처음부터 내 양으로 길러왔으니 걱정할 것이 없지만 그 낯선 동물은 지금까지 전혀 다른 환경에서 자라고 있었는데도 내 양들과 똑같이 행동하고 있으니, 그 얼마나 반가운 일이냐?"

유대인들은 태어날 때부터 유대의 전통 속에서 자랐다. 그러므로 유대의 전통 아닌 다른 환경 속에서 자란 사람이 유대문화를 이해하는 경우에는 유대인들로부터 원래의 유대인보다 더 존경을 받는다.

탈무드에는 전 세계 사람들이 어떤 신앙을 가지고 있어도 선한 사람은 모두 영원한 생명의 구원을 받을 것이므로 굳이 그들을 유대인이 되게 하려고 애쓰지 않는다고 적고 있다.

꿈

어떤 남자가 이웃집 여인과 사랑을 한번 해 보려고 애를 태우고 있었다. 그러던 어느 날 밤 그는 마침내 그 여인과 육체적 관계를 맺는 꿈을 꾸었다.

탈무드에 의하면 그것은 좋은 일이다. 왜냐하면 꿈이란 간절한 소원의 한 표현으로 실제로 육체적 관계를 가졌다면 그런 꿈을 꿀 까닭이 없기 때문이다. 그것은 육체적 본능을 그만큼 억제하고 있다는 증거가 되기 때문에 매우 좋은 일인 것이다.

못난 어버이

어떤 남자가 다음과 같은 유서를 썼다.

"내 재산 전부를 아들에게 준다. 그러나 내 아들이 진짜 바보가 되기 전에는 재산을 물려줄 수 없다."

그 소식을 듣고 랍비가 찾아와 그 사람에게 물었다.

"당신은 참으로 이상한 유서를 썼군요. 대체 당신의 아들이 바보가 되지 않는 한 재산을 물려주지 않겠다니, 무슨 이유라도 있습니까?"

랍비가 묻자 그 사람은 갈대 하나를 입에 물고, 괴이한 울음소리를 내면서 마루 위를 엉금엉금 기어다녔다.

그의 행동은 자기 아들에게 아이가 생겨 그 자식을 귀여워하게 되면 자기의 재산을 물려준다는 뜻이었다.

'어린애가 태어나면 인간은 바보가 된다'는 속담은 여기에서 비롯된 것이다.

유대인에게 있어 어린아이는 매우 소중한 존재로, 부모는 자기들의 자식을 위하여 모든 것을 희생한다.

하나님이 유대민족에게 십계명을 내리실 때, 유대인들이 반드시 그것을 지키겠다는 맹세를 받으려 하셨다.

때문에 유대인들은 먼저 그들의 위대한 조상인 아브라함과 이삭과 야곱의 이름을 들어 반드시 십계명을 지키겠노라고 맹세했지만 하나님은 허락하지 않았다.

그래서 또 유대인들은 앞으로 모을 모든 부(富)를 걸어 맹세했지만, 역시 허락하지 않았다. 유대인 중에서 태어난 모든 철학자들의 이름을 들어 맹세했지만, 이번에도 하나님은 허락하지 않았다.

맨 마지막으로 유대인들은 그들의 자식들에게 반드시 십계명을 전해 주겠다고 어린아이들을 내세워 맹세하자, 그제서야 비로소 하나님은 좋다고 허락하였다.

교육

크게 칭송을 받고 있는 한 랍비가 어느 마을에 시찰관 두 사람을 보냈다.

시찰관 두 사람은 그 마을에 가서, 그 마을을 지키는 사람을 만나서 좀 조사할 일이 있다고 하자, 그 마을의 치안담당관이 나왔다.

"아니오, 우리는 이 마을을 지키고 있는 사람을 만나려고 왔습니다."

두 사찰관이 말하자, 이번에는 마을의 수비대장이 나타났다. 그러자 두 시찰관은 다음과 같이 말했다.

"우리가 만나고 싶은 사람은 치안담당관이나 수비대장이 아니라 학교의 선생입니다. 치안관이나 군인은 마을을 파괴할 뿐 진정으로 마을을 지키는 사람은 선생이기 때문입니다."

공로자

어느 왕이 희귀한 병에 걸렸다. 지금까지 들어보지 못한 괴이한 병이었다. 의사는 사자의 젖을 마셔야 낫는다고 처방했다. 하지만 사자의 젖을 구하는 게 문제였다.

그런데 어느 지혜 있는 사나이가 사자가 살고 있는 동굴 가까이 가서 새끼사자를 한 마리씩 어미 사자에게 넣어 주었다. 열흘쯤 지났을 때 그는 어미사자와 아주 친하게 되었다. 그래서 왕의 병을 고칠 사자의 젖을 얼마큼 짜낼 수 있었다.

궁전으로 돌아오는 도중 그 사나이는 자기 몸의 각 기관들이 서로 다투는 꿈을 꾸었다. 그것은 신체 중에서 어느 기관이 가장 중요한가에 대한 싸움이었다.

즉, 발은 자기가 아니었다면 사자가 있는 동굴까지 도저히 가지 못했을 거라고 주장했고 또 눈은 자기가 아니면 앞을 볼 수가 없어서 그곳까지 가지 못했을 거라고 주장했다. 심장은 자기가 아니면 대담하게 사자에게 접근하지 못했을 것이라고 우겨댔다.

그때 듣고 있던 혀가 큰소리쳤다.

"모두들 그래봐야 내가 아니었다면 너희들은 소용이 없어."

혀의 말에 각 기관들은 발끈하면서 혀를 나무랐다.

"뼈도 없고 쓸모도 없는 보잘 것 없는 것이 까불고 있네."

윽박지르는 바람에 혀는 입을 다물고 말았다.

그러는 사이에 사나이가 궁전에 다다르자 혀가 불쑥 말했다.

"누가 가장 중요한지 내가 말해 주지."

사나이가 왕앞에 나섰다.

"이건 무슨 젖이냐?"

왕이 물었다.

사나이는 엉뚱하게도 대답을 했다.

"예, 이것은 개의 젖입니다."

조금 전까지 심하게 혀를 윽박지르던 각 기관들은 비로소 혀의 힘이 얼마나 강한가를 깨닫고 모두 혀에게 사과했다. 그러자 혀가 다시 말했다.

"아닙니다. 제가 말씀을 잘못드렸습니다. 이건 틀림없는 사자의 젖입니다."

이렇듯 가장 중요한 부분일수록 자제력을 잃어버리면 엉뚱한 잘못을 저지르기 마련이다.

감사하는 마음

이 세상 최초의 인간 아담은 빵 하나를 만들어 먹기 위하여 얼마나 많은 일을 해야 했던가?

먼저 밭을 갈고, 씨앗을 뿌리고, 잡초를 뽑고, 곡식을 거둬들이고, 빻아서 가루로 만들고, 반죽하고, 굽고 하기를 적어도 열다섯 단계의 과정을 거쳐야 했다.

그런데 지금은 돈만 있으면 빵집에 가서 만들어 놓은 빵을 얼마든지 사올 수 있다. 옛날에는 한 사람이 해야 했던 열다섯 단계의 일을 지금은 여러 사람이 나누어 하고 있기 때문이다. 그러기 때문에 빵을 먹을 때도 많은 사람들에게 감사하는 마음을 가져야 한다.

인류 최초의 인간은 자기 몸에 걸칠 옷 하나를 만들기 위해서도 얼마나 많은 노력을 기울였는지 모른다. 양을 사로잡고 그것을 키우고 털을 깎고 실을 만들고, 옷감으로 짜고, 그것을 다시 꿰매어 입기까지는 많은 어려움이 있었다.

그러나 오늘날에는 돈만 내면 양복점에서 마음에 드는 옷을 살 수 있다. 과거에는 혼자 해야 했던 많은 일을 여러 사람이 나누어 하고 있기 때문이다. 그러기 때문에 옷을 입을 때도 여러 사람들에게 감사하는 마음을 가져야 한다.

병문안

환자가 걱정해 주는 사람들의 문안을 받으면, 병은 60분의 1은 낫는다고 한다. 그렇다고 60명이 한꺼번에 병문안을 간다고 하여 환자의 병이 완쾌하지는 않는다.

무덤 속의 사람을 찾아가는 것은 가장 고상한 행위다. 병문안은 환자가 나으면 그에게서 감사의 인사를 받을 수가 있지만, 죽은 사람은 아무 인사도 하지 않기 때문이다.

상대방의 감사를 바라지 않고 베푸는 행위야말로 가장 아름다운 행위인 것이다.

결론

탈무드에는 연속해서 4개월에서 6개월, 아니면 7년이나 계속되는 오랜 동안 어떤 문제에 대하여 사람들이 의문을 제기했다는 이야기가 많이 있다.

그러고도 그 중에는 결론을 내리지 못한 것들도 있다. 그런 이야기의 맨 끝에는 모른다고 기록되어 있다. 그 뜻을 알 수 없을 때에는 모른다고 말해야 한다는 것을 가르쳐주고 있는 것이다.

또한 탈무드에는 어떤 문제에 대하여 결정을 내린 이야기들도 수록되어 있는데, 거기에는 반드시 소수의 의견도 덧붙여 소개하고 있다. 소수의 의견이란 기록해 놓지 않으면 망각해 버리기 때문이다.

약자와 강자

이 세상에는 강자가 약한 것을 두려워하는 것이 네 가지가 있다.

즉 사자는 모기를 두려워하고, 코끼리는 거머리를 무서워하고, 전갈은 파리를 무서워하고, 매는 거미를 무서워한다.

제아무리 크고 힘센 자라 해도 반드시 약자에게 두려운 존재는 아니다. 또 아무리 약한 자라도 조건만 성립되면 강자를 굴복시킬 수가 있다.

일곱 계명

탈무드 시대의 대개 비유대인들과 함께 일을 하기도 하고 생활 속에서도 어울렸다.

그들에게는 613가지 계율이 있다. 하지만 유대교에서는 애써 비유대인들을 유대화하려고 하지 않았기 때문에 그들에게 선교사를 보내거나 그 밖의 특별한 노력을 하지 않았다. 그렇지만 상호간의 평화적인 유대관계를 지속하기 위하여 비유대인들에게 반드시 지켜야 할 일곱 가지 계율을 주었다.

- 동물을 죽여 그 날고기를 먹지 말라.
- 남에게 욕하지 말라.
- 도둑질을 하지 말라.

- 법을 지켜라.
- 살인하지 말라.
- 근친상간하지 말라.
- 불륜의 관계를 맺지 말라.

하나님

어떤 로마인이 랍비를 찾아와 다음과 같이 말했다.

"당신들은 하나님 이야기만 하고 있는데 도대체 그 하나님이 어디에 있나요? 하나님이 어디에 있는지를 가르쳐 준다면 나도 그 하나님을 믿겠소."

질문을 받은 랍비는 그 로마인을 밖으로 데리고 나갔다.

"태양을 쳐다보시오."

그러자 로마인은 태양을 한번 쳐다보고는 쏘아 붙였다.

"그런 억지 소리 마시오. 누가 저 태양을 똑바로 쳐다볼 수 있겠소."

그러자 로마인에게 랍비는 말했다.

"당신은 하나님께서 창조하신 많은 것들 중의 하나인 태양조차 볼 수 없으면서 어떻게 위대하신 하나님을 눈으로 볼 수 있단 말이오?"

작별 인사

　어떤 사나이가 오래 동안 여행을 계속하고 있었기 때문에 심신이 지쳤고, 배가 몹시 고프고 목도 말랐다. 며칠 사막을 걸은 끝에 간신히 나무가 있는 곳에 이르렀다.

그는 지친 몸을 나무 그늘에서 쉬면서 과일로 굶주린 배를 채웠고, 시원한 물을 마셔 타는 목을 축인 다음, 비로소 안도의 한숨을 길게 내쉬었다. 그러나 그는 여행을 계속하기 위하여 다시 길을 떠나야 했다.

그는 그 곳의 나무에게 감사하며, 이렇게 작별 인사를 했다.

"정말 고맙다, 나무야. 나는 어떻게 이 고마움에 인사를 해야 할지 모르겠다. 네 열매가 맛있게 되기를 빌어주려 해도 네 열매는 벌써 충분히 맛들었고, 시원한 나무그늘을 갖도록 빌어주려 해도 너는 이미 시원한 그늘을 가졌고, 네가 무럭무럭 자라도록 충분한 물이 있기를 빌어주려 해도 너에게는 이미 충분한 물도 있구나. 그러니 내가 너를 위하여 빌어줄 수 있는 것은 다만 네가 더욱 풍성하게 열매를 맺어. 그 열매가 많은 나무들이 되어, 너와 똑같이 아름답고 훌륭한 나무로 자랄 수 있기만을 빌 수밖에 없다."

만약 당신이 누구와 작별할 때 무엇인가를 빌어주고 싶을 때가 있을 것이다. 그래서 그 사람이 더 현명해지기를 빌어주려 해도 그는 이미 누구보다도 현명하고, 부자가 되라고 빌어주려 해도 그는 이미 충분히 부유하고, 사람들에게 환영받을 선량한 사람이 되기를 바라고 싶어도 그는 이미 누구보다도 선량한 사람일 때, 당신은 무어라고 작별 인사를 하겠는가?

"당신의 아이들도 부디 당신과 같이 훌륭한 사람이 되기를 진심으로 빕니다."

이렇게 하는 인사가 가장 좋은 작별 인사이다.

여섯 번째

성서에 의하면, 세상은 1일, 2일, 3일…… 순서에 따라 차례로 만들어져서 여섯 번째 날 완성되었다. 그런데 인간은 마지막 날인 여섯 번째 날에 만들어졌다.

당신은 그 의미를 어떻게 해석하겠는가?

탈무드에 의하면 미물인 한 마리의 파리도 인간보다 먼저 만들어 졌다는 것을 생각하면, 인간은 그렇게 오만해질 수가 없을 것이다. 그것은 인간에게 자연에 대한 겸손을 가르쳐 주기 위한 것이다.

향료

　　어느 안식일(토요일) 오후에, 로마의 황제가 불쑥 랍비의 집을 방문했다.

그는 갑자기 찾아갔지만 랍비의 집에서 아주 즐거운 시간을 보냈다. 음식은 모두 맛이 있었고 식탁 둘레에서는 다같이 노래를 부르면서 탈무드에 나오는 이야기를 했다.

황제는 매우 기뻐하며, 다음 수요일에 또 오겠다고 말했다.

수요일이 되어 황제의 방문을 받은 사람들은 미리 준비하고 기다리고 있었다. 때문에 가장 좋은 그릇만을 차려놓고 먼저 번에는 안식일이라 쉬었던 하인들도 술을 지어 음식을 날랐다. 요리사가 없어 식은 음식을 내놓았던 지난번과는 달리 따뜻한 요리가 나왔다.

황제가 물었다.

"요리는 지난 토요일 것이 맛있었는데, 지난 토요일에 먹은 요리에는 무슨 향료를 넣었는가?"

랍비가 대답했다.

"로마의 황제께서는 그 향료를 구하지 못할 겁니다."

"천만에. 나는 어떤 향료라도 구할 수가 있소."

황제가 자신있게 말했다.

"폐하, 폐하께서 아무리 로마의 황제시지만, 어떤 노력으로도

구하시지 못합니다. 그것은 바로 유대인의 안식일이라는 향료이니까요."

함정

어떤 장사꾼이 도시로 물건을 사러갔다. 한데 며칠 뒤에 할인판매를 한다는 소리를 듣고, 그 상인은 그때까지 기다렸다가 물건을 사기로 했다.

그는 많은 돈을 몸에 지니고 있었기 때문에 신변에 닥칠지도 모를 일이 불안했다. 그래서 그는 아무도 없는 곳으로 가서, 그 돈을 모두 땅 속에 묻었다.

다음 날 그곳에 가보니 돈이 없어졌다. 아무리 생각을 더듬어 보았지만, 자기가 돈을 묻는 것을 본 사람은 아무도 없었으므로 그 돈이 왜 없어졌는지를 알 수가 없었다.

그런데 거기서 얼마 멀지 않은 곳에 집이 하나 있었다. 그 집의 벽에 구멍이 뚫려 있는 것을 발견했다. 그래서 그는 틀림없이 그 집에 살고 있는 사람이 자기가 돈을 묻는 것을 그 구멍으로 내다보고 있다가 훔쳐간 것이라고 단정했다. 그래서 그 집주인을 찾아가 말했다.

"노인께서는 도시에 살고 계시니까 머리가 영리하시겠습니다. 저에게 지혜를 좀 빌려주십시오. 사실은 제가 물건을 사려고 이 도시에 왔는데 지갑 두 개를 가지고 왔습니다. 하나는 은화 5백 개가 들어 있고 또 하나는 은화 8백 개가 들어 있습니다. 저는 그 작은 지갑을 나 몰래 어느 곳에 묻어 두었습니다. 한데 나머지 큰 지갑도 땅속에 묻어 두는 것이 좋을까요, 아니면 믿을 만한 사람에게 맡겨 두는 것이 좋을까요?"

상인의 말에 노인이 대답했다.

"만일 내가 당신이라면, 다른 사람은 아무도 믿지 않겠소. 작은 지갑을 묻어 둔 곳에 함께 묻어 두겠소."

노인은 상인이 돌아간 뒤 자기가 꺼내온 지갑을 그 곳에 도로 갖다가 묻어 놓았다. 그것을 지켜보고 있던 상인은 자기의 지갑을 무사히 되찾았다.

솔로몬의 재판

어느 안식일에 세 유대인이 예루살렘으로 갔다. 그때는 은행이 없었기 때문에 세 사람은 가시고 있던 돈을 묻있다. 그런데 그들 중 한 사람이 몰래 그곳으로 가서 그 돈을 모두 꺼내갔다.

다음 날 그들은 지혜가 많은 현인으로 알려진 솔로몬 왕에게로 가서 세 사람 중에서 누가 그 돈을 훔쳤는가를 판결해 달라고 요청했다.

그러자 솔로몬 왕이 말했다.

"당신들 세 사람은 매우 현명하니, 우선 내가 당면하고 있는 어려운 문제를 먼저 해결해 주게. 그러면 다음에 자네들의 문제는 내가 해결해 주겠네."

솔로몬 왕이 자기의 어려운 점을 말했다.

어느 젊은 아가씨가 한 청년에게 시집가기로 약속을 했다. 그런데 얼마 후 그 처녀는 다른 사나이와 사랑에 빠져 약혼자를 찾아가 헤어지자고 제의를 했고 위자료를 지불하겠다고 말했다. 그러나 청년은 위자료 같은 것은 필요가 없다고 말하면서 처녀와의 약혼을 취소해 주었다.

그런 뒤 어느날 그녀는 많은 돈을 가지고 있었기 때문에 어느 노인에게 유괴되었다. 그녀가 노인에게 사정하였다.

"내가 약혼했던 남자에게 파혼할 것을 제안했을 때 그는 위자료도 받지 않고 나를 해방시켜 주었으니, 당신도 똑같은 일을 내게 해 주어야 합니다."

그러자 노인은 몸값을 받지 않고 처녀를 놓아 주었다.

"그들 중에서 가장 칭찬받을 행위를 한 사람은 누구겠는가?"

첫 번째 유대인이 말했다.

"그녀와 약혼까지 하고서 파혼을 승낙해 주고 위자료도 받지 않은 처음의 청년이 칭찬을 받아야 합니다. 왜냐하면 그는 처녀의 의사를 무시하면서까지 결혼하려고 하지 않았을 뿐 아니라 위자료를 받지 않았기 때문입니다."

두 번째 유대인이 말했다.

"그렇지 않습니다. 아가씨야말로 칭찬받아 마땅합니다. 그 아가씨는 용기를 가지고 처음의 약혼자와의 파혼을 요청했고 진정으로 사랑하고 있는 남자와 결혼을 했습니다. 그거야말로 칭찬받을 만합니다."

마지막 세 번째 유대인이 말했다.

"그 이야기는 너무 복잡해서 저는 도무지 갈피를 잡을 수가 없습니다. 우선 그녀를 유괴한 노인만 해도 그렇습니다. 노인은 돈 때문에 유괴했는데 돈도 받지 않고서 풀어주다니 이야기의 앞뒤가 맞지 않습니다."

솔로몬 왕은 세 번째 사나이에게 호통을 쳤다.

"이놈! 네가 돈을 훔친 도둑이야. 앞의 두 사람은 내 이야기를 듣고 곧 애정이나 아가씨의 약혼자 사이에 가로놓인 인간관계와 그 사이에 조성되는 긴장된 분위기에 관심을 보였다. 그런데 너는 돈밖에 생각하고 있지 않았다. 네놈이 틀림없이 범인이다."

중용(中庸)

병정들이 길을 행진하고 있었다. 길 오른쪽에는 눈이 내리고 빙판길이었다. 그리고 길 왼쪽은 불바다였다.

만일 그 병정늘이 오른쪽으로 가면 얼어버리고, 왼쪽으로 가면 불에 타게 된다.

그렇지만 길 중간은 따스함과 서늘함이 적당히 화합된 곳이었다.

탈무드

나치 수용소에서 유대인 6백만 명이 학살당한 뒤 나머지 사람들이 구출되었다. 살아남은 유대인들은 미국의 트루먼 대통령에게 사례의 뜻으로 탈무드를 기증했다. 한데 그것은 2차대

전 후 독일에서 인쇄된 것이었다.

　그렇게 악랄하게 유대인을 멸종시키려고 혈안이 됐던 독일에서조차 탈무드를 인쇄하여 발행하고 있었다는 사실은 바로 탈무드의 위대함을 말해 주는 좋은 증거인 것이다.

상업

　　　　유대의 역사는 매우 오래고 길다. 성서시대의 유대인 사회는 농업을 주로 하는 생활이었다. 따라서 교역(交易)은 그다지 성행하지 않았다. 때문에 상인이라는 말은 곧 비유대인이라는 말로 이용되었다. 그래서 유대인들은 자기 공장에서는 물건을 팔고 사는 매매 행위를 거의 하지 않았다. 다만 〈유대인들이 상업에 종사할 때는 계량을 정확하게 하고 물건을 속이지 말라〉는 정도의 상식적인 상도덕이 요구되었을 뿐이었다.

　그런데 탈무드 시대로 접어들면서 교역이나 상업이 발달하게 되었기 때문에 탈무드에도 상업에 대하여 상당히 깊은 관심을 기울이게 되었다.

　탈무드를 쓴 사람들은 세상이 점점 발달해간다는 인식을 갖게 됐으며, 또 발전한 세상의 모습은 곧 상업이 크게 발달한 세계로서 표현되고 있다. 그래서 그 상업을 하면서 어떤 도덕을 지켜야 하는가에 대한 이야기가 많은 내용을 차지하고 있다.

　나는 탈무드를 편찬한 사람들이 장차 앞으로 다가올 세계에 있어서는 상업이 가장 중요한 역할을 하게 될 것이라고 예견한 것은

선견지명이었다고 생각한다. 그들은 벌써 천년 전의 세계를 보면서 앞으로 그러한 세계가 다가올 것을 미리 내다보고 그에 대한 여러 가지 준비 작업을 서둘렀기 때문이다.

그러기에 여기서는 상업이라는 생각이 원칙이 되었고, 따라서 그 규칙은 일반 생활의 테두리 밖에 있는 어떤 특별한 규칙이어야 한다고 생각되었다. 때문에 세계는 결코 탈무드적인 세계가 아니다. 왜냐하면 아무리 경건한 사람이라도 상업은 상업으로서 행하여도 괜찮다고 인정되었기 때문이다.

하지만 탈무드는 어디까지나 어떻게 해야 도덕적인 사업가가 될 수 있느냐를 고려한 것이지 어떻게 해야 수완 있는 사업가가 될 수 있느냐를 말한 것은 결코 아니다. 그것은 탈무드에서는 자유방임주의적인 상업에 대해서 반대하고 있다는 사실만 보더라도 충분히 알 수 있다.

가령 한 예를 들면, 구매자의 첫번째 권리로서 물건을 사는 사람에게는 어떤 보증이 없어도 자기가 산 물건의 품질이 좋아야 할 것을 요구할 권리가 있다. 물건을 산다는 것은 곧 결함이 없는 물건을 산다는 뜻이다. 그러므로 파는 사람이 그 물건에 결함이 있어도 무를 수 없다는 조건을 붙여 팔았을 경우에도, 그 물건에 결함이 있으면 구매자에게는 그 물건을 되물릴 수 있는 권리가 있다.

그러나 한 가지 예외는 그것은 구매자가 그 물건에 결함이 있다는 사실을 인정하고 샀을 경우다. 예를 들면, 자동차를 팔 때, 당초에 그 자동차에는 엔진이 없으니 그리 알라고 일러주고서 팔았으면, 구입한 사람은 그 자동차를 되물리지 못한다.

탈무드에는 결함이 있는 물건을 팔 때는 반드시 사는 사람에게 그 물건의 결함을 구체적으로 설명해 주어야 한다고 적혀 있다. 따라서 물건을 사는 사람은 우선 물건의 결함이나 사기성 그리고 파는 사람이 미처 깨닫지 못한 과오에 대해서는 보호를 받고 있는 것이다.

물건을 사고 판다는 것은 두 가지 요소에 성립되고 있다. 그 하나는 그 물건의 값을 지불하는 것이고, 다른 하나는 그 물건이 구매자에게 넘어간다는 사실이다. 그것은 물건을 판 사람은 그 물건을 산 사람에게 이상 없게 인계시켜 주어야 할 의무가 있다는 말이다. 탈무드에서는 물건을 판 사람보다 산 사람의 권리를 보다 더 중요하게 생각하고 있기 때문이다. 그리고 또 물건을 파는 사람은 그 물건에 대하여 정확히 알고 있지 않으면 안 된다. 그것은 딴 사람의 물건을 팔거나 있지도 않은 물건을 팔아서는 안 된다는 말이다.

매매

　　탈무드 시대부터 계량을 감독하는 관리가 있었다. 계절에 따라 토지의 면적을 계량기를 것을 사용했다. 왜냐하면 기온에 따라 줄에 신축성이 있기 때문이다. 또 액체를 사고 팔 경우 그릇 밑에 먼젓번의 찌꺼기가 남아 있거나 해서는 안 되기 때문에 그릇 속을 항상 깨끗이 하도록 엄격하게 감독하고 있었다.

　그리고 물건을 샀을 경우, 그 물건의 성질에 따라 하루에서 일주일 동안, 그 물건을 사람들에게 보이고 그들의 의견을 들을 수 있는 권리가 산 사람에게는 있었다. 그것은 물건을 사는 사람이 그 물건에 대하여 잘 모르고 샀기 때문에 그 물건의 가치를 올바로 판단할 수가 없기 때문이다.

　탈무드 시대에는 상품에 대하여 일정한 가격이 매겨져 있지 않았다. 오늘날에는 어떤 자동차의 가격은 얼마라고 거의 가격이 정해져 있지만 옛날에는 파는 사람의 마음대로 가격을 정했다. 그래서 만일 상식적인 가격보다 6분의 1 이상의 비싼 값으로 매매되었을 때는, 예를 들어 평소에 6백원으로 파는 상품을 8백원으로 팔았을 때는, 그 상행위는 무효가 되는 것이라고 탈무드에 씌어 있다.

　또한 파는 사람이 물건의 계량을 속였을 경우에는, 산 사람은 다시 올바르게 계량하도록 요구할 권리가 있었다.

　그리고 파는 사람을 보호하기 위한 것으로는 물건을 살 의사가 없으면 흥정을 해서는 안 된다는 내용이 있다. 또한 다른 사람이 먼저 살 의사를 밝힌 물건을 가로채어 사서도 안 된다고 규정해 놓고 있다.

땅

랍비 두 명이 같은 땅을 서로 사려고 했다. 처음의 랍비가 먼저 그 땅의 값을 정했다. 한데 다른 랍비가 그 땅을 사버렸다.

그러자 첫번째 사람이 두 번째 랍비에게 물었다.

"어느 사람이 과자를 사려고 제과점에 갔더니, 이미 다른 사람이 먼저 와서 과자의 품질을 조사하고 있었고, 한데 뒤에 온 사람이 그 과자를 사버렸다면 그 사람을 어떻게 생각하겠소."

두 번째 랍비는 다음과 같이 대답했다.

"그건 안 될 일이오. 그 사람은 틀림없이 나쁜 사람입니다."

첫 번째 랍비가 다시 말했다.

"당신이 이번에 땅을 산 것은 그 땅에 대해서는 당신이 두 번째 사람이었소, 어느 사람이 당신보다 먼저 가서 그 땅의 값을 정하여 놓았는데 그것을 당신이 산 거요. 그래도 괜찮은가요?"

그래서 그 땅을 산 행위를 어떻게 하는 것이 좋으냐 하는 것이 문제가 되었다. 결국 한 가지 해결 방법으로서 제안된 것은 두 번째 랍비가 그 땅을 첫 번째 랍비에게 다시 팔게 한다는 것이었다.

그러나 두 번째 랍비의 경우 땅을 사자마자 바로 판다는 것은 이해가 되지 않는 일이기 때문에 팔 수 없다고 말했다.

두 번째 해결 방법으로 제안된 것은 그 땅을 첫 번째 랍비에게 선물로 주는 것이 어떠냐는 것이었다. 그런데 이번에는 첫 번째 랍비가 땅 값을 지불하지 않고 선물로 받는 건 싫다고 말했다.

그리하여 결국 두 번째 랍비는 그 땅을 학교에 기부하고 말았다.

3 탈무드의 눈

인간

- 인간은 마음 가까이에 유방이 있으며, 동물은 마음 멀리에 유방이 있다. 이것은 신의 깊은 배려 때문이다.
- 반성하는 자가 서 있는 땅은 가장 위대한 랍비가 서 있는 땅보다 더 가치가 있다.
- 세계는 진실 · 법 · 평화의 세 가지 기반 위에 서 있다.
- 휴일은 인간에게 주어진 것이지, 인간이 휴일에게 주어진 것은 아니다.
- 백성의 소리는 하나님의 소리
- 하나님은 말씀하셨다.
 "나에게는 네 아이가 있다. 당신에게도 네 아이가 있다. 당신의 네 아이는 아들 · 딸 · 남자하인 · 여자하인. 나의 아이는 미망인 · 고아 · 이방인 · 승려이다. 나는 당신 아이의 뒤를 보살핀다. 당신들은 내 아이의 뒤를 보살펴라."
- 인간은 사소한 남의 피부병은 걱정하면서도, 자신의 중병(重病)

은 아랑곳 하지 않는다.
- 거짓말쟁이에게 주어지는 최대의 벌은, 그가 진실을 말했을 때에도 사람들이 믿어주지 않는다는 점이다.
- 인간은 20년 걸려서 배운 것을 2년 안에 잃을 수가 있다.
- 사람은 누구나 세 가지 이름을 갖는다. 태어났을 때 양친이 붙여주는 이름, 친구들이 우정을 담아 부르는 이름, 그리고 자기 생애가 끝났을 때 얻어지는 명성(名聲)의 세 가지이다.

인생

- 인간은 상황에 의해서 명예가 높여지는 것이 아니라, 인간이 그 상황의 명예를 높이는 것이다.
- 모든 인류는 오직 한 조상으로부터 시작되었다. 그러므로 어느 인간이 어느 인간보다도 우수하다는 것은 있을 수 없다.
  만약 당신이 한 사람의 인간을 죽였다고 한다면 그것은 전 인류를 죽인 것과 마찬가지다. 또 한 사람의 목숨을 구하면 그것은 전 인류의 목숨을 구한 것과 똑 같은 것이다. 왜냐 하면, 세계는 한 인간에 의해서 시작되었고, 그 최초의 인간을 죽였다고 한다면 인류는 오늘날 존재할 수 없기 때문이다.
- **요령이 좋은 인간과 현명한 인간의 차이** – 요령이 좋은 인간이란 현명한 인간이 절대로 빠져나가기 어려운 상황을 잘 빠져나가는 사람을 말한다.
- 어떤 사람은 젊고도 늙었고, 어떤 사람은 늙었어도 젊다.

- 자기의 결점만을 걱정하고 있는 인간은 딴 사람이 갖는 결점은 알지 못한다.
- 음식을 장난감으로 취급하는 사람은 배고프지 않은 것이다.
- 수치스러움을 모르는 것과 자부심은 형제지간이다.
- 하루 공부하지 않으면 그것을 되찾기 위해서는 이틀 걸린다. 이틀 공부하지 않으면 그것을 되찾기 위해서는 나흘 걸린다. 1년 공부하지 않으면, 그것을 되찾기 위해서는 2년 걸린다.
- 성질이 나쁜 사람은 이웃 사람의 수입에 신경을 쓰고, 자기의 낭비에는 마음을 쓰지 않는다.
- 눈에 보이지 않는 것보다 마음이 보이지 않는 쪽이 더 두렵다.
- 만나는 사람 모두에게서 무언가를 배울 수 있는 사람이 세상에서 가장 현명하다.
- **강한 사람** – 그것은 자기를 억제할 수 있는 사람
- **강한 사람** – 그것은 적을 벗으로 바꿀 수 있는 사람
- 풍족한 사람이란 자기가 갖고 있는 것으로 만족할 줄 아는 사람이다.
- 사람들과 친밀할 수 있는 사람이 참다운 명예스런 사람이다.

평가

- 유대인이 인간을 평가하는 세 가지 기준

① **키소** : 지갑을 넣는 주머니

② **코소** : 술을 마시는 잔

③ **카소** : 인간의 분노, 이것은 돈을 어떻게 쓰고, 술 마시는 법은 깨끗한가 더러운가? 또 인내심이 강한 인간인가 아닌가를 평가하는 기준을 말한다.

• 인간의 유형은 네 가지로 나누어진다.
① 내 것은 내 것이고, 네 것은 네 것이라는 인간(일반적인 타입)
② 내 것은 네 것이고, 네 것은 내 것이라는 인간(별난 타입)
③ 내 것은 네 것이고, 네 것은 네 것이라는 인간(정의감이 강한 사람)
④ 내 것은 내 것이고, 네 것도 내 것이라는 인간(나쁜 인간)

• 현인(賢人)앞에 앉아 있는 사람은 세 부류로 나누어진다.
① **스폰지형** – 무엇이라도 흡수한다.
② **터널형** – 오른쪽 귀에서 왼쪽 귀로 흘려 보낸다.
③ **체형** – 중요한 것과 그렇지 않은 것을 체로 거르듯 선택한다.

• 현인이 되는 일곱 가지 조건
① 자기보다 현명한 사람이 있을 때에는 침묵을 지킨다.
② 상대방의 이야기를 가로채지 않는다.
③ 대답할 때에는 당황하지 않는다.
④ 항상 적절한 질문을 하고, 조리 있는 대답을 한다.
⑤ 선후의 순서를 잘 선택하여 처리한다.
⑥ 자기가 알지 못할 때에는 알지 못하는 사실을 인정한다.
⑦ 진실을 인정한다.

- 인간은 세 가지 벗을 가지고 있다. – 아이 · 부(富) · 선행

친구

- 아내를 고를 때에는 한 계단을 내려가고, 벗을 고를 때에는 한 계단을 올라가라.
- 벗이 화가 나 있을 때에는 달래려고 하지 말라. 그가 슬퍼하고 있을 때에도 위로하지 말라.

우정

- 만약 친구가 고기를 갖고 있으면 고기를 더 주어라.
- 당신의 친구가 당신에게 있어서 벌꿀처럼 달더라도 전부 핥아 먹어서는 안 된다.

여자

- 어떤 남자라도 여자의 야릇한 아름다움에는 버틸 수 없다.
- 여자의 질투심은 하나의 이유 밖에 없다.
- 여자는 자기의 외모를 가장 소중히 여긴다.
- 여자는 남자보다 육감이 예민하다.
- 여자는 남자보다 정이 두텁다.
- 여자는 불합리한 신앙에 빠지기 쉽다.
- 불순한 동기에서 시작한 애정은 그 동기가 사라지면 같이 없어져 버린다.
- 사랑을 하고 있는 자는 주변의 충고에 귀를 기울일 줄 모른다.
- 여성이 술을 한 잔 마시는 것은 좋은 일이다. 하지만 두 잔 마시면 그녀는 품위를 떨어뜨리고 석 잔째는 부도덕하게 되고, 네 잔째는 자멸한다.
- 정열 때문에 결혼하여도, 그 정열은 결혼보다 오래 지속되지 않는다.
- 맨 처음에 하나님이 만든 남자는 양성을 겸하고 있었다. 그러므로 남자 육체에도 여성 호르몬이 있고, 여성의 육체에도 남성 호르몬이 있다.
- 남자가 여자에게 끌리는 것은, 남자의 갈비뼈를 빼앗아 여자를 만들었으므로 남자는 자기가 잃은 것을 되찾으려고 하기 때문이다.
- 하나님이 최초의 여자를 남자의 머리로 만들지 않은 이유는 남자를 지배해서는 안 되기 때문이었다. 그리고 발로 만들지 않

앉던 것도 남자의 노예가 되어서는 안 되기 때문이었고, 갈비뼈로 만든 것은 여자가 언제나 그의 마음 가까이에 있을 수 있도록 하기 위해서였다.

술

- 술이 머리에 들어가면 비밀이 밖으로 밀려나온다.
- 웨이터의 매너가 좋으면 어떤 술이라도 맛있는 술이 된다.
- 악마가 사람을 방문하기에 너무 바쁠 때에는 악마 대신으로 술을 보낸다.
- 포도주는 새 술일 때에는 포도와 같은 맛이 난다. 그러나 오래 되면 오래 될수록 맛이 좋아진다. 지혜도 이 포도주와 똑같은 것이다. 해를 거듭할수록 지혜는 연마된다.
- 아침에 늦게 일어나고 낮에는 술을 마시며, 저녁에 쓸데없는 이야기로 소일하게 되면 인간은 일생을 간단히 헛되게 만들 수 있다.
- 포도주는 금이나 은그릇으로는 잘 빚어지지 않지만, 지혜로 만든 그릇이라면 매우 잘 빚어진다.

가정

- 부부가 진정으로 서로 사랑하고 있으면 칼날 폭만큼의 좁은 침대에서도 누워 잠잘 수 있지만, 서로 미워하기 시작하면 10미터나 폭이 넓은 침대도 좁다.
- 세상에서 가장 행복한 사람은 누구인가? 그는 좋은 아내를 가진 남자다.
- 남자는 결혼하면 죄가 늘어난다.
- 아내를 이유 없이 학대하지 말라. 하나님은 그녀의 눈물방울을 주의 깊게 헤아리고 계시다.
- 모든 병중에서 마음의 병만큼 괴로운 것은 없다. 그리고 모든 악 중에서 악처만큼 나쁜 것은 없다.
- 세상 무엇과도 바꿀 수 없는 것, 그것은 젊은 때에 결혼하여 살아온 늙은 마누라.
- 남자의 집은 아내이다.
- 아내를 고를 때에는 겁쟁이가 되라.
- 여자와 만나보지 않고 결혼해서는 안 된다.
- 아이를 키울 때 차별하지 말라.
- 아이는 어렸을 때 엄하게 꾸짖고, 다 자란 뒤엔 꾸짖지 말라.
- 어린아이는 엄하게 가르쳐야 하나, 아이가 두려워하는 일이 있어서는 안 된다.
- 아이를 꾸짖을 때는 한 번만 따끔하게 꾸짖고, 언제나 잔소리로 계속 꾸짖어서는 안 된다.
- 어린이는 양친이 이야기하는 모양을 흉내낸다. 성격은 그 이야

기하는 모습으로 알 수 있다.
- 아이에게 무언가 약속하면 반드시 지켜라. 지키지 않으면 당신은 아이에게 거짓말을 가르치는 결과가 된다.
- 가정에서 부도덕한 일을 하는 것은 과일에 벌레가 붙은 것과 같다. 알지 못하는 사이에 퍼져가기 때문이다.
- 아이는 아버지를 존경하지 않으면 안 된다.
- 아버지의 자리에 아이가 앉아서는 안 된다.
- 아버지에게 말대꾸를 해서는 안 된다.
- 아버지가 만약 다른 사람과 다투고 있을 때에는 다른 사람의 편을 들어서는 안 된다.
- 아버지를 존중하고 아버지에게 순종하는 것은, 아버지는 자녀를 위해 평생 노력하기 때문이다.

돈

- 사람에게 상처를 입히는 것 세 가지가 있다. 번민 · 말다툼 · 텅 빈 지갑. 이 중에서도 가장 크게 상처를 입히는 것은 텅 빈 지갑이다.
- 몸의 모든 부분은 마음에 의존하고 있다.
- 돈은 장사에 쓰여야 할 것이며, 술을 위해 쓰여서는 안 된다.
- 돈은 악이 아니며, 저주도 아니다. 돈은 사람을 축복하는 것이다.
- 돈은 하나님이 만들어 놓은 선물을 살 기회를 준다.
- 돈을 빌려 준 사람에게는 화나도 참아야만 한다.

- 부귀는 요새이며, 빈곤은 폐허이다.
- 돈이나 물건은 주는 것보다도 빌려주는 편이 낫다. 그냥 얻으면 얻은 쪽은 준 사람보다 아래에 있지 않으면 안 되지만, 빌려주고 빌린다면 대등한 입장에 있다.

섹스

- 야다(YADA)라는 말은 히브리어로 섹스라는 뜻이다. 또한 야다는 「상대를 안다」는 뜻이기도 하다. 예를 들면 성서 가운데는 아담은 이브를 알고 아이가 생겼다고 씌어 있는데, '안다' 는 말은 섹스를 했다는 의미도 겸하고 있다. '사랑하는 것은 아는 것이다' 라고 흔히 말하는데, 사랑하는 것은 함께 자는 것이라고 해석해도 좋다.
- 야다는 창조의 행위이다. 이것 없이는 자기 완성이 이루어질 수 없다.
- 섹스는 일생에 있어서 오직 한 사람만 상대하여 이루어지지 않으면 안 된다.
- 섹스는 매우 개인적인 관계에서 이뤄지고, 매우 조용한 분위기 속에서 이루어지지 않으면 안 된다. 자기를 억제할 수 없을 것 같은 상황에 있어서는 섹스를 행해서는 안 된다.
- 아내의 동의 없이 아내와 관계를 가질 수는 없다. 아내가 거절하는데도 남편이 일방적으로 관계하는 것은 금해져 있다.

교육

- 향수 가게에 들어가서 비록 향수를 사지 않아도, 나왔을 때에는 향수의 향기가 풍긴다.
- 가죽 상점에 들어가서 가죽을 사지 않아도, 매우 나쁜 냄새가 몸에 옮겨진다.
- 칼을 갖고 있는 자는 책을 가질 수 없다. 책을 갖고 서 있는 사람은 칼을 갖고 설 수 없다.
- 자기를 아는 것이 최대의 지혜이다.
- 의사의 충고만 듣고 있으면, 의사에게 돈을 지불할 필요는 없다.
- 없어진 비싼 진주를 찾기 위해서 아무런 값어치도 없는 촛불이 사용되기도 한다.

- 가난한 집안의 아들은 축복 받으리라. 인류에게 예지(叡智)를 가져다주는 것은 바로 그들이다.
- 기억을 나게 해주는 가장 좋은 약은 감탄하는 것이다.
- 학교가 없는 도시에는 사람이 살지 못한다.
- 고양이로부터 겸허함을 배울 수 있으며, 개미로부터 정직함을 배울 수 있고, 비둘기로부터 정절을 배울 수 있으며, 수탉으로부터는 재산의 권리를 배울 수가 있다.
- 이름이 팔리면 곧 잊혀진다.
- 지식이 얕으면 곧 잃게 된다.
- 아이들을 가르친다는 것은 어떠한 것인가. 그것은 아무 것도 씌어 있지 않은 백지에 무엇인가를 그리는 것과 같은 것이다. 노인에게 가르친다는 것은 어떠한 것일까. 이미 많이 씌어진 종이에 여백을 찾아서 써넣으려고 하는 것과 같은 것이다.

악(惡)

- 악의 충동은 구리와 같은 것이어서, 불 속에 있을 때에는 어떤 모양으로도 만들 수 있다.
- 만약 인간에게 악의 충동이 없다면 집도 세우지 않고, 아내도 얻지 않고, 아이들도 낳지 않고, 일도 하지 않을 것이다.
- 만약 당신이 악의 충동에 사로잡힌다면 그것을 내쫓기 위해서 무엇인가를 배우기 시작한다.
- 다른 사람들보다 뛰어난 사람은 악의 충동도 그만큼 강하다.

- 세상에는 올바른 일만 하는 사람은 있을 수 없다. 반드시 나쁜 일도 함께 하고 있다.
- 악의 충동은 처음은 아주 달콤하다. 그러나 끝났을 때에는 아주 쓰다.
- 13살 때부터 마음속에 있는 악의 충동은 점점 선의 충동보다도 강하게 작용한다.
- 죄는 태아였을 때부터 인간의 마음에 싹트기 시작해서, 인간이 자라남에 따라 강하게 된다.
- 죄는 미워하되 사람은 미워하지 말라.
- 죄는 처음에는 여자처럼 약하나, 방치해 두면 남자처럼 강하게 된다.
- 죄는 처음에는 거미줄처럼 가늘다. 그러나 마지막에는 배를 잇는 밧줄처럼 강하게 된다.
- 죄는 처음에는 손님이다. 그러나 그대로 두면 손님이 그 집주인이 되어 버린다.

헐뜯음

- 남을 헐뜯는 것은 살인보다도 위험하다. 살인은 한 사람만 죽이지만, 중상모략은 반드시 세 사람의 인간을 죽인다. 즉 퍼뜨리는 사람 자신, 그것을 반대하지 않고 듣고 있는 사람, 그 화제가 되고 있는 사람이 그들이다.
- 남을 헐뜯는 자는 무기를 사용해서 사람을 해치는 것보다 죄가

무겁다. 무기는 가까이 가지 않으면 상대를 해칠 수 없으나, 중상은 멀리서도 사람을 해칠 수가 있기 때문이다.
- 불타고 있는 장작에 물을 뿌리면 불씨까지 차갑게 되지만, 중상으로 크게 노하고 있는 사람에게는 사죄한다 해도 마음속의 불은 꺼지지 않는다.
- 아무리 선인이라도 입버릇이 나쁜 인간은 마치 훌륭한 궁전 옆에 있는 악취가 심하게 풍기는 가죽 공장과 같은 것이다.
- 인간은 입이 하나, 귀가 둘이다. 이것은 듣는 쪽을 두 배로 하라는 뜻이다.
- 손가락이 자유롭게 움직이는 것은 뜬소문을 듣지 않기 위해서이다. 뜬소문이 들려 오면 얼른 귀를 막아라.
- 물고기는 언제나 입으로 낚인다. 인간도 역시 입으로 걸린다.

판사의 자격

- 판사의 자격은 겸허하고 언제나 선행만을 행하며, 무엇에 대해 결정을 내릴 만큼의 용기를 가져야 하며, 현재까지의 경력이 깨끗한 사람이다.
- 극형을 언도하기 직전의 판사는 자기 목에 칼이 꽂혀지는 것 같은 심정이어야 한다.
- 판사는 반드시 진실과 평화의 양쪽을 구하지 않으면 안 된다. 그렇지만 진실을 구하면 평화는 혼란에 빠진다. 그래서 진실도 파괴하지 않고 평화도 지킬 수 있는 길을 찾지 않으면 안 된다.

동물

- 고양이와 쥐는 먹이를 함께 먹고 있을 때에는 다투지 않는다.
- 여우의 머리가 되기보다는 사자의 꼬리가 되라.
- 한 마리의 개가 짖기 시작하면 많은 개가 따라서 짖는다.
- 동물은 자기와 같은 종류의 동물끼리만 생활한다. 늑대가 양과 섞이지 않듯이 하이에나가 개와 섞일 수가 있을까. 부자와 가난뱅이도 그와 마찬가지이다.

처세

- 선행을 인정하지 않고 행하지 않는 자는 언젠가는 의사를 찾지 않으면 안 된다.
- 좋은 항아리를 가지고 있으면, 그날 안에 사용하라. 내일이 되면 깨어질지도 모른다.
- 정직한 자는 자기의 욕망을 조종하지만, 정직하지 않은 자는 욕망에 조종된다.
- 남의 도움으로 살기보다는 가난한 생활을 하는 편이 낫다.
- 남 앞에서 부끄러워하는 사람과 자기 앞에서 부끄러워하는 사람 사이에는 커다란 거리가 있다.
- 세상에는 도를 벗어나면 안 되는 것이 여덟 가지 있다.
  여행 · 여자 · 부(富) · 일 · 술 · 잠 · 약 · 향료가 그것이다.
- 세상에는 너무 지나치게 쓰면 안 되는 것이 세 가지 있다. 그것

은 빵의 이스트와 소금·머뭇거림이다.
- 항아리 속에 들어 있는 한 개의 동전은 시끄럽게 소리를 내지만, 동전이 가득 찬 항아리는 조용하다.
- 전당포는 미망인의 소유물을 받아서는 안 된다.
- 명성을 얻으려 달리는 자는 명성을 따라갈 수 없다. 그러나 명성에서 도망쳐 달리는 자는 명성에 붙잡힌다.
- 물건을 훔치지 않는 도둑은 자기를 정직하다고 생각한다.
- 결혼의 목적은 기쁨, 장례식의 참석자의 목적은 침묵, 강의의 목적은 듣는 것, 사람을 방문할 때의 목적은 빨리 도착하는 것, 가르치는 목적은 집중, 단식의 목적은 돈으로 자선하는 것.
- 인간에게는 여섯 개의 쓸모 있는 부분이 있다. 그 중에서 세 가지는 스스로 조정할 수 없는 것이고, 세 가지는 인간의 힘으로 가능한 부분이다. 눈·귀·코가 전자의 것이고, 입·손·발이 후자의 것이다.
- 당신의 혀한테는 '나는 잘 모릅니다'라는 말을 열심히 가르치십시오.
- 장미꽃은 가시 사이에서 자란다.
- 공짜로 처방전을 써 주는 의사의 충고는 듣지 말라.
- 항아리의 겉을 보지 말고 안에 들어 있는 것을 보라.
- 나무는 그 열매에 의해서 알려지고, 사람은 업적에 의해서 평가된다.
- 열리기 시작한 오이를 보고 그 오이가 장차 맛있게 자랄지 어떨지는 모른다.
- 행동은 말보다 그 소리가 크다.

- 남에게 자기를 칭찬하게 하는 것은 좋으나, 자기 입으로 자기를 칭찬해서는 안 된다.
- 훌륭한 사람이 아래 사람이 말하는 것을 듣고, 노인이 젊은이의 말에 귀를 기울이는 세계는 축복 받아야 할 것이다.
- 노화를 재촉하는 네 가지 원인 – 공포 · 분노 · 아이들 · 악처
- 사람의 마음을 안정시키는 세 가지는 명곡 · 조용한 풍경 · 깨끗한 향기이다.
- 사람에게 자신을 갖게 하는 세 가지는 좋은 가정 · 좋은 아내 · 좋은 의복이다.
- 자선을 행하지 않는 인간은 아무리 큰 부자일지라도 맛있는 요리가 즐비한 식탁에 소금이 없는 것과 마찬가지이다.
- 사람의 자선에 대한 태도에는 네 가지 유형이 있다.
  ① 스스로 물건이나 돈을 남에게 주지만, 남이 똑같이 돈이나 물건을 주는 것을 기뻐하지 않는다.
  ② 남이 자선을 행하는 것은 바라고, 자기는 자선 따위를 베풀고 싶어하지 않는다.

③ 자기도 기꺼이 자선을 하고, 남도 자선을 베풀 것을 바란다.
④ 자기도 자선을 베풀기를 좋아하지 않고, 남이 자선을 베푸는 것도 싫어한다.

첫째 사람은 질투가 많고, 둘째 사람은 자기를 낮추고 있으며 셋째 사람은 착한 사람, 넷째 사람은 완전한 악인이다.

- 한 개의 촛불로써 많은 촛불에 불을 붙여도 처음의 빛은 약해지지 않는다.
- 하나님이 칭찬하시는 세 가지 일
  ① 가난한 사람이 물건을 주워 그것을 주인에게 돌려주는 일
  ② 부자가 남몰래 자기 수입의 10%를 가난한 사람에게 주는 사람
  ③ 도시에 살고 있는 독신자로 죄를 범하지 않는 사람
- 세상에 살고 있어도 무용지물인 남자란 식사를 할 수 있는 내 집을 갖지 못하고, 언제나 여편네의 엉덩이에 깔려서 여기저기가 아프다고 신음하는 사람
- 일생에 한 번 닭을 실컷 먹고, 다른 날에는 굶주리고 있기보다는 일생 동안 양파만을 먹는 편이 낫다.
- 자기 보존은 다음 세 가지 경우를 빼고 모든 것에 우선한다. 단지 다음 세 가지 경우에는 자기를 버리고, 목숨을 버리는 편이 낫다.
  ① 남을 죽일 때
  ② 불륜한 성 관계에 들어갈 때
  ③ 근친상간을 할 때
- 상인이 해서는 안 되는 것 세 가지
  ① 과대선전을 하는 것

② 값을 올리기 위해 저장하는 것
③ 계량을 속이는 것

- 달콤한 과일에는 그만큼 벌레도 많이 꼬인다.
  재산이 많으면 걱정도 많으며, 여자가 많으면 잔소리도 많고, 하녀가 많으면 그만큼 풍기도 문란해진다. 또한 남자 하인이 많으면 물건도 많이 도둑 맞고, 스승보다 깊이 배우면 인생은 보다 풍부해지고, 사람과 만나서 유익한 이야기를 들으면 좋은 길이 열리고, 자선을 보다 많이 베풀면 보다 빨리 평화가 찾아온다.
- 다른 사람이 모두 옷을 입고 있을 때에는 발가숭이가 되지 말라.
- 사람이 모두 발가숭이일 때에는 옷을 입지 말라.
- 다른 사람이 모두 앉아 있을 때에는 일어서지 말라.
- 다른 사람이 모두 서 있을 때에는 앉지 말라.
- 다른 사람이 모두 울고 있을 때에는 웃지 말라.
- 다른 사람이 모두 웃고 있을 때에는 울지 말라.

4 탈무드의 머리

인간의 애정

이 세상에는 강한 것이 열두 가지 있는데, 그 중의 하나가 돌이다. 그렇지만 돌은 쇠를 당할 수가 없고, 쇠는 불에 녹아 버린다. 불은 물을 당할 수가 없고, 물은 구름에게 흡수당하고 만다. 구름은 바람에 의하여 날려가고 바람은 사람을 날려 버리지 못한다.

그런데 사람은 고민에 견디기 어려워하고 고민은 술을 마시면 사라진다. 술은 잠을 자고 나면 깨고, 잠은 죽음보다 약하다. 그런데 그 죽음마저도 극복하는 것이 하나 있으니 그것이 곧 인간의 애정이다.

축복해야 할 때

항구에 두 척의 배가 떠 있다. 한 척은 지금 막 출항하는 배이고, 또 한 척은 지금 막 입항하는 배이다. 그런데 출항하는 배에는 많은 사람들이 전송하고 있지만, 입항하는 배에는 별로 환영하는 사람이 없다.

탈무드에 의하면 이것은 납득이 가지 않는 일이다. 출항하는 배의 앞날은 예측하기 어렵다. 항해중에 풍랑을 만나 침몰할지도 모른다. 그것을 왜 성대하게 전송한단 말인가! 오랜 항해 끝에 무사히 임무를 마치고 입항하는 배야말로 성대한 환영을 받아 마땅할 것이다.

인간사도 이와 마찬가지이다. 어린아이가 태어나면 모두가 축복하지만, 이는 마치 그 어린아이가 인생이라는 넓고 막막한 바다에 막 출범한 것과 다름없는 것으로서 그의 앞길에 어떤 일이 기다리고 있는지 예측하기 어렵다. 그 어린아이가 병을 앓아 죽게 될지도 모를 일이며, 흉악한 살인범으로 자라날지도 모를 일이다.

반면에 한 인간이 일생을 마쳤을 때는 모든 것이 확실해진 때이다. 그가 평생을 통하여 무엇을 했는가가 명백해진다. 그러므로 이때야말로 사람들은 죽은 자를 성대하게 축복해 주어야만 한다.

'진실'이라는 말

유대인들이 어린이에게 히브리어의 알파벳을 가르칠 경우 그 하나하나의 글자에 어떤 단어의 의미를 부여하여 가르친다. 그런데 '진실'이라는 단어는 반드시 알파벳의 첫글자와 마지막 글자 사이의 가운데에 있는 글자에 사용한다. 그 이유는 '진실'이란 '왼쪽의 것도 옳고, 오른쪽의 것도 옳고, 가운데의 것도 역시 옳은 것'이라는 사실을 가르치기 위함이다.

평등

탈무드를 보면 하인이나 노예라 할지라도 그들의 주인과 똑같은 음식을 먹도록 되어 있다. 만일 주인이 방석에 앉고자 한다면 하인들이나 노예들에게도 똑같은 방석을 내주어야 한다. 또한 잘난 사람이라 해서 높은 자리에 앉으란 법은 없다.
 내가 이스라엘에 갔을 때의 일이다. 이스라엘 군대의 어느 부대장으로부터 초청을 받아 식사를 함께 하게 되었는데, 그때 당번인 병사가 맥주를 가지고 들어왔다. 그 부대장이 물었다.

"병사들도 지금 맥주를 마시고 있는가?"

병사는 맥주의 재고 수량이 적어서 그날은 맥주가 지급되지 않았노라고 대답했다.

그러자 부대장은 대뜸 이렇게 말하면서 맥주를 도로 내보냈다.

"병사들이 맥주를 마시지 못한다면 내가 맥주를 마실 수 없지."

이것은 유대인들의 정신 깊숙이 뿌리 박힌 전통적 사고 방식인 것이다.

'죄'에 관한 개념

인간이란 누구든지 죄를 짓기 마련이다. 그래서 유대의 가르침에는 유교의 도덕률과는 달리 엄격하고 긴장된 분위기가 없다.

유대인들의 죄에 관한 개념은 이런 것이다. 이를테면, 활을 쏘아 과녁을 명중시킬 수 있는 사람이 과녁을 명중시키지 못한 것처럼, 본래는 죄를 범할 까닭이 없는 사람이 우연히 죄를 범하게 된 것 정도로 생각하는 것이 그들의 죄에 관한 개념이다.

그리고 유대인이 자기 죄에 대해 용서를 빌 경우 '나'라는 말은 결코 사용하지 않으며, 반드시 '우리'라는 말을 사용한다. 비록 개인이 단독으로 저지른 죄라 할지라도 반드시 여럿이 함께 죄를 저지른 것처럼 생각한다.

그것은 '유대인 모두는 커다란 하나의 가족에 속한다'는 생각이 알게 모르게 그들의 의식세계를 지배하고 있기 때문이다. 한 사람의 유대인이 죄를 저지른 것은 곧 그들 전체의 모든 유대인이 죄를 저지른 것으로 생각한다.

그렇기 때문에 유대인들은 비록 자기 자신이 아무것도 훔친 것이 없더라도 훔치는 행위가 남들에 의하여 저질러지고 있다는 사실에 대하여 언제나 하나님께 빌어야만 한다.

그들은 자신이 행한 자선이 모자라기 때문에 그들이 훔치는 행위를 했다고 생각하는 것이다.

태어날 때와 죽을 때

사람은 태어날 때 주먹을 꽉 쥐고 나온다.

그렇지만 죽을 때는 주먹을 펴고 죽는다. 그 까닭이 무엇일까?

그 이유는 태어날 때는 세상의 온갖 것들을 움켜 쥐려 하기 때문이요, 죽을 때는 세상의 온갖 것들을 놓고 가야 하기 때문일 것이다.

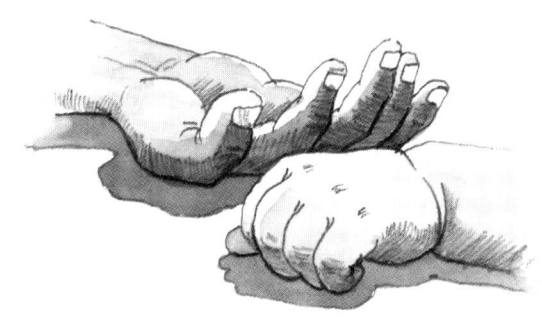

아버지와 교사

유대인의 가정에서는 언제나 아버지로부터 탈무드를 배운다. 그렇지만 아버지가 너무 성격이 급하거나 엄격한 사람일 경우에는 아이들이 아버지를 두려워하여 탈무드를 배울 마음의 여유를 갖지 못하는 경우도 있었다.

히브리어의 '아버지'라는 단어에는 '교사'라는 뜻이 포함되어 있다. 천주교의 신부가 영어로는 파더(father)인 것도 실은 그 때문이다.

그러나 유대인들은 자신의 아버지와 교사를 비교할 때는 교사를 더 소중하게 생각한다. 그래서 자신의 아버지와 교사가 함께 감옥에 갇혀 있을 경우 단 한 명만 구출해야 한다면, 물론 그들은 교사를 구출할 것이다.

이것은 지식을 전달하는 교사가 유대 사회에서 얼마만큼 소중한 존재인가를 말해 주는 예이다.

신성한 사람

유대인들은 동물과 같은 인간에서부터 천사와 같은 인간에 이르기까지 여러 계층의 인간이 있는 것으로 생각하고 있으며, 점점 천사와 같은 인간으로 바뀜으로써 점차 신성해지는 것으로 믿고 있다.

랍비가 학생들에게 이렇게 물었다.

"신성한 사람이 되는 지름길은 무엇이냐?"

대부분의 학생들이 '하나님을 위하여 목숨을 바쳐야 한다'라고 대답했으며, 몇몇의 학생들은 '항상 하나님께 기도 드려야 한다'고 대답했다.

"아니다. 정답은 집에서 '무엇을 먹는가' 그리고 '섹스를 어떻게 하는가'이다."

랍비의 대답에 학생들은 웅성거리며 말했다.

"그렇다면 돼지고기를 먹지 않는 일과 섹스를 금하는 기간에 그것을 하지 않는 일을 말씀하시는 겁니까?"

랍비는 고개를 가로젓고 나서 이렇게 설명했다.

"여러분이 말한 것은 유대인이라면 너무도 당연한 것들이다. 유대인이라면 누구나 안식을 지키고 하나님을 위하여 목숨을 바치며 하나님께 기도 드린다. 그리고 누구나 돼지고기도 먹지 않으며 섹스도 절제하는 것으로 되어 있다. 그렇지만 누구나 자신의 집에서 '무엇을 먹는가'는 남들이 보는 일이 아니므로 남들이 알 수 없다. 어쩌면 아무도 보지 않기 때문에 그가 집에서는 계율에 위배되는 식사를 하게 될지 모를 일이다. 섹스 또한 남들이 보지 않는 가운데 행하므로 남들로서는 '섹스를 어떻게 하는가'를 알지 못한다. 따라서 집에서 무엇을 먹을 때와 섹스를 할 때는 오로지 그 사람의 자율에 맡겨진 상태이므로 자기 마음대로 천사처럼 되거나 동물처럼 되거나 할 수가 있다. 그런 때 자신의 품위를 높일 수 있는 사람이야말로 진정 누구보다도 빨리 신성한 사람이 될 것이다."

증오

　　유대인들은 오랜 세월에 걸쳐서 박해와 죽음을 당해 온 민족이지만 그들의 책에는 어디에도 증오를 말한 흔적이 없다. 이것은 유대인들이 과격한 증오를 품지 못하는 뿌리를 가지고 있다는 증거라 하겠다.

　나치 독일에 의하여 6백만이라는 엄청난 숫자의 유대인이 학살된 바 있으나 그들의 사회에는 반독일적인 책이나 독일인을 저주하는 책이란 단 한 권도 없다. 또한 아랍인들과 전쟁은 하고 있으나 그들을 미워하고 있지도 않다. 그리고 기독교도들로부터의 박해도 적지 않지만 그들을 미워하지 않는다.

　따라서 셰익스피어(베니스의 상인)에서 증오심에 가득 찬 유대인 샤일록이 '만일 돈을 갚지 않는다면 당신으로부터 1파운드의 살을 떼어 내겠다'고 말하는 장면은 셰익스피어에 의하여 가공된 것이며, 실제의 유대인에게는 있을 수 없는 일이라 하겠다.

　성경에서 베드로와 바울에 대한 이야기는 그가 바울이 어떤 인물인가를 잘 보여주고 있는 것이라 할 수 있다. 마찬가지로 셰익스피어 〈베니스의 상인〉은 기독교 신자인 셰익스피어의 기독교적 사고 방식이 소설 세계에 그대로 투영된 것에 불과하다.

　만일 유대민족이 실제로 교활하고, 잔인하며, 욕심 많고, 정직하지 않으며 증오심에 가득 차 있는 사람들이라면, 가톨릭 협회가 자금난이 생기게 되면 기독교도들을 제쳐 두고 그들을 찾아가 협조를 구하는 현상을 어떻게 설명하여야만 할 것인가? 그것은 곧 유대인들이 가장 동정심이 많고 정직하며, 가장 믿을 수 있는 사람들이기 때문인 것이다. 유대인들은 따뜻한 마음을 소유한 사람들이다. 누구든 유대인을 찾아가 딱한 사정을 이야기한다면 결코 물리치지 않을 것이다.

유대인들은 그들의 돈을 떼어먹는 사람이 있더라도 결코 그를 벌하는 것을 원치 않는다. 다만 돈을 돌려받는 데만 관심을 가질 뿐이다. 그러므로 그들은 돈 대신 시계나 자동차 따위를 담보 잡는 일은 있으나, 인간의 목숨을 위태롭게 하는 일은 요구하지 않는다. 탈무드에서 인간은 누구나 한 가족으로서 커다란 하나의 인체에 비교하기 때문에 '오른손이 무엇을 하다가 실수로 왼손을 다치는 일이 있을지라도 왼손이 그 앙갚음을 오른손에 하여서는 안 된다'고 씌어져 있는 것만 보아도 알 수 있는 일이다.

또한 탈무드에는 '담보를 잡고 돈을 꾸어 주었을 경우 돈을 꾸어 간 사람에게 그 담보물이 단 하나밖에 없는 유일한 물건이라면 돈을 꾸어 준 사람은 절대로 그 물건을 자기 것으로 만들면 안 된다'고 씌어져 있다. 예를 들면 돈을 꾼 사람이 집을 담보로 맡겼는데 그 돈을 못 갚을 경우에, 돈을 꾸어 준 사람이 그 집을 차지함으로써 돈을 꾼 사람이 길거리에 나 앉게 된다면 절대로 그렇게 할 수가 없는 것이다. 하지만 단 하나뿐인 물건이라 할지라도 사치성 물품에 한해서는 예외가 된다.

결혼

유대인이 사는 곳에는 수녀원 같은 곳을 찾아볼래야 찾아볼 수가 없다. 유대인들은 모두 결혼을 하며, 인간이란 자연스럽게 사는 것이 가장 좋은 것이라고 생각하고 있다.

탈무드에는 '1미터 높이의 담이 백 미터 높이의 담보다 훨씬 낫다'는 말이 있다. 1미터 높이의 담은 언제까지나 그대로 유지되지만, 백 미터의 담은 곧 무너질 것이기 때문이다. 인간이 평생 동안 섹스를 금하고 살아가는 일이야말로 백 미터의 담을 쌓는 일이나 마찬가지라고 할 것이다.

아내가 없는 유대인에게는 기쁨도 없고, 하나님의 축복도 없고, 그가 쌓을 선행도 없다. 탈무드에는 '남자는 18살 때 결혼하는 것이 제일 좋다'고 씌어 있다.

학자

모든 재산을 다 처분해서라도 딸을 학자에게 시집보낸다는 것은 좋은 일이다. 또한 학자의 딸을 맞이하기 위하여 모든 재산을 다 처분하는 것도 좋은 일이다.

'7' 이라는 숫자

유대인들에게 있어서 '7' 이라는 숫자는 매우 중요하다. 우선 안식일을 보더라도 7일째 되는 날이며, 7년째 되는 해에는 밭을 묵혀 쉬게 한다. 또한 49(7×7)세는 대단히 경사스러운 나이로서, 그 해에는 밭을 묵힐 뿐만 아니라 꾼돈을 상환하지 않아도 된다 하여 장부에서 삭제된다.

. 1년에 두 번 있는 축제 행사인 유월절(출애굽 기념)과 스코트(수확제) 행사는 각각 7일 동안 계속된다.

유대인의 달력은 세계에서 가장 정확한 달력이다. 그들 모두가 이집트의 지배하에 있다가 탈출한 때를 기념하여 그것을 첫째 달로 삼아 유월절을 지내며 7개월째 되는 달에는 수확제를 지낸다.

이것은 미국의 독립기념일이 7월에 있고, 회계 년도나 학교의 시작이 7월인 것과 비슷하다 하겠다.

먹지 않는 것

유대인들은 고기를 먹을 때, 그 죽은 동물의 피를 전부 제거한 다음에 먹는다. 피는 곧 생명이다. 그래서 물고기나 짐승의 고기를 먹을 때는 그 피를 완전히 제거한 후에 먹으므로, 그들이 먹는 고기는 매우 건조된 상태의 것이기 마련이다.

동물을 때려서 죽이면 피가 굳어 버리므로 그들은 결코 그런 방법으로 도살하는 일이 없다. 전기를 사용하여 도살할 경우에도 피가 굳어 버리기 때문에 역시 그들은 그렇게 하지 않는다. 그들은 예리한 칼을 사용한다.

그들은 이미 오래 전에 동물의 피가 굳지 않도록 하여 피를 제거하는 방법을 생각해냈다. 짐승을 잡으면 일단 30분 정도 물에 담갔다가 꺼낸 다음 굵은 소금을 뿌려서 피를 빼내는 것이다. 굵은 소금을 뿌려 놓으면 소금기가 금방 피를 흡수해 버려서 소금이 빨갛게 변한다. 그렇게 한 다음 물에 깨끗이 씻는다. 그리고 고기의 부위 중에서도 특히 간장이나 심장 같은 부위는 피가 많은 곳이므로, 그 곳에 남아 있는 피를 증발시키기 위해서 불에 쪼인다. 그러나 유대인들이 이렇게 고기의 피를 제거하는 행위는 결코 피를 더러운 것으로 생각하기 때문은 아니다.

그들 중 닭이나 소 따위의 가축을 도살하는 사람들은 뛰어난 전문가로서 랍비와 마찬가지로 특별한 훈련을 받은 해부학의 권위자들이며, 몹시 신앙심도 깊고 다른 사람들로부터의 존경을 받는다.

유대인들은 4천 년 전부터 이미 해부학을 연구해 왔으며, 그 증거로서 탈무드에도 랍비가 인체를 해부하는 장면이 나온다.

그들이 짐승을 도살할 때는 언제나 예리한 칼이 사용되며, 사용할 때마다 매번 숫돌에 갈아 쓴다. 그들은 도살할 짐승을 거꾸로 매달아 놓은 다음 그 칼로 목을 잘라 피를 빼낸 다음 엄격한 검사를 거쳐 식품으로 인정한다.

그리고 유대인들은 새우를 먹지 않으며, 네 발 달린 동물 중에서도 두 개 이상의 위를 가지고 있지 않거나 발굽이 둘로 갈라진 것이 아니면 먹지 않는다.

예를 들면, 쇠고기는 먹지만 말고기는 먹지 않는 것이다. 또한 그들은 물고기 중 지느러미와 비늘이 없는 것은 먹지 않으며, 독수리나 매처럼 날고기를 사냥해 먹는 짐승도 먹지 않는다.

거짓말

탈무드에는 거짓말을 해도 인정되는 경우가 두 가지 있다. 즉 다음의 두 가지로 벌을 받지 않는다.

먼저 물건을 산 다음에 자기가 산 그 물건에 대해 의견을 묻거든 설령 물건이 좋지 않더라도 좋다고 말을 하라.

친구가 결혼을 한 경우에는 언제나 반드시 이렇게 말을 해주어야 한다. "자네 부인은 정말 미인이로군. 부디 행복하게 잘 살게."

착한 사람

세상에는 필요한 것이 네 가지가 있다.

금·은·철·동이 곧 그것이다. 그러나 그 네 가지는 다른 것으로 대치할 수 있는 것들이다. 대치가 불가능한 유일의 것이 있다면 그것은 '착한 사람' 하나뿐이다.

탈무드에서 '착한 사람이란 커다란 야자수처럼 무성하고, 레바논 삼나무처럼 늠름하게 솟아오르게 마련이다' 라고 말하고 있다.

자선을 베푸는 마음

안식일 전야는 금요일 저녁이며, 유대인의 가정에서는 어머니가 양초에 불을 붙이고 아버지가 아이의 머리 위에 손을 얹어 축복의 기도를 드린다. 그런데 그들의 가정에는 반드시 '민족기금'이라고 씌어진 상자가 준비되어 있어서 어머니가 양초에 불을 붙일 때면 아이는 미리 받은 동전을 그 상자에 넣는다. 그것은 자선을 베풀기 위한 것으로서 부모에게 어려서부터 자선을 베푸는 마음을 의식을 통해 배우는 것이다.

금요일 밤이면 언제나 가난한 유대인은 자선을 구하기 위하여 부유하게 사는 집들을 순회하는데, 그럴 때면 그집 부모들은 직접 자선을 베풀지 아니하고, 반드시 아이로 하여금 그 상자 속의 돈을 넣어 주도록 시키는 것이다. 그런 까닭에 지금도 유대인은 전 세계에서 자선을 베푸는 마음이 제일 많은 민족으로 알려져 있다.

두 개의 머리

탈무드에는 사고력을 단련하기 위한 여러 가지 이야기들이 많이 씌어져 있는데, 다음의 것도 그중의 하나이다.

"만일 갓난아이가 두 개의 머리를 가지고 태어났다면, 그는 한 사람으로 취급되어야 하겠는가, 아니면 두 사람으로 취급되어야 할 것인가?"

만약 이런 질문이 있다면 매우 어리석은 질문으로 보일 수도 있으나 그렇게 쉬운 문제는 아닌 것이다. '머리는 둘이지만 몸뚱이가 하나이므로 한 사람이다'라고 결론지어야 할 것인가, 아니면 '머리가 두 개이므로 당연히 두 사람이다'라고 할 것인가?

탈무드는 이 문제에 대하여 실로 명쾌한 답변을 마련해 놓고 있다. 즉 한쪽의 머리에 뜨거운 물을 부었을 때 다른 쪽의 머리도 함께 비명을 지른다면 한 사람인 것이요, 만일 다른 쪽의 머리가 아무렇지도 않은 듯 태연한 얼굴을 하고 있다면 두 사람이라는 것이다.

탈무드 속에는 이처럼 사고를 단련시키는 이야기들이 많이 들어 있다. 그렇다면 랍비들은 무엇 때문에 이러한 이야기들을 그토록 많이 만들어 낸 것일까? 그것은 이해하기도 어렵고 잊어버리기도 쉬운 설교보다는 이러한 흥미로운 이야기들을 통한 교훈이 더욱 유익하고 오래 기억된다는 것을 알고 있었기 때문이다.

간통죄

탈무드 시대에 유대민족이 아닌 경우에는 아내의 간통죄에 대한 판단은 남편이 칼자루를 갖고 있었다. 즉, 남편은 아내 또는 그녀의 정부에게 어떤 형벌도 심팔할 권한이 있었던 것이다. 그들에게 벌을 줄 수도 있었고, 용서해 줄 수도 있었다.

그러나 유대민족의 경우에서는 전혀 그렇지가 않았다. 유대인들은 간통죄를 지은 아내나 정부가 남편에게 죄를 지은 것으로 보는 것이 아니라 하나님께 죄를 지은 것으로 보는 까닭에 남편에게는 그 죄를 용서하거나 벌할 권리가 없다고 본 것이다.

자백은 무효

유대인의 율법에 의하면, 죄인이 자기에게 불리한 자백을 할 경우 그것은 무효라고 말하면 자백이 인정되지 않는 것이다.

왜냐하면 인간이란 고통스러운 고문을 받게 되면 죄가 없음에도 불구하고 자백을 하게 되는 경우가 반드시 있기 때문이다.

섹스에 대하여

- 섹스란 올바르고 깨끗하게 행하면 곧 기쁨이다. 섹스란 결코 혐오스러운 것이 아니다.
- 탈무드는 '교사와 랍비는 반드시 결혼하지 않으면 안 된다'고 말하고 있다. 이것은 '아내가 없는 자는 인간이 아니다'라는 생각 때문이다.
- 탈무드는 섹스를 가리켜 '생명의 시냇물'이라고 말하고 있다. 시냇물은 때에 따라 엄청난 홍수를 일으킴으로써 온갖 것들을 파괴하기도 하지만, 평소에는 평온하게 흐름으로써 온갖 것들을 열매맺게 하고 세상에 이익을 주기 때문이다.
- 남자에게 있어서의 성적 충동은 시각에 의하여 자극되며, 여자에게 있어서의 성적 충동은 피부 감각에 의하여 느끼게 된다. 그래서 탈무드는 남자들에게는 '여자를 스칠 때 조심하라'고 경고하고 있으며, 여자들에게는 '옷 매무새에 신경쓰라'고 경

고하고 있다. 유대 사회에서는 상점에서 거스름돈을 거슬러 줄 때에도 여자 손님에게는 절대로 남자가 손으로 집어서 주는 법이 없다. 반드시 일정한 곳에 그것을 놓은 다음 여자 손님 스스로가 집어가게 만든다. 물론 이스라엘의 여성들은 미니스커트 따위를 입는 일이 없으며, 언제나 긴 소매에 긴 스커트 차림의 옷을 입고 다닌다.

동성 연애

유대인에게 있어서 남자와 여자의 이상형은 힘이 무척 센 아버지와 무척 부드러우면서도 인자한 어머니의 상이다. 따라서 동성연애는 존재하지 않으며 있더라도 절대로 용서받지 못한다.

공정한 재판

유대 사회에서는 재판관이 사형 언도를 할 경우 재판관 전원 일치의 판결이 이루어졌을 때는 무효이다.
 재판이란 언제나 두 가지 이상의 견해가 있어야만 공정성을 유지할 수가 있다는 생각에서 이루어진 것이다.

물레방아

A와 B라는 두 사람이 있다. A가 B에게 물레방아를 빌려 주었다. B는 A의 물레방아를 빌리는 사용료로 A의 곡식을 모두 찧어 주기로 한 조건이었다.

그런데 세월이 흘러 A는 부자가 되었고 물레방아를 몇 개 더 샀다. 그래서 A는 이제 곡식을 찧는 일을 B에게 맡길 필요가 없게 되었다. A는 어느 날 B에게 곡식을 찧어 주는 대신 돈으로 그 값을 지불해 달라고 요청했다. 그렇지만 B는 계속 곡식으로 갚아 주고 싶었다.

탈무드는 이렇게 판단을 내리고 있다. 만약에 B의 처지가 A의 곡식을 찧지 않으면 돈을 지불할 능력이 없게 되는 상태라면 애초의 계약 조건대로 A의 곡식을 찧어 주어야 한다. 그렇지만 B가 A

의 곡식이 아니더라도 다른 사람의 곡식을 찧어서 돈을 지불할 능력이 있는 상태라면 반드시 돈으로 지불하여야만 한다.

보증인

고용주와 종업원이 있었다. 종업원은 일을 해준 대가를 일주일마다 받기로 했다. 그런데 그 대가를 현금으로 받기로 한 것이 아니라 그 부근에 있는 일정한 상점에서 필요한 물건을 사가면 고용주가 그 값을 지불해 주기로 한 것이다.

일주일이 지났다.

종원원은 매우 불만스러운 표정으로 고용주에게 말했다.

"상점에서 물건을 주지 않습니다. 현금을 가져 오라는 거예요. 임금을 현금으로 지불해 주셔야겠습니다."

그런데 얼마 후 상점 주인이 찾아와 쪽지를 내밀었다.

"댁의 종업원이 지난 일주일 동안 이만큼 물건을 가져갔습니다. 약속대로 대금을 지불해 주십시오."

이런 경우 과연 고용주는 어떻게 해야 할까?

물론 누구의 말이 사실인지를 우선 알아봐야만 한다. 그렇지만 아무리 알아보아도 증거가 없기 때문에 어쩔 도리가 없다.

이런 경우 탈무드는 종업원과 상점을 하는 사람이 모두 끝까지 자기 주장을 굽히지 않는다면 고용주가 양쪽 다 지불해 주어야 한다고 말한다. 왜냐하면 종업원은 상점하는 사람의 대금 청구와 직접적인 관계에 있지 않고, 상점을 하는 사람도 돈에 관한 한 종업원과 직접적인 관계에 있지 않기 때문이다. 그렇지만 고용주는 양쪽에 다 직접적인 관계를 맺고 있다. 말하자면 고용주는 양쪽에 다 보증인이었던 셈이다.

이 이야기는 어떤 의미에서는 약간 납득이 안 가는 측면도 있지만, 탈무드에서도 오랫 동안 논의가 거듭되어 온 항목이기도 하다. 그렇지만 결론은 위의 것이 가장 옳다고 할 수가 있다. 어느 한쪽이 거짓말을 하고 있는지는 모르지만, 고용주는 양쪽에 다 직접적인 책임을 져야 할 위치에 있으므로 책임을 지지 않으면 안 되는 것이다.

광고

오늘날의 사회에서 광고는 매우 중요한 위치를 차지하고 있다. 그러나 허위광고나 과대선전은 금물로 되어 있다. 그럼에도 불구하고 많은 광고 매체들이 올바른 정보만을 제공하고 있다고 보기에는 어렵다.

예를 들면, 어떤 회사의 제품이 다른 회사의 제품보다 우수하다고 선전을 하고 있지만, 그 상대편 회사의 광고를 보면 역시 똑같은 주장을 하고 있으며, 그 제품과는 아무 관련도 없는 포장이나 도안이 사용되는 경우도 적지 않다.

미국 담배의 광고를 보면 아름다운 미녀가 자동차 안에서 멋진 포즈로 담배를 피우는 장면이 자주 나온다. 그러나 실제로 그녀들이 그렇게 담배를 즐기는 사람들이라고는 볼 수가 없다. 오히려 담배와 아무런 관련도 없는 사람들이다.

　탈무드는 이런 광고에 반대하고 있다. 어떤 의미에서 보면 그것은 소비자를 속이고 있는 것이다. 탈무드를 보면 소를 팔 때 다른 색깔을 칠하지 말라고 했고, 다른 도구들도 색깔을 칠하지 말라고 했고, 색깔을 칠한 다음 새것처럼 만들어 파는 것을 금하고 있다.

　결국 속일 목적은 좋지 않은 것이다.

소유권

　　　　가축의 경우에는 낙인을 찍어서 소유권을 표시하며, 시계 따위는 이름을 새겨 넣어 소유권을 표시할 수가 있다. 또한 자동차나 집처럼 커다란 물건은 관청에다가 등기를 해두면 된다.

　그렇지만 물건에 따라서는 소유권을 표시할 수 있는 방법도 애매하고, 그것을 증명하기 어려운 경우도 있다. 그럴 경우, 탈무드는 어떻게 소유권을 판단할까?

　두 사람이 극장에 갔는데, 각각 다른 문으로 들어갔다. 마침 가운데 쯤에 빈 자리가 하나 있어서 두 사람은 동시에 그곳으로 가 앉으려 했다. 그런데 그 빈 자리에는 주인을 알 수 없는 지폐가 한 장 떨어져 있었다. 두 사람이 동시에 그것을 보았다. 그들은 서로 그 돈을 자기가 가져야 한다고 주장했다.

　어떻게 할 것인가?

　이 문제에 대해서 탈무드는 똑같이 반씩 나누어 가져야 한다고 말하고 있다. 그러나 성서에 손을 얹고 선서한 다음, 양심에 비추어 보더라도 부끄럽지 않을 경우에 한해서 그렇게 하라고 되어 있다. 즉, 발견한 자로서 성서에 손을 얹고 선서한 자에게 소유권을 인정한 것이다.

그런데 만약에 문제가 된 물건이 돈이 아니고 고양이나 가축일 경우에는 어떻게 나누어 가질 것인가? 살아 있는 동물을 반으로 나눌 수가 없으므로, 둘이서 함께 그 동물을 팔러 가거나, 그렇지 않으면 한쪽이 다른 한쪽에게 그 값의 절반을 지불하고 가져가면 된다. 단, 이와 같이 습득한 물건이 동물이나 가축인 경우에는 진짜 주인이 나타날 수가 있으므로 일정한 기간 동안 기다렸다가 그렇게 해야만 한다.

5
탈무드의 손

형제애

　어떤 형제가 어머니의 유언을 놓고 재산 싸움을 하고 있었다. 그들이 주장한 유언의 해석에는 각기 일리가 있었다.
　그 두 형제는 어린 시절에 독일, 러시아, 만주 등지로 피신하여 함께 도망을 다니며 자랐기 때문에 매우 우애가 두터운 형제였다. 그런데 어머니의 유언을 둘러싸고 싸움을 벌여 형은 아우를 잃고 아우는 형을 잃어버릴 지경에 이르고 말았다. 그들 형제는 서로 말도 하지 않고, 같은 방에 앉아 있으려고도 하지 않았다.
　그러던 어느 날 그들은 각기 따로 내게 와서, 형은 동생을 잃었다고 한탄하고 동생은 형을 잃었다고 한탄했다. 그들은 서로 자기에게는 싸울 생각은 조금도 없었다고 말했다.
　그로부터 얼마 후, 미국의 한 클럽에서 회합이 있었는데 그 강연을 내가 맡게 되었다. 그래서 나는 주최자에게 그 두 형제를 서로 모르게 초대해 달라고 부탁했다. 그런데 평소 같으면 두 사람은 얼굴이 마주치면 곧 등을 돌리고 돌아서게 마련이지만 그때만은 초대자의 체면 때문에 그대로 자리에 앉아 있었다.

나는 인사를 끝내자 다음과 같은 탈무드의 이야기를 시작했다.

옛날에 이스라엘에 두 형제가 살고 있었다. 형은 결혼하여 아내와 아이까지 낳았고, 동생은 아직 미혼이었다. 두 사람 다 부지런한 농부였다. 아버지가 돌아가자 그 재산을 둘이 나누었다.

그들은 사과와 옥수수를 수확하자 그것을 공평하게 반분하여 자기들의 창고에 넣었다. 그런데 밤이 되자 동생은, "형에게 형수와 조카가 있어서 생활이 어려울 거야. 내 몫을 좀 갖다 드려야지"라고 생각하고 형의 창고에 상당한 양의 곡물을 갖다 놓았다.

또 한편 형은, "나는 아내와 아이가 있으니깐 걱정이 없지만 동생은 독신이니까 비축을 해두어야 할 거야"라고 생각하고 사과와 옥수수를 동생의 창고에다 옮겨다 놓았다.

아침이 되어 형제는 창고에 가 보니, 어제와 똑같은 수확물이 그대로 조금도 줄지 않고 있었다.

그 다음날 형과 동생은 사과와 옥수수를 서로 상내방의 창고로 나르다가 그만 도중에서 마주치고 말았다. 그래서 두 형제는 서로를 얼마나 마음으로부터 생각하고 있는가를 알게 되었다. 두 형제는 농작물을 그 자리에 내려놓고, 서로 부둥켜 안고 감격의 눈물을 흘렸다. 그 장소는 지금도 예루살렘에서 가장 고귀한 곳이라고 불려지고 있다.

나는 그 강연에서 형제의 사랑이 얼마나 소중한 것인가를 강조했다. 그 결과 그들 두 형제의 오랜 동안의 불화는 서로 화해함으로써 풀렸다.

개와 우유

어떤 집에서 개를 기르고 있었다. 그 개는 그 집에서 오랜 동안 살았고 가족들은 그 개를 아주 귀여워했다. 그중에서도 특히 그 집의 어린 아들은 무척 귀여워했다. 아들은 잘 때면 개를 자기 침대 밑에 재워 함께 생활했다.

그런데 어느 날 그 개가 죽었다. 아버지는 개란 것은 언젠가는 모두 죽게 마련이니까 어쩔 수 없는 노릇이라고 말했다. 그러나 아들은 마치 자기의 형제처럼 소중히 여기던 다정한 친구를 잃게 된 것을 크게 슬퍼하여 그 개를 자기 집 뒤뜰에다 묻어 주자고 했다. 물론 그도 개는 인간과는 다르다는 사실을 알고 있었지만, 그러나 그 개의 시체를 아무데나 갖다 버린다는 것은 생각조차 할 수 없었던 것이다.

그러나 아버지가 개를 뒤뜰에 묻는 것을 반대하여 가족들 사이에는 큰 논쟁이 벌어졌다. 마침내 그 집의 아버지는 내게 상담을 청하여 유대인의 전통에 개를 매장하는 의식이 있느냐고 물었다.

처음 그 물음을 전화문의로 받았을 때 나는 매우 당황했다. 지금까지 많은 상담의 질문을 받아 왔지만 개에 관해서는 처음이었다. 내 머릿속에 맨 먼저 떠오르는 것은 슬퍼하고 있을 아들의 일이었다. 나는 그 집을 방문하겠다고 약속했다. 랍비는 그런 이야기를 전화로 하지 않는다. 상대방을 직접 만나 이야기하는 것이 관례로 되어 있기 때문이다.

그 집을 방문하기 전에 나는 탈무드를 꺼내어 개에 관한 전례가 있는가를 찾아 보았다. 마침 좋은 이야기가 있었다.

어느 집 부엌에 우유가 놓여 있었다. 한데 뱀 한 마리가 그 우유 속으로 들어갔다. 옛날 이스라엘의 농촌에는 뱀이 많았다. 그런데 그 뱀이 독사였기 때문에 뱀의 독이 우유 속에 뿜어져 독이 옮겨져 있었다. 개만이 그 사실을 알고 있었다.

가족이 찬장에서 우유를 꺼내려 하자 개가 무섭게 짖어댔다. 그래도 가족들은 개가 왜 그렇게 심하게 짖어대는지를 몰랐다. 마침내 한 사람이 그 우유를 마시려하자 개는 갑자기 덤벼들어 우유를 엎질러 버렸다. 그리고 우유를 핥아먹고는 바로 그 자리에서 죽어버렸다. 그제서야 가족들은 우유 속에 독이 들어 있었다는 것을 알았다. 그래서 그 개는 당시의 랍비들에게 많은 칭찬과 경의를 받았다.

나는 그 집에 가서 가족들에게 탈무드 속의 그 개 이야기를 해주었다. 그러자 아버지의 반대는 조금 누그러졌고, 끝내는 아들의 뜻에 따라 그 개는 뒤뜰에 묻히게 되었다.

당나귀와 다이어먼드

어느 유대인 여자가 백화점에 가서 물건을 샀다. 집에 돌아와 상자를 열어보니, 그 속에는 자기가 사지 않은 물건이 들어 있었다. 그것은 아주 값비싼 반지였다. 그 여자는 양복과 외투만을 샀는데, 어떻게 된 노릇인지 그 반지가 함께 들어 있었다.

유대인 여자는 생활이 넉넉하지는 않았으나, 아들과 둘이 살고 있었기 때문에 어린 아들에게 그 이야기를 하고 나서 그들은 상담을 하려고 나를 찾아왔다. 그래서 나는 탈무드의 이야기를 들려주었다.

어느 랍비가 나무꾼 노릇으로 생계를 이어가고 있었다. 그는 산에서 나무를 해다가 먼 장터에 나가 팔았다. 그는 그 왕복 시간을 단축시켜 탈무드를 공부할 생각으로 당나귀를 한 마리 사기로 했다.

그 나무꾼은 장터에 사는 아랍인에게서 당나귀를 샀다. 그의 제자들은 랍비가 당나귀를 샀기 때문에 빨리 다닐 수 있다고 기뻐하면서 당나귀를 냇가로 끌고 가서 물로 씻었다. 그러자 당나귀 목의 갈기에서 큰 다이아몬드 한 개가 떨어졌다. 제자들은 이제 랍비는 가난한 나무꾼 생활을 하지 않아도 되고 탈무드 공부는 물론 자기들을 가르칠 시간이 많아질 것을 기뻐했다.

그런데, 랍비는 제자들에게 당장 장터로 아랍 상인을 찾아가 그 다이아몬드를 돌려주라고 명령했다. 그러자 제자들이 말했다.

"선생님, 이것은 선생님이 사신 당나귀가 아닙니까?"

"나는 당나귀를 산 기억은 있지만 다이어먼드를 산 적은 없다. 내가 산 물건만을 갖는 것이 정당한 일이다."

결국 랍비가 아랍인을 찾아가 다이어먼드를 돌려주었다. 그러자 아랍인이 말했다.

"당신이 그 당나귀를 샀고, 다이어먼드는 그 당나귀에 붙어 있었소. 굳이 나한테 돌려줄 필요가 없지 않습니까?"

그러자 랍비가 대답했다.

"유대인의 전통으로는 산 물건만을 갖게 돼 있습니다. 그래서 이것을 당신에게 가져온 거요."

아랍 상인은 다시 다음과 같이 말했다.

"정말 당신들의 하나님은 훌륭한 분이시군요."

내 이야기를 듣고 난 유대 여자가 물었다.

"그렇다면 지금 당장에 가서 돌려주어야겠는데, 무어라고 말해야하지요?"

그래서 나는 다음과 같이 말해 주었다.

"그 반지는 백화점 것인지 여점원 것인지 모르지만 만일 왜 돌려주느냐고 묻거든, '나는 유대인이기 때문'이라고만 대답하시오. 당신의 어린 아들을 꼭 데리고 가시오. 당신의 아들은 자기의 어머니가 정직한 사람이란 것을 일생 동안 잊지 않을 것입니다."

벌금의 규칙

유대인 회사에서 유내인 사원을 고용하고 있었다. 한데 그 사원이 회사의 돈을 착복하고 종적을 감췄다. 유대인 사장은 화가 나서 경찰에 신고하려 했다. 그래서 그 회사의 간부가 나를 찾아와 어떻게 했으면 좋겠느냐고 물었다.

나는 그에게 말했다.

"먼저 그 사원이 정말로 돈을 가지고 도망친 것인지 아닌지를 확인해야 할 것입니다. 하지만 설사 그가 돈을 가지고 도망쳤다 하더라도 그를 경찰에 신고한다면 그는 틀림없이 감옥살이를 하게 될 것이오. 그것은 유대인의 방법이 아니잖소?"

왜냐하면, 만약 그 사원이 감옥에 들어간다면 그 회사에서 잃어

버린 돈을 되찾을 길이 없기 때문이다. 유대의 법률에서는 어느 사람이 돈을 훔쳤을 때에는 그 사람을 감옥으로 보내지 않고서 돈을 되찾도록 되어 있다.

나는 그 회사의 간부에게 도망한 사원을 찾아내어 감옥으로 보내지 말고 우선 그 돈을 찾고 벌금을 물려야 한다고 말했다.

돈을 가지고 도망친 사원을 찾아내어 그런 이야기를 했더니 자기에게는 돈이 하나도 없다는 것이었다. 그러나 감옥에 들어가는 것보다는 열심히 일하여 조금씩 갚아나가겠다는 대답이었다. 그래서 그는 경찰에 끌려가지 않고 내 방에서 판결을 받았다. 내가 재판장이 되었다. 그는 가져간 돈을 일하여 갚는 동시에 벌금을 나한테 내기로 했고, 그 벌금은 자선기금으로 쓰기로 했다.

유대인의 사회에서는 A라는 사람이 백만 원을 훔쳤다고 하자. 랍비의 재판에 회부되어 벌금을 가산해서 백십만 원을 갚으라는 판결을 받았을지라도, 그 사람이 그 백십만 원을 다 갚은 뒤에는 그는 전과가 전혀 없는 결백한 사람과 같아진다. 만약 그런 뒤에 도난을 당했던 사람이 "저자는 돈을 훔쳤던 도둑놈이다"라고 비난한다면, 비난한 쪽이 나쁜 사람이 된다.

그런 경우 벌금은 20% 이상이지만, 거기에는 엄격한 규칙이 있다. 먼저 어떠한 물건을 훔쳤느냐에 따라 그 비율이 다르고 그 물건을 이용해서 돈벌이를 했느냐 또 훔친 때가 밤이냐 낮이냐 아침이냐 하는 여러 가지 조건에 따라 정하는 비율이 다르다.

탈무드에서는 말을 훔쳤을 때의 벌금 비율은 매우 높다. 그것은 말을 훔친 사람은 그 말을 이용하여 돈벌이를 할 수 있고 또 도둑맞은 사람은 그로 인하여 많은 손해를 보기 때문이다.

그것은 오늘날의 화물 자동차에 해당된다 할 수 있지만, 그 경우에는 네 배 정도의 벌금을 물어야 한다. 일반적으로 당나귀의 경우는 말의 경우보다 벌금이 조금 적다. 그것은 말이 더 온순하여 훔치기가 용이하기 때문이다. 하지만 도둑질한 사람의 입장도 많이 참작된다. 가령 훔친 사람이 굶주릴 정도로 생활고에 허덕이는 경우라면 벌금은 20% 정도로 정해진다.

옛날 이스라엘에서는 훔친 돈이나 벌금을 갚지 못하거나 이자를 물지 못하게 되면 돈 대신 노동으로 지불하게 했다. 그래도 갚지 못하는 최악의 경우에는 도둑을 감옥에 잡아넣지만 범인을 감옥에 구금하는 것으로는 문제가 해결되지 않는다는 것이 유대인의 사고방식이다.

자식과 어머니

어느 유대인 산모가 심한 난산으로 생명이 위독한 상태에 놓여 있었다. 나는 그 남편의 청을 받아 한밤중에 병원으로 찾아갔다.

그 산모는 심한 출혈로 고통받고 있었다. 그 산모는 첫 아기였다. 의사는 산모의 생명을 구해내기가 어렵다고 말했다. 그래서 나는 아기의 상태를 물어보았다. 의사는 역시 장담할 수 없다는 대답이었다. 결국 최후에는 아기의 생명을 구하느냐 어머니의 생명을 구하느냐 하는 선택의 문제가 남게 되었다. 그들 부부는 자기는 죽더라도 아기의 생명을 구해 달라고 애원했다. 여러 사람들이 상의한 끝에 마침내 그 결정을 내가 내리도록 결론을 내렸다.

먼저 나는 그들 부부에게 내가 결정을 내리는 것은 내 개인의 의사가 아니라 탈무드와 유대인의 전통에 의해서 결정하는 것이니, 내 결정에 꼭 따르겠느냐고 물었다. 그러자 그들 부부는 그것이 유대민족의 전통과 판단이라면 이의없이 결정에 따르겠다고 대답했다.

그래서 나는 어머니의 생명을 구하고 자식을 희생시키기로 결정했다. 그러자 산모는 그것은 살인행위라고 말했다. 그러나 유대의 전통에 따르면 아기는 태어나기 전까지는 생명이 없다고 생각하고 있다. 태아는 산모의 한 부분에 지나지 않는 것이다.

인간의 생명을 구하기 위해서는 신체의 한 부분, 그러니까 한쪽 팔을 잘라낼 수도 있는 것이다. 유대인의 전통에서는 그런 경우에는 반드시 어머니를 구하는 것으로 되어 있다.

그때 마침 가톨릭의 신부가 그 자리에 있었다. 그 신부는 어머니를 희생시키고 아기를 살려야 한다고 주장했다. 기독교에서는 임신했을 때 이미 새 생명이 탄생한 것으로 간주하기 때문에 기독교의 사고방식에 따른다면 어머니는 이미 세례를 받았으므로 생명의 구원을 받았지만, 아기는 아직 세례를 받지 않았기 때문에 구원을 받지 못하고 있다는 것이다. 그 신부는 유대인의 전통을 도저히 이해할 수가 없다고 말했다.

그러나 결국 그들 부부는 내 결정에 따라 산모의 생명을 구했다. 그리고 그 뒤에 얼마 지나지 않아 두 번째의 귀여운 아기를 낳았다.

불공정한 거래

한 상인이 나를 찾아왔다. 그는 다른 상점에서 물건을 부당하게 싸게 팔아 자기네 손님을 빼앗아 가고 있다고 호소했다.

탈무드에는 부당한 경쟁에 대한 이야기로 꽤 많은 내용이 적혀 있다. 하지만 그때까지 나는 탈무드 안에 그런 기록이 있다는 사실은 전혀 모르고 있었다. 나는 일주일 동안의 여유를 두고 탈무드를 연구한 다음 판결을 내려주기로 했다.

탈무드에는 다음과 같이 기록되어 있다.

어떤 상품을 취급하고 있는 상점 이웃에다 가게를 차리고 그와 똑같은 상품을 팔아서는 안 된다. 그러나 두 가게가 있는데 한 가게에서 아이들에게 경품을 붙여서 판다고 하자.

옥수수를 튀긴 강냉이와 같은 하잘 것 없는 경품이지만 아이들이 그것을 좋아하여 어머니들을 끌고 가 그 가게에서 물건을 살 경우에 이르면 그에 대한 여러 가지 논의가 있다. 값을 내려서 경쟁하는 것은 물건을 사는 고객에게 이익이 되므로 좋지 않으냐는 랍비도 있다. 또 다른 랍비는 손님을 끌기 위하여 값을 내려 팔거나 경품을 붙여 팔거나 하는 것은 정당치 못한 행위라고 말하고 있다.

그러나 대다수의 랍비들의 결정으로 아무리 값을 내려 싸게 팔아도 그 경쟁은 불공정한 거래가 될 수 없다고 되어 있다. 물건을 사는 고객에게 이득이 된다면 그것은 좋지 않으냐 하는 결론을 내리고 있다. 다음날 다시 찾아온 그 상인에게 나는 납득이 가도록 설명해 주었다.

"물건을 훔치는 행위는 분명히 금지되어 있지만, 물건의 값은 어떠한 사정에 따라 얼마를 내려 싸게 팔든 그것은 정당한 행위입니다."

즉, 자유로운 경쟁의 원칙에 따라 소비자가 이득을 보는 것이라면 그것은 바람직한 일이라고 생각한다.

위기를 극복한 부부

결혼한 지 십년이 지난 어느 부부가 있었다. 그들은 금슬이 좋은 부부로 겉으로 보기에는 매우 행복하게 보였다.

어느 날 그 남편이 나를 찾아와 이혼을 허가해 달라고 말했다. 나는 오래전부터 그들 부부를 잘 알고 있었기 때문에 그들의 결혼생활에 문제가 있으리라고는 생각지 않았다.

　남편의 이야기를 듣고보니 그들 사이에는 아이가 없기 때문에 자기 가족들이 이혼할 것을 강요하고 있다는 것이었다. 유대의 전통에 의하면, 결혼하고 십년이 넘도록 여자가 아이를 낳지 못하면 남자에게 이혼할 권리가 있다.

　그렇지만 남편과 아내는 서로 이혼을 원하지 않았다. 하지만 가족들의 압력이 너무 강했기 때문에 남편은 어찌해야 좋을지를 몰라 나를 찾아와 의논했던 것이다.

　그 남편은 아내와 이혼하더라도 사랑하는 아내에게 굴욕감을 느끼게 하고 싶지 않았으므로 가능한 한 조용하게 헤어지기를 바라고 있었다. 그래서 나는 탈무드의 가르침을 활용했다.

　나는 그 남편에게 아내를 위하여 성대한 파티를 열고 그 자리에서 오랫동안 자기와 함께 살아온 아내가 얼마나 훌륭했는가를 많은 사람들 앞에서 자랑스럽게 말하라고 권했다.

　나의 그 충고에 그는 매우 만족했다. 사실 그는 아내가 조금이라도 싫어서 헤어지는 것이 아니라는 사실을 꼭 밝혀 두고 싶었었다.

　나는 거기에서 해결책을 발견했다. 그가 헤어질 아내에게 선물을 주고 싶다고 하기에 무엇을 줄 생각이냐고 물었다. 그는 아내가 오래도록 마음과 함께 소중하게 간직할 수 있는 것을 주고 싶다고 했다. 나는 그에게 파티가 끝난 다음 아내에게 다음과 같이 말하도록 권했다.

　"내가 가지고 있는 것 중에서 당신이 가장 갖고 싶은 것을 하나만 말하시오. 그것이 무엇이든 선물로 주겠소."

　나는 또 그의 아내에게도 귀띔을 해 두었다.

파티가 끝난 뒤, 남편은 내가 일러준 대로 아내에게 "무엇이든지 가장 원하는 것 하나를 주겠다"고 약속했다.

다음날 아침, 내가 입회한 자리에서, 아내는 헤어져야 하는 남편에게 무엇을 갖고 싶어하는지를 분명하게 말했다.

아내는 그 자리에서 가장 갖고 싶은 것 한 가지는 남편이라고 했다. 그리하여 그들은 이혼을 취소하고 보다 더 행복하게 살았다. 그런데 훗날 그들에게서는 아기가 둘이나 태어났다.

하나의 길

한 남자가 회사에 근무하고 있었다. 한데 그는 그 회사로부터 부당한 대우를 받았기 때문에 그는 사장에게 불평을 말할 권리가 있다고 생각했다.

"나는 지금까지 부당한 대우를 받으면서 회사를 위해서 열심히 일해 왔소. 그러니 퇴직금이나 받고 그만 두겠소."

회사의 사장은 사장대로 이유를 설명하며 반론을 제기했다.

"당신은 지금까지 일에 너무 태만했기 때문에 파면시키려고 하던 참인데 퇴직금은 무슨 퇴직금이오."

얼마 뒤에 그 사원은 회사금고에서 돈을 꺼내고, 회사의 기밀 서류까지 훔쳐 가지고 외국으로 자취를 감췄다. 어디로 도망쳤는지도 알아낼 길이 없었다.

그로부터 한 달쯤 뒤에 그가 외국의 어느 도시에서 발견되었다는 소식이 왔다. 그래서 그 회사의 사장은 비행기표를 가지고 나를 찾아와서 부탁했다.

"그가 있는 곳으로 가서 그에게 말을 좀 해 주시오."

그가 있는 곳은 멀리 떨어진 곳이었지만 나는 비행기를 타고 그를 찾아갔다.

나는 그 남자가 있다는 도시에 도착하여 그를 찾기 시작한 지 이틀만에 겨우 그를 찾아냈다. 그는 나를 보자 크게 당황했다. 돈을 훔쳐가지고 도망쳤을 뿐 아니라, 비록 결정적으로 중요한 것은 아니지만 그 회사의 기밀서류까지 가지고 왔기 때문이다.

나는 그와 사흘 동안을 이야기했다. 왜 그가 있는 곳까지 내가 찾아왔는가를 설명했다. 나는 사소한 것들은 무시하고 문제의 본질이 무엇인가를 생각했다.

물론 나는 사소한 문제에는 관심도 없었다. 그것은 법률이 처리해 줄 수 있는 문제다. 나는 두 사람의 유대인에 관한 일이 중요하다는 생각과 유대인끼리 서로 다투고 충돌하는 것은 용서 할 수 없는 일이라고 생각했기 때문이다.

나는 탈무드의 내용을 인용하여 그에게 말했다.

"유대인들은 모두가 형제며 한 가족이 아니오. 우리는 이방인과 접촉하고 있기 때문에 유대인끼리의 일은 조용한 가운데 해결해야 하오."

하지만 그는 자신의 주장이 정당하다며 자기가 하는 일은 자기의 자유라고 말했다.

"어쩌면 당신의 행동이 정당한 것인지도 모르오. 나로서는 잘 알 수는 없지만, 자기 멋대로 하는 일은 용납될 수 없소."

그리고 그에게 탈무드에 나오는 이야기를 계속 들려주었다.

많은 사람들이 같이 배를 타고 항해하고 있었다. 한데 한 남자가 자신이 앉아 있는 자리를 끌로 구멍을 뚫기 시작했다. 사람들은 놀라 그 남자에게 이유를 묻자, 그는 "여기는 내 자리니 내 마음대로 무슨 짓을 해도 그만이다"라고 태연하게 말했다. 얼마 뒤에 배는 바다 속으로 가라앉고 말았다.

🍎 어느 유대인이 회사의 돈과 서류를 가지고 종적을 감췄다. 주위의 다른 사람들이 뭐라고 말하겠는가? 정말 유대인들은 위대한 민족이라고 말하겠는가? 그것은 곧 전체 유대인의 오점이 될 것이다.

🍎 그제야 그는 비로소 내 말을 납득하였다.
"랍비님이 옳다고 결정해 주시는 대로 따르겠습니다."
그리고 그는 자기가 가져온 돈과 서류를 나에게 내놓았다. 나는 그 회사의 사장을 만나 남은 문제의 해결을 결정하게 되었다.

개와 이리

JCC(유대 커뮤니티센터)는 유대인의 사회에서는 매우 진기한 사회다. 그것은 순수한 유대민족의 공동체가 아니기 때문이다. 거기에는 러시아계, 영국계, 프랑스계, 이스라엘계, 미국계 등 여러 계통의 유대인들이 조금씩 섞여 그들은 작은 그룹을 형성하고 있기 때문이다. 거기에는 유대인의 계율을 엄격하게 지키는 사람들과 그렇지 않은 사람, 자선에 힘쓰는 많은 사람들과 각양각색의 유대인들이 저마다 자기 출생지의 국민성을 반영하고 있어 전혀 통일성이 없는 사회가 이루어져 있다.

그러한 혼합된 사회에서는 긴장 상태가 감돌기 마련이다. 그런데 그 공동체가 서로 반목하는 두 개의 그룹으로 분열될 위기에 놓이게 되었다. 그래서 나는 그들 두 그룹에게 다음과 같은 탈무드의 이야기를 했다.

🍎 하나의 갈대는 쉽게 부러지지만, 백 개의 갈대를 다발로 묶으면 아주 강하다. 개는 개들만을 모아놓으면 서로 싸움을 하지만, 늑대가 나타나면 개들도 싸움을 그쳐 버리고 힘을 합한다.

🍎 지금도 유대인은 안전을 보장받지 못하고 있다.

아랍인이나 러시아인과 반 유대주의자들에게 둘러싸여 있기 때문에 유대인들끼리의 싸움은 우선 피하는 것이 좋다고 나는 그들에게 말했다. 그와 같은 근본적인 이해로 인해 지금까지 그들 사이에 큰 반목이 없이 운영되고 있다.

부부 싸움

외국에 주둔하고 있는 미군들에는 랍비가 군목(軍牧)으로 있다. 그들은 대부분이 학교를 갓 졸업한 젊은이들이다. 때문에 그들에게는 내가 장로와 같은 위치에 있어서 어떤 문제가 생기면 내 의견을 물어보려고 찾아오거나 전화를 건다.

어느 날 젊은 랍비가 지방에서 나를 찾아왔을 때 마침 어느 부부가 부부 싸움을 한 뒤 나를 찾아왔다. 나는 그 부부에게 먼저 다른 사람의 랍비가 같이 들어도 좋으냐고 물어 승낙을 얻었다.

부부간의 문제를 들을 때는 남편과 아내를 동석시키면 싸움만 하게 되므로 두 사람을 따로 떼어놓고 들어야 한다. 한 사람씩 들어보면, 서로 배우자를 소중히 여기고 상대방을 지극히 생각하고 있다는 사실을 알 수 있다. 그래서 참을성 있게 그들의 이야기를 들어주고, 인내심을 가지고 대하면 대개의 경우 부부간의 문제는 해결점을 찾게 된다.

그 때에도 나는 먼저 남편의 이야기를 듣고 그가 말하는 것을 다 찬성하여 그의 주장을 모두 인정했다. 다음은 아내의 차례가 되었다. 나는 또 그녀의 이야기를 듣고 그녀가 말하는 것을 수긍하면서 그녀의 말이 모두 옳다고 찬성했다.

그들 부부가 돌아간 뒤 나는 동석했던 젊은 랍비에게 물었다.

"당신이라면 어떻게 판결하겠는가?"

그러자 랍비가 말했다.

"저는 전혀 이해가 가지 않습니다. 선생님은 남편의 말을 들었을 때도 그의 말이 전부 옳다고 인정하시더니, 아내의 말을 들었을 때에도 그 여자의 말이 전부 옳다고 인정하셨습니다. 두 사람이 각각 전혀 상반되는 말을 했는데, 어째서 두 사람의 주장이 다 옳다고 할 수 있습니까?"

그래서 나는 당신의 말이 가장 옳다고 말했다.

나는 이렇게 생각한다. 여러 사람들이 어떠한 문제를 가지고 찾아왔을 때, "당신은 옳고 저 사람은 틀렸다." 하는 식으로 잘라서 판결해서는 안 된다. 그러면 공연히 그들의 마찰을 더욱 크게 만드는 일이다. 그러기 위해서는 양쪽의 주장을 인정해 줌으로써 서로 냉정을 되찾고 서서히 화해하게 된다. 그렇게 때문에 그런 충돌에는 먼저 어떤 내용이라도 일단 상대방의 주장을 인정해 줄 필요가 있다.

진실과 거짓

많은 사람들이 나를 찾아와 여러 가지 문제를 해결해 달라고 부탁한다. 그와같은 문제 가운데는 하나도 같은 것은 없다. 그러나 단 한 가지 공통점이 되고 있는 것은 그들 중 누가 거짓말을 하고 있는 것인가를 어떻게 가려내야 하느냐 하는 점이다. 하지만 어느 것이 진실이고 어는 것이 거짓인가를 분간한다는 것은 매우 어려운 일이다.

탈무드에서는 그 점에 대해서 두 가지의 분별하는 방법을 가르쳐 주고 있다.

솔로몬 왕은 지혜가 뛰어나고 총명한 현인으로 알려져 있다. 한

데 어느 날 두 여자가 한 어린아이를 데리고 와서 서로 자기 아들이라고 싸우면서 솔로몬 왕에게 판결을 내려줄 것을 요청했다.

솔로몬 왕은 여러 가지로 사실을 조사해 보았으나, 결국 그 어린아이가 어느쪽 여자의 아들인지 알 수 없었다. 유대인의 경우 소유물이 어느 쪽에 속하는지 알 수 없을 때에는 공평하게 둘로 나누는 것이 일반적인 관례였다. 그래서 솔로몬 왕은 그 어린아이를 칼로 잘라 둘로 나누라고 명령했다.

그러자 한 여자가 갑자기 미친 사람처럼 울부짖으면서 애원했다.

"그렇게 하려면 그 아이를 저 여자에게 주십시오."

그 광경을 보고 솔로몬 왕은 그 여자에게 말했다.

"당신이 바로 이 아이의 진짜 어머니요."

솔로몬 왕은 어린아이를 그 여자에게 넘겨 주었다.

🍎 어떤 부부에게 아들 둘이 있었다. 한 아이는 어머니가 다른 남자와 불륜의 관계를 가져 낳은 아들이었다. 남편은 언젠가 아내가 다른 사람에게 두 아들 중 한 아이는 다른 남자의 아들이라고 말하는 것을 들었다. 하지만 그는 어느 쪽이 자기 아들인지

알 수가 없었다.

그로 인해서 그는 병에 걸렸다. 그는 자기는 죽게 될 것을 이야기하고 자기의 핏줄을 타고 난 아들에게 전 재산을 물려준다는 유서를 썼다.

그리고 그가 죽은 뒤 그 유서는 랍비에게로 넘어갔다. 랍비는 그의 핏줄을 타고난 아들을 가려내야 했다. 그래서 랍비는 두 아들을 그들의 아버지 무덤으로 데리고 가서 무덤을 몽둥이로 힘껏 치라고 일렀다. 그러자 한 아들이 울면서 말했다.

"저는 아버지의 무덤을 절대로 칠 수 없습니다."

랍비는 무덤을 몽둥이로 칠 수 없다고 물러선 쪽이 그의 아들이라고 말했다.

새로운 약

내 친구 가운데 한 사람이 병이 악화되어, 어떤 특별한 약을 쓰지 않으면 회복될 수 없다는 어려운 상황까지 이르렀다. 한데 그의 병에 쓸 약은 여간해서 구하기가 어려운 것이었다.

그러던 중 그의 가족이 나를 찾아와서 부탁했다.

"당신은 저명한 교수와 훌륭한 의사들을 많이 알고 있을 터이니, 어떻게 해서든 그 약을 좀 구해 주십시오."

나의 청을 들은 의사는 이렇게 말했다.

"만약 그 약을 당신 친구에게 준다면, 다른 사람이 그 약을 구하지 못하게 됩니다. 그렇게 되면 그는 죽을지도 모릅니다. 그래도 그 약을 나에게 부탁하겠습니까?"

나는 좀 생각할 여유를 달라고 말하고 나서 탈무드를 찾아 보았다.

가령 한 사람을 죽이게 되면 내가 살 수 있고 그 사람을 죽이지 않으면 자기가 죽게 될 경우 어떻게 할까? 자기의 목숨을 구하기 위해서 다른 사람을 죽여서는 안 된다. 어떻게 자기의 피가 상대방의 피보다 더 진하다고 할 수 있겠는가? 한 인간의 피가 다른 인간의 피보다 결코 진하다고 할 수는 없다. 그것을 내 경우에 비추어 볼 때 내 친구의 피가 그 약을 빼앗기면 죽을지도 모르는 다른 한 사람의 피보다 더 진하다고는 말할 수 없는 것이다.

그리하여 나는 그것을 친구의 가족에게 어떻게 설명해 주어야 할 것인가 고민했다. 내 관할에 사는 사람의 생명이 위독해서 그 가족이 나를 찾아와 구원을 요청했는데도 탈무드에 따라, 나는 내 친구가 죽어가는 것을 보고만 있어야 하는 것인가. 하지만 나는 그 약을 구하지 않기로 했다. 그 결과 내 친구는 죽고 말았다.

새 경영자

동업자 두 사람이 있었다. 그들은 밑천들이지 않고 사업을 시작하여 작은 임대 빌딩을 만들었고 현재는 모두가 부러워 하는 성공한 실업가가 되었다. 두 사람 모두 경험은 별로 없었지만 매우 근면하고 성실했기 때문에 사업은 계속 번창하여 크게 성공을 거두었다.

그들은 자기들이 굉장히 성공했다는 사실을 뒤늦게야 새삼 깨달았다. 그런데 두 사람 사이에는 아무런 증서도 없었기 때문에 그들이 건강한 동안은 탈이 없겠지만 자식들 대에 가서 문제가 생길 것을 예상하여 계약서를 작성해 놓기로 했다.

그들 사이에 일단 계약이 끝나자, 두 사람은 사사건건 의견이 충돌하게 되었다. 물론 처음 계약서를 작성할 때부터 의견이 맞지 않아 충돌이 발생했던 것이다. 즉, "너는 공장의 책임자이고 나는 본사의 책임자이다"와 같은 사소한 일까지 규정하려 했기 때문에 서로 상대방이 유리한 조건을 차지하려 하고 있다고 생각했던 것이다.

그동안 그들이 사업을 시작하여 성공하기까지 두 사람 사이에는 전혀 아무런 의견충돌이 없었으므로 그들은 함께 나를 찾아와 상의했다.

그와 같은 경우 어느쪽이 옳고 어느쪽이 그르다는 그런 성질의 것이 아니었기 때문에 나는 사법게 그 결론을 내릴 수가 없었다. 한 사람은 생산을 맡고 또 한 사람은 영업을 맡고 있었기 때문에 그들은 "내가 상품을 잘 만들어 냈기 때문에 회사가 발전했다", "내가 잘 팔았기 때문에 사업이 성공했다."고 서로 다투는 것이었다.

나는 자신은 없었지만 다음과 같이 말했다.

"당신들이 싸움을 시작하기 전까지는 사업은 아주 잘 되어 갔소. 두 사람의 의견충돌로 해서 회사를 망하게 한다는 것은 정말 어리석은 짓이오. 그 상태로는 아무래도 사업이 원만하게 운영되지 못할 것 같소. 그러니 어떤 해결책을 강구해야만 할 것입니다."

그리고 나는 탈무드에서 적절한 말을 찾아내었다.

🍎 어린아이가 이 세상에 태어났을 때 그 아이는 아버지와 어머니와 하나님으로부터 생명을 받은 것이다. 그런데 성장해 가는 동안 그에게 생명을 주는 사람이 하나 더 늘어난다. 그 사실은 그를 가르치는 선생이다.

내가 그들 두 동업자에게 물었다.

"당신네 회사의 경영자는 누구인가?"

그들은 자기들 두 사람이라고 대답했다. 그래서 나는 다음과 같이 말했다.

"그렇다면 하나님을 그 회사의 경영진에 참가시키면 어떻겠소? 하나님은 우주의 모든 일에 참가하고 계십니다. 당신들은 서로 자기가 잘했다고 주장하지만 말고 우주의 모든 일을 맡고 계신 하나님을 당신 그 경영진에 참가시키는 것이 좋을 것 같소."

그때까지는 두 사람이 대표자여서 그 회사에는 사장이 없었다. 그래서 그들은 서로 사장이 되려 하고 있었다. 나는 다음과 같이 충고해 주었다.

"그 회사는 물론 당신네 회사지만 또한 동시에 하나님의 회사이기도 하오. 당신들은 유대인을 위해서 일하고 있소. 유대인의 나라를 위해서 일하고 있는 것이오. 때문에 그 회사가 당신네 것이라는 이기적인 생각에만 매달리지 말고 하나의 큰 의무를 수행하고 있는 것이라고 생각하도록 한다면, 두 사람 중 누가 사장을 하느냐 하는 것은 사소한 문제란 것을 깨닫게 될 것이오. 그렇게 되면 생산을 담당한 사람은 열심히 공장을 운영하고, 영업을 담당한 사람은 상품을 파는데 열중하게 될 것이오."

내 이야기를 듣고 그들은 그제서야 수긍했다.

그 뒤 두 사람 사이는 물론 회사도 아주 원만하게 운영되어 갔다. 이익금의 얼마를 자선금으로 내놓기로 결정하고, 그것을 하나의 목표로 삼았기 때문에 사장을 따로 정하지 않고서도 그 회사는 점점 발전했다.

보트의 구멍

대부분의 기업체에서 종업원을 해고시키는 일은 종종 있는 일이다. 하지만 그것처럼 좋지 않은 일도 없다. 때문에 때로는 그것이 큰 사회적인 문제로까지 발전하기도 한다.

한 유대인 회사에서 많은 유대인을 고용하고 있었다. 그런 경우 그 유대인 종업원들을 해고시키는 일은 매우 어렵다. 아내와 아이들과 함께 살아가야 한다는 조건은 그곳 사람들과 마찬가지이지만 특히 유대인의 경우에는 한번 직장을 잃으면 여간해서 새로운 일자리를 구하기가 힘들기 때문이다.

유대인으로서 타향에 와서 살기는 매우 어렵다. 유대인의 일자리는 아주 적고 또 다른 나라로 떠나거나 이스라엘로 돌아가려 해도 돈이 필요하다. 그러므로 어떤 이유에서든 유대인 종업원을 해고시킨다는 것은 아주 어려운 일이 아닐 수 없다.

그래서 나는 항상 유대인 종업원들이 해고당하는 일이 없도록 노력하고 있다. 그것은 만일 어느 유대인이 직장을 잃으면 그는 가족들로부터 존경받지 못하고 그들의 생활이 비참해질 뿐 아니라, 그러한 경우에는 유대인 사회에서 그들을 부양해야 하므로,

유대인 모두의 부담이 커지기 때문이다. 하지만 유대인들은 원래 동정심이 많기 때문에 실제로 종업원을 해고시키는 경우는 극히 드물다.

그런데 그 극히 드문 일이 생겼다. 어느 고용주가 상의하기 위해 나를 찾아와 말했다.

"나는 지금 종업원 한 명을 해고시키려 하고 있습니다. 그는 지금 해고시키지 않더라도 언젠가는 해고돼야 할 것입니다. 그대로 남아있어도 아무것도 할 수 없는 무능력자이기 때문에 다른 직장에 가더라도 마찬가지일 것입니다. 사정은 그러하지만, 그러나 나는 그를 해고시키고 싶은 생각은 없습니다. 랍비님, 어떻게 내 자신에 대하여 그를 해고시키지 않아도 될 수 있는 구실이 없을까요?"

그래서 나는 탈무드의 이야기를 인용하였다.

어떤 사나이가 작은 보트를 가지고 있었다. 해마다 여름이면 그는 그 보트에 가족을 태우고 호수에 나가 낚시질을 하며 즐겼다.

여름이 지나 그는 배를 보관해 두려고 뭍으로 끌어 올렸는데, 배 밑에 작은 구멍이 하나 뚫려 있었다. 그것은 아주 작은 구멍이었기 때문에 그 보트를 겨울 동안에는 육지에 놓아 두었다가 내년 봄 보트를 사용할 때 수리하면 될 것이라고 생각하고 그대로 내버려 두었다. 그리고 그는 보트에 페인트만 새로 칠해 두었다.

이듬해 봄은 유난히 일찍 돌아왔다. 그의 두 아들은 어서 보트를 타고 호수에 나가고 싶어 했다. 그는 보트에 구멍이 뚫렸다는 것

을 까맣게 잊어버리고 아이들에게 타라고 승낙해 주었다.

그로부터 두 시간이 지나서야 그는 배 밑에 구멍이 뚫려 있었다는 기억이 번개처럼 떠올랐다. 그의 아이들은 아직 수영에 익숙하지 못했다.

그는 누구에게 구원을 청할 생각으로 급히 달려나갔다. 그런데 그때 두 아이들이 배를 끌고 돌아오고 있었다. 그는 두 아들이 무사함에 우선 안도의 숨을 돌린 다음 배 밑을 조사했다. 그런데 누군가가 배 밑에 뚫렸던 구멍을 무엇으로 막아놓은 것이다.

그는 페인트상 사람이 배에 페인트를 칠할 때 고쳐준 것이라고 생각하고 선물을 사들고 그에게 인사를 하러 갔다.

"제가 배에 칠을 했을 때 대금은 지불해 주셨는데, 또 왜 이런 선물을 주십니까?"

그래서 그는 말했다.

"배에 작은 구멍이 뚫려 있는 것을 당신이 고쳐 주었소. 나는 배를 사용하기 전에 그것을 고치려고 생각하고 있었는데, 그것을 깜

빡 잊고 말았습니다. 당신은 내가 그 구멍을 수리해 달라는 부탁도 하지 않았는데 구멍을 잘 막아 주었습니다. 당신은 불과 몇 분 동안에 고쳤지만, 덕분에 나의 두 아들의 생명을 구했소."

아무리 작은 선행이라도 그것이 크게 도움을 줄 수도 있다고 생각한다는 것은, 대부분의 사람들은 하기 어려운 일이다.

나는 그 고용주에게 그 이야기를 들려주고, 한 번만 그에게 기회를 주어 보라고 말했다.

축복의 말

병실에 나와 의사와 환자, 세 사람이 함께 있었다. 환자는 중상을 입고 심한 내출혈로 의식불명인 채 누워 있었다. 주위는 고약한 악취로 가득차 있는 가운데 의사는 환자의 생명을 구하기 위해 애를 쓰고 있었다.

환자에게 수혈을 멈추면 환자의 생명은 끊어져 버릴 상태였기 때문에 의사는 거의 절망적인 얼굴을 하고 있었다.

의사가 나에게 물었다.

"랍비님은 지금 무엇을 생각하고 계십니까?"

의사의 물음에 나는 대답했다.

"나는 지금 죽음에 대해 생각하고 있습니다. 가느다란 혈관이 빨간 액체를 흘려보내기 때문에 저 사람의 생명이 위독하다는 생각을 하고 있습니다."

수혈을 멈추자 마침내 환자는 죽었다. 의사는 지쳐서 나에게 도움을 청했다.

그래서 나는 의사에게 탈무드에 나오는 이야기를 해주었다.

유대인은 왕을 만날 때나 식사를 할 때나, 떠오르는 해를 볼 때나 그밖의 모든 경우에 한마디 축복의 말을 한다. 심지어는 변소에 갈 때에도 축복의 말을 잊지 않는다.

이야기를 듣고난 의사가 물었다.

"랍비님께서 변소에 갈 때면 어떤 말을 하십니까?"

"사람의 몸은 뼈와 살과 그밖의 여러 기관으로 이루어져 있습니다. 한데 몸 안에서 닫혀야 할 것은 닫혀야 하고, 열려야 할 것은 열려야 합니다. 그것이 반대로 되면 안 되기 때문에 나는 변소에 갈 때면 언제나, "열려야 할 것은 열어 주시고, 닫혀야 할 것은 닫아 주옵소서."라고 빌고 있습니다."

그러자 의사가 말했다.

"그 기도문은 인체 해부학에 권위있는 사람의 말과 똑같군요."

우는 이유

어느 외국 도시에 살고 있는 유대인으로 아주 평판이 좋고 자선을 많이 하는 예의바른 사람이 있었다. 하지만 그는 유대인들 세계에서는 전혀 활동하지 않았다.

나는 언젠가 식당에서 그와 식사를 하게 되었다.

유대인들 사이에서는 장사를 하고 있는 사람을 만나면 "요즈음 사업이 잘 됩니까?" 하는 질문을 하고, 랍비를 만나면, "요즘 재미

있는 책을 읽으셨습니까?" 또는 "요즈음 재미있는 생각을 하셨습니까?" 하는 식으로 인사삼아 묻는 습관이 있다. 공부하는 것을 직업으로 삼고 있는 랍비는 항상 어떤 이야기를 할 수 있도록 늘 머리 속에 여러 가지 이야기를 생각하고 있는 것이다.

그는 나를 만나자 아니나 다를까, 요사이 재미있는 책을 읽었느냐고 물었다.

"최근 탈무드에서 아주 재미있는 이야기를 찾아 읽었습니다. 당신도 탈무드를 공부할 때는 꼭 그 부분을 읽어 보십시오."

그리고 나는 다음과 같은 이야기를 했다.

어느 훌륭한 랍비가 있었다. 그는 언행이 고결하고 친절하고 자애심이 두터워 사람들부터 존경받는 분이었다. 그는 주의력이 세심하였고 또한 하나님을 공경하는 마음이 깊었다. 한 마리의 개미도 밟지 않도록 조심해서 걸었고, 하나님께서 창조하신 작품을 깨뜨리지 않도록 신중하게 생활해 나갔다. 그의 제자들도 물론 그를 대단히 존경하고 있었다.

하지만 쇠약해져 건강이 나빠졌다. 그도 물론 그 사실을 깨닫고 자기의 죽음이 가까워졌음을 느꼈다.

제자들이 찾아와 안타까워 하자 그는 갑자기 눈물을 흘렸다.

제자들은 깜짝 놀라 물었다.

"선생님, 왜 그러십니까? 선생님께서는 단 하루도 공부하지 않은 날이 없었고, 저희들을 가르치지 않은 날이 단 하루도 없었습니다. 그리고 자비를 베푸시지 않은 날이 단 하루라도 있었던가요? 선생님께서는 이 나라에서 가장 존경받으시는 훌륭한 분입니다. 하나님을 가장 깊이 공경하신 분도 바로 선생님이십니다. 더구나 선생님께서는 정치와 같은 더러운 세계에는 단 한번도 발을 들여놓으신 적이 없습니다. 선생님이 눈물을 흘리실 이유는 조금도 없습니다."

그러자 랍비가 말했다.

"그래서 나는 울고 있는 것이다. 나는 마지막 순간 내 자신에게 "당신은 공부를 했는가?", "당신은 하나님께 기도했는가?", "당신은 자선을 베풀었는가?", "당신은 행실을 바르게 했는가" 하고 묻는다면, 나는 그와 같은 물음에 대해서 "그렇소"라고 대답할 수 있다. 그러나 "당신은 일반적인 생활에 어울려 본 적이 있는가? 라고 묻는다면, 나는 "아니오"라고 대답할 수밖에 없다. 나는 그래서 울고 있다."

🍎 자신만의 사업에는 성공했지만 유대인 사회에는 얼굴조차 내놓으려고 하지 않는 그 유대인에게 나는 딜무드의 이야기를 해준 다음 "당신도 지금부터는 유대인의 사회생활에 어울리는 것이 좋을 것이요."라고 충고했다.

자선행위

자선행위로 어느 단체에 기부금을 내놓으면, 대부분의 사람들은 일반적으로 마치 자기의 돈을 빼앗긴 것으로 생각하기 쉽지만, 실제로는 그렇지 않다. 실은 다른 사람에게 돈을 주면

적어도 그만큼의 돈은 되돌아오기 마련이다.

"당신들이 자선을 위해서 돈을 쓰면 쓸수록 더 많은 돈이 당신에게로 되돌아 온다"는 이야기를 할 때 나는 다음과 같은 탈무드의 이야기를 인용한다.

어떤 마을에 큰 농장이 있었다. 그 농장의 주인은 예루살렘 근처에서 가장 이름난 자선가 농부로 알려져 있었다. 해마다 랍비들이 그 집을 찾아가면 그는 자기의 재산을 아끼지 않고 자선을 베풀었다.

그는 굉장히 큰 농장을 경영하고 있었는데, 한 번은 폭풍으로 과수원이 큰 피해를 입고 또 전염병이 퍼져 그가 기르고 있던 많은 가축들이 모두 죽었다. 그것을 본 채권자들이 그에게로 몰려가 그의 재산을 모두 차압하여 버렸으므로 그에게는 작은 농토밖에 남지 않았다. 그러나 그는 "하나님이 주셨다가 다시 거두어 가신 것이니 어쩔 수 없다."라고 말하면서 아무도 원망하지 않았다.

그 해에도 랍비들은 언제나처럼 그를 찾아갔다. 랍비들은 "그는 그만큼 많은 재산을 가지고 있었는데 이처럼 몰락하다니." 하고 말하면서 그를 동정했다. 한데 그 농장 주인의 아내는 남편에게 다음과 같이 말했다.

"우리는 지금까지 랍비들에게 학교를 세워주고 교회에 헌금을 내고 가난한 사람들과 노인들을 위해서 성의껏 기부금을 내 왔었는데, 금년에 한 푼도 내놓지 못한다면 정말 서운한 일이에요."

그들 부부는 랍비들을 빈손으로 돌아가게 할 수는 없다고 생각했다.

그리하여 마지막 남은 얼마 안 되는 땅의 절반을 팔아 랍비들에게 헌금을 내놓고 그 대신 나머지 절반의 땅을 가지고 좀더 부지런히 일하여 그것을 메꾸겠다고 결심했다. 랍비들은 생각지 않았던 헌금을 받고 크게 놀랐다.

그런 뒤 그들 부부는 나머지 반의 땅만으로 농사를 지었다. 어느 날 쟁기로 밭을 가는데 소가 쓰러졌다. 쓰러진 소를 일으켜 끌어내자 뜻밖에도 소의 발밑에서 보물이 나왔다. 그들 부부는 그 보물을 팔아서 옛날처럼 다시 큰 농장을 경영할 수 있게 되었다.

랍비들은 다음 해에도 또 그 농가를 찾아갔다. 그들은 농부가 아직도 가난한 생활을 계속하고 있으리라 믿고 오두막으로 찾아갔던 것이다. 그러자 이웃 사람들이 말했다.

"그들은 지금 여기에서 살지 않습니다. 저쪽의 큰 집에 살고 있습니다."

랍비들은 이웃 사람들이 가르쳐 준 집으로 찾아갔다. 그 농장 주인은 지난 일년 동안에 자기들에게 일어났던 일을 설명하고 마음으로부터 우러나 자선을 베풀면 반드시 그 복을 되돌려 받게 된다고 말했다.

🍎 나는 헌금을 모을 때면 그 이야기를 꼭꼭 되풀이하고 있다. 그 결과 언제나 성공하고 있다.

생명의 바다

유대인들은 세계의 많은 민족들 중에서 가장 자선행위를 중요시하는 민족이다. 그런데도 오늘날에는 자선행위를 하라고 권하지 않으면 자선을 베풀지 않는 유대인들을 볼 수 있다. 그때마다 나는 다음과 같은 이야기를 한다.

🍎 이스라엘에는 요단강 부근에 두 개의 큰 호수가 있다. 하나는 '사해(死海)'요, 다른 하나는 히브리어로 '산 바다(生海)'라는 호수다. '사해'에는 밖에서 물이 들어오지만 다른데로 나가지 않는다. 한데 '산 바다'는 한쪽에서 물이 들어오는 대신 다른 한쪽으로는 물이 나가고 있다.

자선을 베풀지 않는 것은 '사해'와 같다. 돈이 들어오기만 하고 나가지 않는다. 그런데 자선을 베푸는 것은 '산 바다'와 같다. 즉 돈이 들어오고 또 나간다. 사람은 누구나 '산 바다'가 되지 않으면 안된다.

사자

언젠가 나는 중국에서 일본으로 건너온 유대인과 이야기를 나눈 적이 있다. 그런 유대인들 중에는 대개 네 가지 유형이 있다.

중국이 좋고 일본이 나쁘다는 사람, 일본이 좋고 중국이 나쁘다는 사람, 중국도 일본도 다 좋다는 사람, 한데 유대인은 전쟁중 일본이 중국을 점령했을 때 유대인들을 박해했다고 해서 일본을 나쁘게 생각하고 있었다.

일본이 중국을 점령하고 있을 때 유대인들은 특별 거주구역이란 일정한 구역에 수용되어 일본군의 감시를 받았다. 그러면서 유대인들은 무수히 구타를 당하고 또 식량이 부족하여 굶고, 또 전염병으로 많은 사람들이 죽어갔던 아픈 추억을 지니고 있는 사람이 많다.

나는 중국에서 온 유대인에게 말했다.

"유럽에서는 6백만 명이나 되는 유대인들이 학살당했소. 세계 제2차 대전 때 유럽에서 있었던 것처럼 유대인들이 참변을 당한 일은 없었소. 당신은 1970년대인 지금, 과거 상해에서 겪은 아픈 추억을 말하고 있지만 그것은 당신이 살아 있다는 증거요. 탈무드에 다음과 같은 이야기가 있습니다."

나는 그에게, 목에 뼈가 걸린 사자 이야기를 했다.

🍎 사자의 목구멍에 다른 짐승의 뼈가 걸렸다. 그래서 사자는 제 목구멍에 걸린 뼈를 꺼내 주는 자에게는 큰 상을 주겠다고

말했다. 그때 한 마리의 학이 찾아와 사자의 목에 걸린 뼈를 꺼내겠다고 말했다. 학은 사자의 입을 크게 벌리게 하고, 머리를 그 사자의 입 속으로 넣어 긴 부리로 걸려 있는 뼈를 뽑아냈다. 그리고 나서 학이 말했다.

"자, 이제 상을 주셔야지요?"

그러자 사자는 느닷없이 화를 버럭 내며 "내 입 속에 머리를 집어 넣고도 살아난 것이 상이다. 너는 그렇게 위험한 지경을 당하고도 살아서 나온 것을 자랑으로 삼을 수가 있다. 그러니 그보다 더 큰 상은 없을 것이다."

🍎 중국에서 혹독한 고통을 받았다고 해서 그런 것으로 이제와서 불만을 터뜨려서는 안 된다는 것이 나의 생각이다.

6
탈무드의 발

수난의 탈무드

　탈무드는 바빌로니아에서 기원 후 500년에 편찬되기 시작했다. 1334년에 손으로 씌어진 탈무드가 가장 오래된 것이다. 처음으로 인쇄된 것은 1520년 베네치아에서이다.

　1244년에 파리에 있었던 모든 탈무드는 그리스도 교도에 의해서 몰수되고 금서가 되어, 24대의 짐수레에 실린 채 불태워셨다.

　1263년에는 그리스도교 교회의 대표자와 유대측의 대표자가 모인 공개석상에서 탈무드가 그리스도교에 반대되는 것인지 아닌지에 대해 토론이 전개되었다.

　그리고 1415년에 이르러 유대인이 탈무드를 읽는 것이 법령으로 금지되었다.

　1520년에 로마에서 모든 탈무드가 압수되어 불태워졌다. 그러나 이와 같은 짓을 한 사람들은 탈무드를 전혀 읽어보지도 않았다. 탈무드를 모르면 모를수록 무조건 혐오했던 것이다.

　1562년에는 교회가 검열을 하여 탈무드를 삭제하거나 찢어 내거나 했기 때문에 오늘날 남아 있는 탈무드는 완전한 것이 아니다.

언젠가 탈무드를 마이크로필름으로 찍고 있을 때, 페이지와 페이지 사이에서 다른 페이지가 나왔다. 그와 같이 하여 몇 백 년간이나 상실되어 있었던 탈무드가 발견되는 일도 있었다. 따라서 탈무드를 읽고 있을 때 갑자기 중도에서 이야기의 연결이 되지 않는 곳이 있다. 그 부분은 5분의 1정도를 가톨릭 교회가 삭제한 부분이다. 왜냐 하면, 그리스도를 비판했다고 생각되는 부분, 혹은 비유대인에 대해 씌어진 부분을 모두 삭제했기 때문이다.

현재 탈무드는 수개 국어로 번역되어 탈무드에 대한 관심은 세계적으로 대단히 높아지고 있다.

탈무드는 하나의 연구서이다. 유대인에게 공부한다는 것은 인생 최대의 목적이다. 유대인을 조금이라도 이해하려 한다면, 탈무드가 유대인에게 있어서 얼마나 중요한 것인가를 알지 않으면 안 된다. 신의 뜻을 행하는 것은 유대인에게 있어서 가장 중요한 일이었으므로, 탈무드를 공부하지 않으면 살아갈 수가 없었다. 그러나 탈무드의 공부는 지적인 연구는 아니다. 이것은 종교적인 연구이다. 신을 찬미하는 최대의 행위는 유대인으로서는 공부하는 것 뿐이다.

"공부는 올바른 행동을 만든다."고 하는 것이 유대의 오랜 격언이다.

고대 유대에서는 도시나 마을은 그 곳에 있는 학교의 이름에 의해서 알려져 있다. 예배당은 공부하는 장소였다. 로마인은 비유대화하기 위해서 탈무드의 연구를 엄격히 금했다.

하지만 유대인에게서 배우는 것을 박탈해 버리면, 유대인은 더 이상 유대인이 아닌 것이다. 이 연구를 지키기 위해 많은 유대인이 죽어갔다. 그러나 지식은 모든 것에 승리한다.

　나는 유대인으로서 아침에 일하러 나가기 전에 5시에 일어나서 탈무드를 공부하는 사람을 많이 보았다. 점심 식사 때, 저녁 식사 뒤에, 또 버스나 지하철을 타도 유대인은 공부한다. 또 안식일에는 몇 시간이고 탈무드를 공부한다. 전부 합쳐서 20권이 있는데, 1권을 끝냈다는 것은 유대인에게 있어서 대단한 경사이며 친척이나 친한 친구를 모두 초대해서 성대한 잔치를 벌이기도 한다.

　유대인은 그리스도교에 있어서 로마 교황과 같은 최고 권위자를 갖고 있지 않다. 유대인에 있어서 최고의 권위자는 바로 탈무드이다. 탈무드를 얼마만큼 공부했는가 하는 것만이 권위를 측정하는 척도가 된다.

　그 탈무드의 지식을 제일 많이 갖고 있는 사람이 랍비이며, 그 때문에 랍비는 권위가 있다고 인정되고 있는 것이다.

탈무드의 내용

　탈무드는 ① 농업, ② 제사, ③ 여자, ④ 민법과 형법, ⑤ 사원, ⑥ 순결과 불순의 6부로 이루어져 있다.

　탈무드의 권위에는 규칙이 있다. 반드시 미시나(mishina)라는 부분에서 시작한다. 미시나는 유대의 오랜 가르침. 오랜 약속 등이 구전으로 전해진 부분이다. 이 미시나를 둘러싼 방대한 의견이나 토론이 탈무드인 것이다.

이 토론은 반드시 둘로 나눠져 있다. 하나는 하라카라고 불리는 토론이며, 또 하나는 아가타라고 불리는 토론이다.

유대인은 세계에서 가장 종교의 계율을 엄하게 지키고, 종교에 심취하고 있는 사람들이라고 전해진다. 유대인의 언어 중에 종교라는 말은 존재하지 않는다. 그 까닭은 유대인의 생활 자체가 종교이기 때문이다. 특히 종교만을 빼내어 종교라는 말을 사용하지 않기 때문이다.

하라카는 유대적인 생활 양식에 대한 것이다. 인간의 모든 행동을 거룩한 것으로 승화시키려 하는 것이다. 제사 · 건강 · 예술 · 식사 · 회화 · 언어 · 대인 관계 등 생활을 다스리는 모든 것이 이 하라카에 의하지 않으면 안 된다. 그리스도 교도는 그리스도를 믿음으로써 그리스도 교도가 되는데, 유대인은 그러한 일은 없다. 행동만이 유대인을 유대인으로 만드는 것이다.

아가타는 탈무드의 3분의 1을 차지하고 있다. 이것은 철학 · 신학 · 역사 · 도덕 · 시 · 속담 · 성서의 해설 · 과학 · 의학 · 수학 · 천문학 · 심리학 · 형이상학 등 인간이 가진 모든 지혜를 포함한 것이다.

랍비라는 직업

지난날 로마인이 유대인을 지배하고 있던 무렵, 그들은 유대인을 멸망시키려고 여러 가지 방법을 생각했다. 어떤 때에는 유대인의 학교를 폐쇄시키고, 예배를 금하고, 책을 불태우고,

유대인의 여러 가지 축제일을 금지하고, 랍비를 교육하는 것을 금한 일도 있었다.

　랍비가 교육을 끝내면, 보통 학교의 졸업식에 해당하는 랍비의 임명식이 있다. 로마가 이때 랍비의 임명식에 나온 자는 물론 임명한 사람이나 임명받은 사람 모두를 사형에 처하고, 그런 일이 일어난 도시는 멸망시킨다고 포고했다. 이것은 로마가 그때까지 행한 탄압수단 중에서 가장 현명한 조치였다.

　그 까닭은, 도시를 불태우거나 멸망시켜 버리는 위험을 범한 랍비는 대단한 책임이 돌아갈 뿐더러 물론 어느 나라처럼 랍비가 없어도 잘 되어가는 사회도 있지만, 유대의 사회에 있어서 랍비가 없어진다는 것은 유대의 사회가 완전히 기능을 상실하는 것이 되기 때문이다.

　랍비는 정신적인 지도자이며 변호사이며, 의사이며, 유대인에 있어서 모든 권위를 대표하고 있다. 로마인도 그것을 충분히 알고 있었으므로 그와 같은 조치를 취했다고 생각된다.

🍎 어떤 랍비가 로마인의 탄압 방법을 꿰뚫어 보고, 그가 가장 사랑하는 다섯 명의 제자를 데리고 도시를 빠져나가 협곡 지대의 사람이 살지 않는 곳으로 들어갔다. 그것은 만약 그 곳에서 붙들려서 처벌을 받더라도, 도시는 함께 불태워지지 않으리라는 생각에서였다. 그는 가장 가까운 도시로부터 2마일 가량 떨어진 장소에 있었다. 거기에서 그는 다섯 명의 제자를 랍비로서 임명했다. 그러나 그들은 로마인에게 발견되었다.

제자들이 물었다.

"랍비여! 당신은 어떻게 하겠습니까?"

그러자 그가 명령했다.

"나는 이만큼 나이를 먹었으니 괜찮지만, 너희들은 랍비의 일을 계속하기 위해서 빨리 도망쳐라!"

다섯 명의 제자들은 재빨리 도망쳤다. 늙은 랍비는 붙잡혀서 3백 번 칼로 난자당하는 가혹한 형벌을 받고 죽었다.

🍎 내가 이 이야기를 하는 이유는 랍비가 유대인 사회에서 얼마나 중요한가를 알리기 위해서이다. 일종의 상징이라고 생각해도 좋다.

탈무드가 얼마나 중요한 지위를 차지하고 있는가를 이해하지 않고, 유대 문화를 이해할 수는 없다. 원칙적으로 모든 유대인은 탈무드의 모든 것에 통하고, 탈무드에 담겨진 가르침과 탈무드의 이치를 맞추고 조화를 이루지 않으면 안 된다. 매일 유대인은 일정한 시간을 공부하지 않으면 안 되게 되어 있다. 이것은 단순히 학문으로서만이 아니고, 종교적인 의무이기도 하다.

그 까닭은 유대인에 있어서는 신을 공경하고 신을 경배한다는 것은, 즉 공부한다는 것이다. 그것은 유대인이 탈무드를 매일 공부하면 하나의 깨달음과 같은 경지에 도달한다고 믿고 있다.

랍비 중에서 상하 관계나 서열이 다른 것은 없다. 랍비끼리는 아무런 단체도 만들지 않는다. 물론 어떤 랍비는 다른 랍비보다는 현명하다고 인정되고, 어려운 질문을 받거나 또 복잡한 의식 때에는 그 랍비가 맡게 된다.

오늘날 이스라엘의 종교학교에서는 9세부터 탈무드의 공부를 시작한다. 그리하여 고등학교 과정을 마치게 되는데, 이러한 종교학교에서는 탈무드 이외에는 공부시키지 않는다. 따라서 학생은 10년에서 15년 동안 탈무드의 연구에만 열중하게 된다.

미국에서는 랍비를 양성하는 학교에 가려면 먼저 일반 대학에 들어가서 학사학위를 받아야 한다. 랍비를 양성하는 학교는 대학원에 해당하기 때문이다. 랍비가 되기 위해서는 매우 엄격한 입학시험을 거쳐, 4년에서 6년 동안 탈무드를 처음부터가 아니고 중간에서부터 배우게 된다. 그것은 그 전에 이미 많은 것을 배워 왔다고 인정되기 때문이다. 따라서 입학시험도 매우 까다롭다.

그 입시과목은 먼저 성서·히브리어·아랍어·역사 – 이것은 자그만치 4천 년의 역사이므로, 역사가 짧은 나라와는 달리 대단한 것이다. – 유대문학·법률·탈무드의 심리학·설교학·교육학·처세학·철학이 있고, 그 밖에 몇 가지 논문도 써야 한다.

어느것이나 대단히 어려운 시험이다. 더구나 졸업 때에는 4년~

6년간 배운 것에 대해서 최후의 시험이 또 행해진다.

이들 과목 중에서 가장 기본이 되고, 중심이 되는 것은 탈무드이다. 반 이상의 시간이 탈무드에 배당되고, 탈무드 이외 과목에서 수업은 교수 강의에 의해서 행해지는데, 탈무드에 대한 강사는 보통의 강사나 교사와는 달리 뛰어난 인격자가 선택된다.

그 까닭은 이러한 학교에서 탈무드를 가르칠 수 있다는 것은 뛰어난 현자이며, 그 주위에서 볼 수 없는 위대한 인물이라고 판단되기 때문이다. 탈무드의 교사는 유대문화가 배출할 수 있는 가장 뛰어나고 현명한 인격자가 선택된다. 이것은 탈무드의 말을 빌어서 말한다면, 왼손으로 학생을 차갑게 떠밀고, 오른손으로는 학생을 따뜻이 끌어안을 수 있는 재능의 소유자인 것이다.

학생 쪽도 탈무드의 교사에 대해서는 아주 다른 반응을 보인다. 탈무드는 한 개인으로 공부하지 않고, 두 사람이 한 조가 되어서 공부한다. 큰 소리로 낭독하고 모두 모여서 외우기도 한다. 두 사람의 조가 하나의 그룹을 만들어서 3년간이나 공부를 계속한다. 탈무드의 교사는 결코 어떻게 공부하라고는 강요하지 않으므로 자신이 판단하지 않으면 안 된다. 자기 스스로 탈무드를 생각하고, 탈무드를 읽고, 여러 가지 탈무드의 문제를 풀고 난 뒤 두 사람이 학급에 나온다. 탈무드는 단지 읽는 것만이 아니고, 그 참다운 의미를 밑바닥에서부터 파악하지 않으면 안 된다. 대략 한 시간의 수업을 받기 위해서는 4시간 가량 공부해 두지 않으면 안 된다. 그러나 고학년으로 올라 갈수록 한 시간의 탈무드의 수업을 받기 위해서는 20시간 이상 준비하지 않으면 안 된다.

탈무드의 수업은 하나하나 가르치는 것이 아니라 대략의 줄거리

를 이야기하고, 어떻게 공부하면 좋은가 방향을 제시할 뿐이다. 저학년에서는 모두 테이블을 둘러싸고 앉는데, 선생은 같은 방의 떨어진 장소에서 혼자서 듣고 있다. 물론 수업을 위해 준비하고 있는 난세에서는 신생에게 여러 가지 모르는 부분을 질문할 수도 있다.

　탈무드의 학급은 반드시 그리스어와 라틴어를 말할 수 있어야 한다. 그리고 그리스나 로마의 문화적 생활에 정통해야 한다.

　랍비가 되기 전의 학생은 독신이라면 기숙사에 들어간다. 대략 백 명 가량의 학생이 함께 생활하기 때문에 하나의 학생 사회라는 것이 거기에 형성된다. 함께 식사하고 서로 이야기한다. 그러나 거기에는 수도원과 같은 엄숙한 분위기는 전혀 없다. 저녁이면 농구 같은 경기를 하면서 즐긴다. 따라서 일반 사회에서 격리된 수도원과는 근본적으로 다르다.

무난히 졸업할 수 있게 된 사람은 처음 2년간은 학교를 위해서 일한다. 이 학교를 위한 봉사란 종군 랍비가 되어도 좋고, 혹은 랍비가 없는 마을에 가서 봉사할 수도 있다. 나는 종군 랍비로서 공군에 2년간 봉사한 경험이 있다.

하나하나의 교구는 모두 독립되어 있으므로 가톨릭처럼 랍비가 어디로 파견된다는 식의 일은 없다. 그것은 여러 유대인의 지역사회로부터 랍비의 양성학교에 편지가 와서, 우리에게 랍비가 없으니 한 달에 얼마만큼의 보수로 랍비가 될 사람을 구해 달라는 신청을 하게 된다. 그러면 졸업이 가까워진 랍비는 자기가 그 곳에 가고 싶다고 학교의 사무국에 신청한 다음 그 지역사회에 직접 가서 면접 시험을 받는다.

지역사회가 어떤 랍비를 선택하는가는 자유이며, 랍비 쪽도 자유로이 선택할 권리가 있다. 그러므로 지역사회에서도 여러 명의 랍비 후보자와 만날 수도 있고, 이쪽에서도 여러 곳으로 가 보아서 자기가 바라는 장소를 선택할 자유가 있다.

이야기가 잘 되면 그 지역사회의 예배당에 속하는 랍비가 될 수 있는데, 보통 일반적으로는 2년 정도가 한 기간으로 되어 있다. 보수와 그 밖의 조건은 그 지역사회와 랍비 사이에서 계약에 의해 맺어진다.

예배당이나 교구 혹은 지역사회는 우연히 생기는 것이어서, 어떤 도시의 경우 이 도시에 모인 유대인의 세대가 어느 정도의 수에 이르게 되면 예배당을 두자고 의견을 모은다. 반대로 말하면, 예배당이 없는 곳에는 유대인이 살지 못한다. 유대인은 아침 일찍 일어나서 세수를 하고, 아침밥을 먹는 것과 같이 예배당이 필요하며 아이들의 교육을 위해 유대인 학교, 즉 예배당을 만드는 것이 필요한 것이다. 그래서 대체로 유대인이 20가구 정도가 되면 예배당을 설치하여 랍비를 초빙한다. 하나의 지역사회에 많은 랍비가 있어도 좋겠지만, 그것은 몇 명 정도의 유대인이 그 지역에 살고 있는가에 따라 정해진다.

지역사회의 재원은 기본적으로는 그 사회에서 한 가족 단위의 분담금으로 조달되는데, 더 풍부한 사람은 1년에 한번 특별 기부를 한다.

오늘날의 랍비의 역할은 유대인 학교의 책임자이고, 예배당의 관리자이며 또한 설교자이다. 그는 유대의 모든 전통을 대신해서 공부하고, 요람에서 무덤에 가기까지 유대인 사회에서 문제의 해결자가 되는 것이다. 사람이 태어나면 그를 맞아들이고, 죽으면 매장하고 결혼할 때도 이혼할 때도 입회한다. 좋을 때나 나쁠 때나 항상 얼굴을 내민다. 따라서 그는 학자이며, 또 교사이기도 한다.

15세기까지 랍비는 무급이었다. 그 때문에 대개는 나른 직업을 가지고 있다. 15세기 이후부터 랍비의 보수를 지역사회가 부담하게 되었다.

'랍비' 라는 말은 1세기경에 사용되기 시작했는데, 히브리어로는 '교사' 라는 뜻이며 영어로는 '라바이' 라고 말해진다.

유대교에서는 시간이라는 것은 대단히 중요한 개념이므로, 가장 중요시되고 있는데, 장소라든가 지역이라는 공간의 개념은 별로 중요시하지 않는다. 따라서 그리스도교에서와 같은 성역이라는 말은 없지만 랍비는 일반에게 성인이라고 칭송된다.

유대인의 장례

유대 사회에서는 죽은 이에게는 반드시 경의를 표하여야 한다. 죽은 이에 대한 예의는 항상 지켜지지 않으면 안 된다.

먼저 몸을 깨끗이 한다. 그때는 지역 사회에서 가장 교육 수준이 높고 존경받고 있는 사람이 몸을 씻는다. 그것은 유대인 사회에서 대단한 명예로 여겨지고 있다.

될 수 있는 대로 빨리 매장해야 하는데 관례상 화장하지 않고 매장한다. 원칙적으로는 죽은 다음 날에 매장하게 된다.

그를 조금이라도 알고 있는 사람은 반드시 장례식에 참가해야 한다. 그 중에 한 사람, 랍비가 조사를 읽고, 상주가 기도의 말을 읽는다. 그들은 같은 예배당에 가서 같은 기도를 앞으로 1년간 매일 올리게 된다.

매장이 끝나면 가족은 집으로 돌아온다. 1주일간 이와 똑같은 일을 집에서 되풀이한다. 마루에 앉아서 촛불을 계속 켜놓고, 거울에는 모두 덮개를 덮은 뒤 항상 열 명의 친구가 모여서 기도문을 외우게 된다.

상주는 1주일간 집에서 밖으로 나가지 않는다. 예배당에도 그 1주일간이 끝나야 가게 된다. 1주일 동안에 그 가족을 알고 있는 사람은 그 집에 조문을 한다. 그 1주일간이 끝나면, 가족은 집 밖에 나가서 집 둘레를 한 바퀴 돈다.

1개월 동안은 얼굴을 씻어서는 안 되고 1년간은 화려하고 즐거운 장소에 나가서도 안 된다. 그 후는 해마다 기일이 돌아올 때마다 상복을 입는다.

장례식에서 돌아온 가족은 달걀을 먹는다. 유대인들의 죽은 이에 대한 사고법은, 사람은 누구라도 가족이 죽으면 슬퍼하지만, 1주일간 상을 치른 뒤에 밖으로 나간다는 것은 너무 슬픔에 얽메여서는 안 된다는 뜻이다. 슬픔이 너무 깊어도 건강에 좋지않은 것이라고 생각하고 있다. 그래서 1주일 후에 밖에 나가서 집 둘레를 한 바퀴 도는 것이다.

달걀을 먹고 집 둘레를 빙 도는 것은, 원은 시작도 끝도 없으므로 생명도 원과 같이 끝이 있어서는 안 되며, 항상 돌고 있어야 한다는 것을 의미한다.

가장 깊은 슬픔에 잠기는 것은 1주일간이다. 그 다음 1개월 간의 초상 기간은 있지만, 이 기간은 앞의 1주일간만큼 슬픔에 잠기지 않는다. 다음의 1년간도 슬픔은 덜해진다. 1년 후에는 기일을

제하곤 상복을 입지 않는다. 이 1년간 상복을 입는 것은 부친이나 모친의 경우만이고, 다른 사람의 경우는 1주일 보태기 1개월로 모든 상이 끝난다.

　나의 부친이 죽었을 때에도 나는 매우 슬퍼서 식사를 할 수 없었다. 그러나 그래도 달걀은 먹지 않으면 안 되었다. 그 까닭은 그때의 식사는 의무적이기 때문에 꼭 먹어야 한다. 죽은 이가 살아 있는 인간을 지배하면 안 된다는 원칙으로 앞으로도 계속 살아가는 중요성을 유대인은 가르치고 있다. 또한 자살은 큰 죄로 인식되고 있다.

　장례식은 부자나 가난한 사람이나, 학자나 교육이 없는 자라도 유대에서는 전부 똑같은 관과 똑같은 옷으로 행한다. 인간의 지위나 부귀에 의해서 장례식의 형태는 변하지 않는다. 인간의 평등이라는 것을 존중하기 때문이다.

　예배당에서 같은 모습을 하고, 같은 모자를 쓰고 기도하는 것도 그 때문이다.

제2부

탈 무 드 적 인 간

1
탈무드와 유대인

웃음의 민족

유대인은 '웃음의 민족'으로 알려져 왔다. 유대인들 사이에서 웃음은 가치있는 것으로 평가된다. 유대인이 모이면 언제 어디서나 항상 유머를 주고 받는다. 유대인에게 있어서 유머는 지적인 것이다. 그러나 기독교도나 동양인들 사이에서 유머는 천시되고 있다.

히브리어에서 유머에 해당하는 말은 '호프마'인데, 이것은 또한 지혜나 예지를 뜻하기도 한다. 예지와 유머가 같은 말이라고 하는 것은 유대인들의 사고방식에 잘 나타나 있다.

유대인의 대부호로 알려진 로스차일드는 18세기에 영국에서 성공한 사람이다. 로스차일드는 금융업자였는데, 영국의 궁궐이나 런던의 유력자에게 유머를 효과적으로 사용하여 그 사회에 파고든 것으로 유명하다. 당시는 나폴레옹 시대였다. 그리고 대부분의 유대인은 유럽에서 살고 있었으며, 아직 전신(電信)이 없었다. 그래서 로스차일드는 언제나 사람을 시켜 유럽에서 유행하는 유머를 런던으로 옮겨와 그것을 사교계에 퍼뜨려서 인기있는 사람이 되었다.

유대인이 낳은 가장 위대한 학자인 아인슈타인이나 프로이트는 동시에 뛰어난 코메디언이기도 했다. 그들은 언제나 상대를 웃기고 즐겁게 했다. 유대인에게는 학자이며 동시에 코메디언이라고 부르는 것에 아무런 모순이 없다. 아인슈타인이나 프로이트를 키운 유대인의 두뇌는 유머에 의해서 단련을 받았다고 할 수 있다.

유머는 흔히 '지성의 초석'이라고도 불린다. 유대인 아이들은 성장하면서 부모들로부터 여러 가지 수수께끼나 유머를 듣고 지성을 단련시킨다.

실제로 유머만큼 폭이 넓은 상상력과 기지가 필요한 것도 없다. 유머는 감정을 예민하게 하고 연상력을 단련시킨다. 그리고 또한 유머는 두뇌의 재빠른 회전을 요구한다. 그리고 유머만큼 권위를 파괴시키는 힘을 갖고 있는 것도 없다. 유머는 영감을 숨기고 있는데, 이 영감은 굳어버린 머릿속에서는 생기지 않는다.

유대인들은 굉장히 고지식하다든가 폭이 좁은 사고를 배척하고 있다. 왜냐하면 이렇게 굳어버린 머리는 상상력이 결여되기 때문이다. 유머는 '강 건너편에서 지켜본다'고 하는 식의 일종의 여유이기도 하다. 고지식한 인간은 곧게 그은 선 위에서만 열심히 걷고 있는 것과 마찬가지이다.

그러나 웃음을 아는 인간은 넓은 들판을 자유롭게 돌아다니고 있는 것이다. 이것이야말로 여유이다. 자기의 입장이나 권위를 쓸데없이 내세우지 않고, 옆으로 뛰쳐나와 먼 곳에서도 바라볼 수 있는 유연한 사고의 소유자인 것이다.

아인슈타인은 이런 말을 남겼다.

"나의 가장 위대한 교사는 유머였다. 세상에서 믿고 있는 규칙을 이해하지도 못한 채 그대로 받아들여서는 안 된다. 그 규칙에 얽매여 있으면 그것을 번복시킬 만한 새로운 것을 만들어낼 수 없기 때문이다."

그러면 아인슈타인의 말은 무엇을 뜻하고 있는 것일까? 여기에서 유머의 예를 하나 들어 생각해 보자.

얼마간의 돈을 모은 한 유대인 노인이 마침내 죽음을 맞게 되었다. 그는 임종의 자리에서 아들에게 괴로운 듯이 말했다.

"랍비를 불러다오, 랍비를…."

그리하여 랍비가 자기 집을 향해 지금 오고 있다는 말을 듣고서 그 노인은 아들에게 물었다.

"랍비가 나를 위해 기도를 하면 나는 틀림없이 천당에 갈 수 있을까?"

아들이 대답했다.

"물론 랍비가 기도를 해주시면 틀림없이 천국에 가시게 될 것입니다."

노인은 괴로운 듯 숨을 몰아쉬면서 물었다.

"그래, 하지만 상당히 많은 돈이 필요하지 않을까?"

노인은 매우 괴로운 표정을 지으며 물었다.

아들이 말했다.

"아버님, 역시 천당에 가시기 위해서는 1만 달러쯤은 필요할 것입니다."

"하지만 정말 천당에 갈 수가 있을까?"

"물론 가실 수 있으리라고 생각합니다."

그러자 노인이 말했다.

"빨리 가톨릭교의 신부를 불러다오. 랍비와 함께 기도를 해달라고 하자. 그리고 신부에게도 1만 달러를 지불하거라. 만약 유대교에 천당이 없다면 가톨릭의 천당에라도 갈 수 있을 것이 아니냐."

아들은 가장 사랑하는 아버지가 돌아가시게 되었으므로 가톨릭의 신부에게도 가서 기도를 해주십사고 부탁하고 돌아왔다.

"아버님, 가톨릭의 신부도 곧 오실 것입니다."

노인은 여전히 불안한 표정을 지으면서 물었다.

"그렇지만 유대교도 가톨릭도 둘다 안 된다면 어떻게 하지?"

아들이 말했다.

"글쎄요, 그렇다면 프로테스탄트(신교)의 목사도 초청하는 것이 좋겠군요."

"그렇지! 프로테스탄트의 목사도 빨리 불러다오. 그런데 천당에 가려면 돈이 얼마나 들까?"

아들이 대답했다.

"역시 1만 달러는 필요하겠지요."

노인은 더욱 괴로운 듯 숨을 몰아쉬면서 말했다.

"알았다."

이윽고 유대교의 랍비와 가톨릭교의 신부와 프로테스탄트의 목사가 병실에 들어와 각각 장시간의 기도를 했다. 노인은 평온한 미소를 띠면서 세 천당 중 어느 천당엔가에 조용히 오르려 하고 있었다.

그런데 마지막 순간에 그는 갑자기 눈을 번쩍 뜨며 말했다.
"랍비님! 신부님! 목사님!"
그는 마지막 힘을 다해 말했다.
"나는 세 분께 드릴 3만 달러를 제외하고는 아들에게 재산을 몽땅 주었습니다. 그런데 천당에 가서도 돈이 필요할지도 모르겠습니다. 그러므로 내가 죽으면 여러분께서 각각 받으신 1만 달러 중에서 2천 달러씩만 관 속에 넣어 주시지 않겠습니까?"

물론 랍비도 신부도 목사도 1만 달러씩 받았으므로 그 중에서 2천 달러를 관 속에 넣어주는 데 동의했다. 그리고 세 사람이 모두 입을 모아 말했다.
"당신은 틀림없이 천국에 갑니다."
그러자 노인이 곧 숨을 거두었다.
그런데 장례식을 치르는 날, 맨 먼저 가톨릭의 신부가 일어서서

관이 있는 곳까지 가서 현금 2천 달러를 관 속에 넣었다. 그리고 그 다음에 프로테스탄트의 목사도 관이 있는 곳으로 가서 또 현금 2천 달러를 넣었다. 그 다음 랍비가 관이 안치되어 있는 곳으로 나가더니 천천히 안주머니에서 수표책을 꺼내어 6천 달러라고 적어 관 속에 넣은 후 관 속에 있는 현금 4천 달러를 거스름돈으로 집어냈다.

유대의 유머에는 랍비와 가톨릭의 신부와 프로테스탄트의 목사, 이렇게 세 사람이 등장하는 이야기가 많다.

또 한 가지 이야기를 들어보자.

랍비와 신부와 목사 세 사람이 교회와 시나고그(유대교의 집회소)에서 모금한 기부금을 어떻게 배분할 것인가에 대해 의논하고 있었다. 기부금의 일부는 자선사업에 쓰이고, 일부는 신부와 목사, 랍비의 생활비에 충당되는 것이다.

먼저 신부가 말했다.

"나는 땅 위에 둥근 원을 그려놓고 모아진 돈을 전부 허공을 향해 던집니다. 그리고 둥근 원 밖으로 떨어진 돈은 자선사업에 쓰고, 원 안에 떨어진 돈은 생활비로 저축해 둡니다."

프로테스탄트의 목사가 맞장구를 쳤다.

"네 그렇습니까? 저도 역시 그렇게 하고 있습니다. 다만 나는 땅 위에 선을 그어놓고 돈을 허공에 던져 왼쪽에 떨어진 돈은 자선사업에 쓰고, 오른쪽에 떨어진 돈은 나 자신을 위해 쓰고 있습니다. 이것이 모두 하나님의 뜻이니까요."

그렇게 목사가 말하자 가톨릭의 신부는 머리를 끄덕였다.

두 사람이 랍비에게 물었다.

"그런데 당신은 어떻게 하고 계십니까?"

랍비가 대답했다.

"나도 역시 여러분들과 마찬가지로 모인 돈은 전부 하늘을 향해 던집니다. 그렇게 하면 필요하신 돈은 하나님께서 스스로 취하시고, 나에게 주시는 돈은 전부 땅 위에 떨어뜨리시니까요."

🍎 이 일화로 알 수 있겠지만 유머는 퍽 재미있다. 1974년판 《대영백과사전》의 유머 항목에는 다음과 같은 예가 나왔다. 그것은 기독교의 유머이며, 프랑스의 성주와 가톨릭의 신부에 대한 재치있는 이야기이다.

🍎 아직 신혼 초기인 성주가 아름다운 아내를 집에 두고 사냥을 나갔다. 사냥을 마치고 성으로 돌아와 침실에 들어가 보니 아내와 가톨릭의 신부가 침실에 나란히 누워 있지 않은가.

그러나 성주는 침착하게 침대 옆을 지나 발코니로 나가서, 그 앞을 지나가고 있는 거리의 사람들을 향해 성호에 십자를 그으면서 축복의 기도를 시작했다.

신부가 놀라며 뛰어나와 물었다.

"백작님, 어떻게 된 일입니까?"

성주는 축도의 동작을 계속하면서 말했다.

"아닙니다, 당신이 내가 할 일을 대신하고 있기에 나도 당신이 할 일을 대신 하고 있을 뿐입니다."

🍎 유머는 상식에서 벗어나기 때문에 의외성이 있고 자유분방하다. 그러므로 유머는 사고에 가장 좋은 훈련이 된다. 이것은 마치 운동을 하는 사람의 몸이 유연한 것과 비슷하다. 길을 걷고 있을 때, 뜻하지 않은 방향에서 자동차가 달려나온다. 혹은 차를 몰고 있을 때, 뜻하지 않은 방향에서 사람이 뛰어나온다. 이러한 때, 평소에 운동을 하여 근육을 유연하게 만들고 반사신경을 단련해 둔 사람은 재빨리 대응할 수 있다. 지적활동에서 단련하는 조크의 효용도 이와 마찬가지이다.

유머는 다른 사람에게 이야기하는 것만이 아니라, 자신의 지성에 유연성을 부여하고 풍부하게 하기 위해서도 크게 도움이 된다. 유머는 지성이라고 하는 기계에 기름을 치는 것과 같다. 고지식이라고 하는 밧줄로 자기 지성의 유연성을 묶어서는 안 된다. 웃음은 자유를 부여해 준다.

탈무드에는 '울어도 웃어도 눈물이 나온다. 그러나 웃어서 눈물을 흘려 눈이 붉게 충혈되는 사람은 없다' 고 하는 말이 있다. 웃음은 또 역경에 처해도 자신감과 여유를 부여해 준다.

오늘날의 고도로 발달한 문명사회에서 사람들은 진심으로 마음껏 울고 웃고 외치는 것을 잃어버리고 말았다. 그런데 유대인들은 무엇이든지 웃음의 대상으로 삼아버린다. 적에 대한 일도 웃고, 또 자기들의 일에 대해서도 웃는다. 그리고 하나님조차도 웃음의 대상이 된다. 예를 들면 다음과 같은 이야기가 있다.

 모세는 아들 아브라함이 기독교의 세례를 받겠다고 한 말을 듣고 정신이 아찔했다. 그래서 그는 일주일간의 금식기도를 시작했다. 시나고그에서 하나님의 도움을 구하여 온 정성을 다해 기도를 올렸더니 배가 고프고 어지러웠다. 그래도 더욱 힘을 내어 하늘에 통할 수 있도록 계속 기도를 했다. 그러자 눈앞에 이상한 빛이 나타나더니, 장엄한 빛 속에 인간의 말로써는 도저히 표현할 수 없는 거룩한 형상이 나타났다. 모세의 눈은 빛났다. 마침내 하나님께서 기도에 응답해 주신 것이다.

"하나님이시여, 전능하신 하나님이시여! 축복하소서, 당신께서는 마침내 당신의 모습을 세상에 나타내 주셨습니다. 하나님이시여, 나의 단 하나뿐인 아들 아브라함이 기독교의 세례를 받는다고 합니다. 구해 주시기를 간절히 기도합니다."

그러자 어디에선가 엄숙하고도 장엄한 소리가 들려왔다.

"나의 아들도 그러했었느니라."

그리스도는 기독교도가 된 최초의 유대인이었다.

🍎 웃음은 또 용서를 뜻하기도 한다. 모든 일에 대해서 웃을 수 있는 사람은 너그러운 사람이다. 사람은 냉혹함 속에서도 웃음을 잊어서는 안 된다. 현대는 고지식한 사람이 너무 많은 것 같다. 아마 다른 사람에게 영합하고 비위를 맞춰야만 무난히 생활을 할 수 있다고 하는 규칙이 오랫동안 우리 사회를 지배해 왔기 때문인 듯하다.

사람들은 흔히 웃음이 갖고 있는 힘을 과소평가해 왔다. '소문만복래'라고 하는 격언이 있음에도 불구하고 웃음에는 정통적인 지위가 부여되지 않았다.

시간을 잘 활용하는 인간

'레저(leisure)'라고 하는 영어의 어원은 라틴어의 licare이며, 허가증(licence)을 뜻한다. 쉬기 위해서는 고용주의 허가가 필요했던 데서 유래된 말이다. 군대에서의 외출 허가증과 같은 것이라 하겠다. 요컨대 자신이 갖고 있는 것이 아니라, 외부에서 주는 것이다. 그래서 기분전환을 위해서 여가를 이용하는 일이 많아졌다. 그러나 유대인에게는 휴일에 적극적으로 쉬는 일과 배우는 일은 그들의 의무였다.

인간이 자유롭게 되었을 때에 오히려 인간성이 충분히 발휘될 수 없다고 하는 것은 참으로 이상한 일이 아닐 수 없다. 예전에 사회가 가난했을 때에는 아무리 힘든 일이라도 가족들을 벌어 먹인다는 긍지가 있었다. 그러나 오늘날엔 일에 대한 긍지를 별로 갖지 못하게 되어 버렸다. 샐러리맨의 삶의 보람에 대한 논의가 대두하게 된 이면에는 이와 같은 배경이 있는 것이다.

이것을 위해서도 자신의 인생을 가져야만 했다. 그리고 과거에는 일과 가족 사이에 조화를 이루기만 하면 되었지만, 오늘날에 와서는 일과 가정과 삶의 보람, 이 세 가지 사이에 조화를 이루지 않으면 안 되게끔 변했다. 삶의 보람은 취미라 해도 좋고, 자기표현이라 불러도 좋다. 요컨대 개성의 형성이다.

빛나는 개성을 가진다는 것은 자기 자신의 인생을 풍요하게 하기 위해서도, 혹은 일을 하는 곳에서 크게 뻗어나가기 위해서도 바람직한 일이다.

자유는 무한한 가능성을 간직하고 있다는 의미에서도 다원적이다. 일원적인 시대는 끝나고 이제부터는 다원적인 시대이다. 따라서 일을 하는 곳에서도, 혹은 자유시간을 보내는 곳에서도 다양화된 환경에 적응하기 위해 다원적인 가능성을 가진 사람이 되어야 한다.

자기 소생의 기회로 휴일을 활용하라

휴일을 유익하게 보내는 것은 사실 효과적으로 일을 하는 것만큼이나 어려운 것이다. 우리나라에서는 일에서 벗어나는 시간을 여가라고 하는데, 사실은 결코 남은 시간을 말하는 것이 아니다. 휴일은 본래 자기의 시간이다.

'열성적 사원'은 휴일이 되면 얼빠진 인간이 되어 버린다. 그리고 그 공허함을 메우기 위해 일을 하고 있을 때와 같이 열심히 덮어놓고 놀거나, 휴일을 지내는 방법을 몰라 낭황하여 시간을 낭비하기도 한다.

미국에서의 대학교수는 근무하고 있는 대학에 따라 다르지만, 5년에 1번이라든가 7년에 1번씩 1년 간의 유급휴가를 갖는다. 충전을 하고 창조력을 되찾는 기간이다. 그리고 대학뿐만 아니라 기업에서도 이와 같은 제도를 채택하고 있다.

물론 기업에도 플러스가 된다. 이것은 '대학 무용론(無用論)'과도 상통한다. 하긴 '대학 무용론'이라고 하면 너무 표현이 과격할지도 모른다. 그러나 오늘날의 대학은 과거 20~30년 전까지의 대학과 같은 권위와 효용은 갖지 못하고 있다. 이것은 지금의 대학이 19세기에 설립한 고전적 대학의 후예이므로 시대적 요청에 부응하지 못하는 데서 비롯된 것이다.

어떤 곳에서는 장기 휴가를 장려하고 있다. 예를 들어 어느 전기화학회사에서는 사원 중에서 선정된 사람이 3개월 간의 휴가를 받고 자기 스스로 테마를 설정하여 업무능력을 높일 수 있는 리포트를 쓰는데 몰두하게 한다. 그 휴가기간 동안에는 회사에도 오지 말라, 전화도 받지 말라, 동료와도 만나지 말라고 하여 리포트를 작성하는 일 외에는 완전히 자유로운 시간을 보내게 된다.

한편으론 이것을 '장·노년층을 쫓아내는 작전의 일환'이라고 보는 경향도 있다. 그러나 휴일의 역할이 높이 평가되게 되었다는 것은 '샐러리맨 혁명'이 진척되고 있음을 보여주는 것이다. '열성적 사원'과 같이 샐러리맨이 회사 운영을 위한 부품이었던 시대에는 휴일의 효용은 생각할 수조차 없었다. 기껏해야 방 안에서 뒹굴면서 육체적인 피로를 회복시키고 호연지기를 기르면 되었던 것이다.

그러나 독립 개체의 시대가 오면 이야기가 좀 다르다. 회사를 그만두어도 통용될 수 있는 인간을 회사측이 구하고 있는 시대에는 개체의 충전이 중요해진다. 그만큼 휴식의 값어치가 높아진다는 것이다. 그래서 어떻게 쉬느냐가 어떻게 일을 해야 되는가 하는 것과 같은 비율로 중요해졌다. 휴일은 완전히 자기만의 시간이다. 휴일을 효용 있게 쓸 수 없는 자는 외적으로 호소할 수 있는 '개체'를 갖지 못한다.

2 탈무드의 발상

탈무드적 인간의 시대

중세의 신학자인 스피노자로부터 시작하여, 근대에 들어와서는 경제학자인 리카도, 그리고 다시 마르크스·프로이트·아인슈타인, 오늘날에 와서는 키신저 미국 전 국무장관에 이르기까지 유대인이라면 누구나 다 매일 단 10분이든 15분이든 탈무드를 공부해 왔다.

탈무드는 유대인의 정신이며 두뇌이다. 그들은 여기에서 통찰력, 인생의 법칙 그리고 새로운 의문을 찾아낸다. 유대인들은 탈무드적인 존재라는 말을 듣고 있다. 바꾸어 말하면, 탈무드적 인간이었기에 유대인들은 성공을 거두고 살아남을 수 있었던 것이다.

키신저는 탈무드적 인간이다. 마르크스·프로이트·아인슈타인도 마찬가지다. 탈무드적인 인간이었다는데 성공의 비결이 있었던 것이다. 그리고 앞으로 21세기에도 탈무드적 인간은 분명 성공할 것이다.

영어로 'talmudic person'이라고 하면 대부분의 사람들은 '방대한 지식을 가진 사람'을 의미한다고 생각할 것이다. 그러나 그러한 뜻만을 나타내는 말은 아니다. 게다가 기독교도는 탈무드라고 하면 단지 방대한 지식이 담겨 있는 백과사전식의 책이라고 밖에는 생각하지 않는다. 또 극히 일부의 학자를 제외하고는 거의 읽는 사람조차 없다. 그러나 탈무드는 단지 그런 정도의 것만은 아니다.

물론 유대인은 구약성서의 백성이다. 그리고 성서가 유대인의 문화의 기초를 이루었다고 한다면, 탈무드는 흔히 한가운데 세워진 든든한 대들보라고 할 수 있다. 뭐라 해도 탈무드는 유대문화에 있어서 가장 중요한 책이며, 그리고 유대인들의 창조력의 중추를 이루고 있다. 탈무드라고 하는 책이 존재하는 한 유대인은 결코 멸망하지 않을 것이며 발전을 계속해 나갈 것이다. 유대인은 탈무드적 사고방식에 의해서 자라왔다. 그렇다면 그 발상의 비밀은 어디에 있는 것일까?

탈무드는 큰 숲에 비유할 수 있다. 이 숲에는 갖가지 나무가 있으며 여러 가지 수많은 생물이 살아 숨쉬고 있다. 탈무드를 한마디로 표현한다는 것은 지극히 어려운 일이지만, 큰 숲과 같은 이 안에는 율법·문답·경구·우화·논쟁·공상·웃음 등 갖가지 요소가 서로 얽히고 설켜 담겨 있다.

탈무드는 또한 유대인의 교육적 성과를 집대성한 역사의 책, 기록의 책이기도 하다. 5천년 동안 살아온 수십 만의 유대의 현인(賢人)들이 진지하게 펼친 논쟁이 여기에 기록되어 있어서, 마치 역사상 존재해 온 수많은 학문 연구소의 강의가 담겨 있는 것과 같다.

그 가운데에는 '우주 전함 야마토'와 같은 '하늘을 나는 요새'

라든가, 바다 밑을 '물고기처럼 헤엄칠 수 있는 배'의 이야기도 나온다. 이것을 보면 고대의 랍비들의 상상력 또한 풍부했다.

 탈무드 내용의 대부분은 논쟁으로 이루어져 있다. 이것은 유대인의 지적인 활동을 잘 나타내 주는 것이다. 그리고 몇 만, 몇 십만의 철인들의 말이 기록되어 있다. 이러한 현인들의 말이 기록될 때에는 '아파이아는 말한다' 혹은 '랍비는 말한다'는 식으로 항상 현재형이 사용되고 있다. 곧 후세에 읽는 사람들이 현재의 이야기로 받아들이도록 고려되어 있는 것이다.

 유대인의 큰 특징은 과거를 과거로 묻어버리지 않는다는 점이다. 과거는 현재와 같이 생생하게 존재하고 있는 것이다.

 '탈무드'란 '깊이 배운다'는 뜻이다. 그렇지만 탈무드는 이른바 '고전'에 속하는 책은 결코 아니다. 오늘날 읽어도 현대생활에 도움이 되고 필요한 것들이 수록되어 있다. 근대에 와서 유대인이 게토(ghetto: 유대인 거주 제한지역)에서 해방되고 폭발적으로 성공하고 있는 사실에도 탈무드의 현대적 지혜의 값어치를 증명해 주고 있다고 할 수 있을 것이다. 혹은 유대인들이 오랫동안 유랑의 백성으로서 갖은 박해와 고난을 받으면서도 오늘날까지 전통과 활력을 잃지 않았던 이유도 탈무드에 숨겨져 있다.

 또 탈무드를 읽는 사람이 깊은 감명을 받는 것은 모든 내용이 질문하는 형식으로 일관되어 있다는 점이다. 탈무드는 해답서인 동시에 열의에 찬 질문서인 것이다. 한 가지 질문에 해답이 나오면 또 새로운 질문이 제기된다. 이것은 인간이 계속 질문을 해나가야만 한층 더 차원 높은 인간이 될 수 있음을 말해주는 것이다.

 탈무드에 이런 말이 있다.

"모르는 것에 대해 질문을 하지 않는 것은 공허한 교만 이외에 아무것도 아니다."

이와 같이 탈무드에서는 질문을 하지 않는 사람들을 경멸하며, 아는 척하는 것을 제일 싫어한다. 아무리 하찮은 질문이라도 의문이 생기면 말해야만 되며, 한편 그 답을 알고 있는 사람은 질문에 성실하게 대답해야 할 의무가 있다.

탈무드는 흔히 유대인의 성전이라고 불리운다. 그러나 세계의 다른 문화가 가지고 있는 성전과 비교해 보면 어느 것이나 다 위엄으로 과장되어 있어서 지극히 권위주의적으로 씌어져 있다. 그래서 하찮은 질문은 다른 민족의 성전에서는 허용되지 않는다.

"질문을 한다는 것은 배우는 일의 첫걸음이다."

이것 역시 탈무드에 나와 있는 말이다.

학문은 배우는 일만이 아니다. 배운다고 하는 것은 수동적인 것을 말하며, 질문을 한다는 것은 자기 스스로 적극성을 띠고 배우려는 것을 의미한다. 호기심이 없는 사람은 성공하지 못한다. 호기심은 자신을 발전시키는 디딤돌이 된다. 지적인 호기심을 잃었을 때 그 사람은 타인의 관리 아래 놓이는 존재가 되어 버린다.

그 점은 탈무드에도 되풀이해서 기록되어 있다. 곧 탈무드를 읽을 때의 태도 자체가 호기심에 차 있어야 한다는 것이다.

"책은 읽는 것이 아니라 배워야 하는 것이다."

탈무드는 이렇게 말하고 있다.

탈무드는 독자에게 대등한 위치에 서 달라고 요구하고 있다. 탈무드를 읽고 단지 배우는 사람은 올바른 독자라고 할 수 없다. 진실과 지혜를 닦고 파헤치며 의문을 제기해야 한다.

　'배운다'라고 하면 일방적으로 받는 입장인데, '닦는다·파헤친다'라고 하면 어디까지나 독자가 주인공이 된다. '탈무드적'이라고 하는 개념은 암기와는 전혀 상관이 없다.

　또 다른 특징을 들면 탈무드는 성전이라고 불리우면서도 많은 모순을 안고 있는 책이라는 점이다. 이 방대한 양의 책 가운데에는 상반되고 모순된 답도 나온다. 그리고 탈무드에 등장하는 현인들은 항상 의문을 갖고 끊임없이 답을 찾는, 호기심 많은 사람들이다. 물론 고대의 유대인들은 현대의 유대인들보다도 훨씬 더 신앙심이 두터웠다. 유대인의 신앙심은 성서를 기초로 하고 있다.

그러나 이처럼 의심 많은 사람들이야말로 오히려 종교적이라고 유대 사람들은 생각했다.

탈무드에는 다음과 같은 이야기도 실려 있다.

어느 날 젊고 명석한 학생이 랍비를 찾아왔다. 그리고 지난 6년 동안 얼마나 열심히 탈무드를 공부했는가에 대해 랍비에게 말하고 자기를 시험해 달라고 했다. 그래서 랍비는 탈무드의 책장을 넘기면서 어떤 페이지에 실려 있는 내용에 대해서 물었다. 아주 어려운 논쟁을 하고 있는 부분이었다. 그러자 학생은 논쟁하는 그 부분에 대해서 정확하게 설명했다.

그러나 랍비는 "자네는 아직 안 되겠어"라고 대답했다. 그리고 또 다른 데를 넘겨서 그 학생에게 페이지에 씌어 있는 것에 대해서 다시 문제를 냈다. 그것은 더욱 어려운 문제에 대해서 논쟁을 펴고 있는 대목이었다.

학생은 거침없이 그 페이지에 무엇이 씌어 있고, 어떤 것이 문제점이 되고, 어떤 의문이 제기되었으며, 어떤 대답이 나왔는가를 답했다. 그런데도 "자네는 아직도 틀렸네" 하고 그 고명하신 랍비는 대답했다.

그리고는 "책을 많이 읽어도 단지 읽었다는 것만으로는, 마치 나귀가 많은 책을 등에 지고 있는 것과 크게 다를 바가 없다네. 나귀는 아무리 많은 책을 등에 지고 있어 봤댔자 나 자신에게는 아무런 쓸모가 없으니까. 인간은 책에 의해서 가르침을 받는 것이 아니라, 책을 통하여 질문을 얻는 것이라네"라고 말했다.

배움의 정신을 함양하라

　　우리들은 탈무드를 통하여 여러 가지 가르침을 받고 있으므로 현대적인 책이라고 하여 별로 놀랄 것은 없다.

　우선 첫째로, 잘 배워야 된다. 배우기 위해서는 시간을 투자해야 된다. 그리고 유대인은 배우는 것이 의무라고 오래 전부터 알고 있다. 실제로 이것은 의무 중에서도 가장 신성한 의무이다. 유대교에서는 배우는 일과 기도하는 일은 같은 것으로 통한다. 배우는 일이 곧 하나님을 찬양하는 일이었다.

　유대인이 '배우는 민족'이라는 말을 듣는 것도 바로 이 때문이다. 유대인들은 교육이 무엇보다도 중요하다고 생각해왔다. 따라서 다른 민족처럼 단지 신의 이름을 찬양하고, 신을 두려워하며, 신 앞에 무릎을 꿇는 것만으로는 기도하는 것이 되지 않았다.

　히브리어로 '기도하다'라는 말은 '히트 파레루'라고 한다. '히트 파레루'는 '스스로 가치를 잰다'고 하는 뜻이다. 곧 하나님께 맹종하는 것이 아니라 신께서 하시는 위대한 일을 이해하는 것이 인간의 의무이며, 그런 후에 신의 의지에 합당하도록 노력해야 한다고 생각했었다.

　역사를 통하여 보면 유대인 남자라면 누구나 글자를 해독할 수 있었다. 그것은 탈무드를 읽는 것이 의무였기 때문이다. 유대인은 오늘날에도 만 13세의 생일 다음날을 맞으면, '버미츠바'라고 하는 성인식을 유대인 집회소에서 거행한다. 물론 키신저도 13세 1일이 되어 버미츠바의 의식을 지냈다. 이날부터 유대인 사회에서 한 사람의 성인으로 대접을 받게 된다.

'버미츠바'는 히브리어로 '신의 가르침의 아들'이라는 뜻이며, 성인이 되면 시나고그(유대인 성당)에서 요구하는 성서의 한 구절을 읽을 수 있는 능력이 있어야 되는데, 이것은 버미츠바를 맞을 때까지 유대인 남자는 누구나 다 성서를 읽을 수 있어야만 했음을 의미하는 것이다. 그리고 탈무드는 성서를 해석한 책이기도 했으므로, 탈무드를 배우는 것은 신의 위대한 힘을 이해하는 일이기도 했다.

근대에 있어서 유대인의 배움의 정신은 이같은 전통 위에 구축된 것으로서, 잘 배운다고 하는 것은 유대인에게 있어 하나의 관습이 되었다.

유대인의 어머니는 아이가 어렸을 때부터 교육에 대단히 열성적이다. 물론 어머니에만 국한된 이야기는 아니다. 유대의 가정에서는 본래 아버지가 지도적인 교육자의 역할을 담당하고 있다.

이러한 환경 덕분인지 미국에서 고등학교 학생의 지능지수를 조사하는 IQ 테스트를 보면, 최근까지 유대인은 다른 민족보다도 11.8퍼센트나 높다. 미국 대학원생의 29퍼센트는 유대인이다. 미국에서의 유대인의 인구비율은 3.2퍼센트밖에 되지 않는데도 그런 숫자를 보여주고 있는 것이다.

유대의 역사를 보면 학자가 제일 훌륭한 사람으로 대접받고 있다. 아무리 위대한 군인이나 정치가 혹은 상인이라 할지라도 유대인 사회에서의 사회적 지위는 학자보다도 아래였다.

그 예로 예루살렘이 로마군에 포위당하여 함락 직전에 있었을 때 유대인이 성을 내어주는 조건으로 제안한 유일한 것이 항복하더라도 학교만은 존속케 해주기 바란다는 것이었다. 그 결과, 예루살렘 근교에 단 하나 있던 학교가 존속할 수 있었다.

'여유있는 유형'의 인간

앞으로 동양에서도 탈무드적 인재를 요구하는 시기가 올 것이다. 비단 동양뿐 아니라 선진 공업사회에서는 탈무드적인 인재가 크게 성공하는 시대가 온다. 사회는 크게 변하고 있다. 그리고 주위를 둘러보아도 무슨 일을 해야 할지 모르는 시대가 된다. 그만큼 확고한 투시안이 필요하게 되었다. 지금까지와 같은 일을 되풀이한다는 것은 허용되지 않는다. 같은 길을 계속 달릴 수는 없지 않은가.

인류는 바야흐로 진정한 다양화의 시대를 맞이하고 있다. 이것은 일을 하는 사람에게는 가혹한 시대이다. 다양화되는 사회에 부응하기 위해서는 스스로를 다양화시키지 않으면 안 된다.

그러기 위해서는 수많은 질문을 시도할 필요가 있을 뿐더러 질문하는 버릇을 가질 필요가 있다. 이미 사회에는 권위라고 하는 것이 없어졌다. 지식이 풍부하고 유연하고 기지에 찬, 그리고 끈기있고 강인한 인간이 성공하는 시대가 도래한 것이다.

동양도 이러한 시대가 오고 있다. 극동에서 보내오는 잡지를 보면 다가오는 시대의 변화의 징후가 많은 곳에 표현되어 있음을 알 수 있다. 특히 광고는 민감하다.

지금 갖고 있는 잡지의 광고만 보아도 알 수 있듯이 '셔츠는 남성의 얼굴'이라든가 '행동하는 비즈니스맨의 베스트 파트너', '개성을 살릴 수 있는 자유 설계', '최근에 술을 마시는 법이 변했다고 생각하지 않습니까' 하는 등의 광고는 앞으로 상징적이며 개성적인 인간이 요구된다고 하는 것을 알리고 있다.

샐러리맨 취향의 잡지를 읽어보아도 현대사회에 밀어닥치는 변화의 고동을 느낄 수 있다. 최근에 본 어떤 잡지에는 '샐러리맨의 삶의 보람을 어떻게 파악할 것인가' 하는 테마가 특별기획으로 표지에 크게 실려 있었다.

이제까지는 회사를 떠나 자기의 삶의 보람을 가지는 것, 가령 요트를 자기 손으로 조립한다든가, 소형 비행기의 파일럿 자격을 취득한다든가, 혹은 옛날 왕조시대의 역사에 관심을 갖고 자기 집에 큰 서고를 설치한다는 등의 일은 거부반응을 불러일으켰다.

자기 취미에 몰두하고 있는 샐러리맨은 어쩐지 집단생활에서 낙오된 사람인 것처럼 여겨졌기 때문이다.

삶의 보람을 갖는다는 것은 집단생활의 장소인 회사 생활에서는 성공할 수 없는 대상(代償) 행위로서, 제2의 인생을 그늘에서 쫓고 있다고 하는 의미가 있었다. 가령 알기 쉬운 예로 요리솜씨가 매우 좋아 너무 광적이 되어 있는 샐러리맨을 생각해 보자.

아마 10년 전만 해도 그는 패배자가 되었을 것이다. 샐러리맨이라면 무슨 일이 있어도 직장의 일에만 충실해야 되고 절대로 양다리를 걸쳐서는 안 된다는 원칙이 있었기 때문이다.

그러나 현대사회에서는 그렇지 않다. 자기만의 시간을 가져야만 개성과 독창성이 높아지고, 그러한 사원이야말로 회사에 공헌할 수 있는 사람이라고 생각하게 되었다. 개인적인 일에 정열을 쏟을 수 있는 인간이 평가를 받게 된 것이다. 이것은 성공의 법칙이 변

했다는 것이다. 얼마 전까지만 해도 단체 가운데서 동료들과 호흡을 맞추어 나갈 수 있는 사람이 입신 출세의 열쇠를 쥐고 있다고 생각했다. 따라서 자기 생활을 그룹을 위해 희생하는 사람이 존경받았다. 그것은 회사라고 하는 그룹이 상대로 하는 사회도 또한 그룹화되어 있었기 때문이다.

예전에는 획일적인 사회를 상대로 하기 위해서 획일적인 생활을 하는 사람이 유리했었다. 그러나 앞으로는 아이디어 시대이다. 그리고 아이디어는 자기 좌표를 확고히 가지고 있는 사람이라야 얻어낼 수 있다. 개인적 삶의 보람을 자랑할 수 있는 시대는 개성이 필요한 시대이다.

도대체 앞으로 찾아올 다양화의 시대에 있어서의 바람직한 인간형은 어떠한 사람을 말하는 것일까? 다양화의 시대는 일을 하는 사람에게는 격동기이다. 그리고 격동기에 요망되는 것은 개발형의 인간인 것이다. 탈무드가 말하고 있는 것은 바로 이 격동기에 있어서의 개발형 인간을 말한다.

지금도 일부에서는 '열성적 사원'에 대해선 기대되는 샐러리맨 상(像)으로 좋게 평가한다. 그러나 도대체 '열성적 인간'이란 어떤 사람을 가리키는 것일까?

현대사회에서는 더 이상 '열성적 인간'이 요구되지 않는다. 이제는 유연하고 여유있는 형의 인간이 요구된다. 열성적 인간과 여유있는 인간 사이에는 큰 차이가 있다. 어째서일까?

열성적 인간은 획일적인 시대에 하나의 정해진 규칙 위를 무턱대고 돌진하는 산업 노동자, 곧 근면형의 인간을 말한다. 이런 의미에서 이제까지 말해 온 이른바 '실력형 사원'과 같은 사람이다. 왜냐하면 '성적 인간' 또는 '열성적 사원'은 단체내에서 혹은 사내에 있어서만 실력을 발휘할 수 있는 사람을 가리키고 있기 때문이다. 규칙이 정해져 있으므로 그 속에서만 '맹렬하게' 실력을 발휘할 수 있었던 것이다.

정년을 앞두고 제도에 의해 회사에서 쫓겨난 중년 샐러리맨의 경우처럼 '나의 경우는 단 한 번뿐인 인생을 오로지 회사에만 바쳤습니다'라고 하는 고백은 '열성적 인간'의 탄식이다. 충성심과 열성이라는 눈가리개를 하고 한 곳으로 계속 달려온 마차의 말 앞에는 이제 길이 없어져 버린 것이다.

여유있는 형의 인간은 '유연한 인간'을 뜻하는 것이다. 그런 사람은 회사에서 쫓겨나더라도 언제든 다른 곳에서 활약할 수 있는 힘을 가지고 있으므로 회사 밖의 부분에 많은 지식을 가지고 있는 사람이라고 바꾸어 말해도 좋을 것이고, 무슨 일에도 대응할 수 있는 인간이라 해도 좋을 것이다. 그러므로 회사에서 쫓겨나기는 커녕 자기 스스로 회사를 그만두는 일도 있을 수 있다.

오늘날의 기업은 이와 같은 유연한 인재를 원하고 있다. 회사가 직장 밖에서의 삶의 보람이나 취미를 가지고 있는 인간을 구하는 현실은, 회사 밖의 지식을 가지고 있는 인간이 회사에서도 환영을 받는다는 것을 뜻한다.

그러면 회사 밖의 부분을 많이 가지고 있다는 것은 무엇을 의미하는 것일까? 그것은 흔들리지 않는, 말하자면 확고부동한 개체가 확립되어 있다는 것이다. 독립된 개체를 확립한 인간이야말로 새로운 시대에 적응하기에 알맞는 인간형이다.

'인생 중 가장 충실한 청장년기를 회사에 착취당한 것이나 마찬가지입니다' 라고 말하는 것은 새로운 시대를 감지할 수 없었던 '열성적 인간' 의 탄식이다. 독립된 개체를 확립하지 못하면 회사에서 쫓겨나도 바깥 세계에서 제대로 적응을 못해 낙오되고 말 것이다.

그렇게 되지 않기 위해서는 무엇보다도 먼저 자기 개인의 활력성을 높여야 된다. 자기를 중심에 두어야지, 개인이 회사에 맞추어 나가는 시대는 이미 지나갔다. 회사에게 자기를 착취당하는 것이 아니라 자기가 자신을 쥐어짜 달콤한 과즙을 빨아야 한다.

권위의식에서의 탈피

유대인들은 꾸민 권위를 좋아하지 않는다. 탈무드 가운데에도 '가르침을 이해도 못한 채 그대로 받아들이는 사람은 권력을 부패시킨다'고 설파하고 있다. 마르크스·프로이트·아인슈타인을 비롯한 여러 개혁자는 권위를 인정하지 않는 데서 출발하고 있다.

기존의 것은 의심해야 한다. 바꾸어 말하면 자유로운 정신을 가져야하고 늘 의문을 갖는 인간이 되어야 한다. 이것은 스스로 엄격하게 책임을 진다는 것을 의미한다. 왜냐하면 스스로 바깥쪽의 권위를 인정하는 편이 인간은 훨씬 자유롭게 살 수 있기 때문이다.

권위에 도전하고 그것을 부정했을 경우에는 자신이 그 공간을 메워야 하며, 자기밖에는 신뢰할 수 없게 된다. 그리고 위대한 용기가 필요하게 된다. 이와 같이 항상 무엇엔가 도전한다는 것은 고통스러운 일이긴 하지만, 이 고통을 극복하기만 하면 새로운 세계가 열리게 되는 것이다

유대인에게 있어서 진정한 권위는 여호와, 곧 하나님밖에는 없다. 도대체가 권위라고 하는 것은 수상쩍은 것이다. 정말 올바른 것을 인정하고 그에 대해서 경의를 표하려 한다면, 권위 따위는 필요없는 것이다. 오늘날에 이르기까지 세계의 발전을 저해한 것이 있다면 그것은 아마 권위일 것이다.

성경과 탈무드에 의하면, 세계는 인간을 위해서 만들어진 것이며, 인간들 스스로가 그 세계를 지배하도록 하나님께서 명령을 내리셨다. 유대의 현인들은 고대에 하나님께서 종교적인 책임을 유

대인에게 지웠다고 생각하였다. 그러나 그와 동시에 모든 인간은 민족을 초월하여 평등하며, 하나님의 이미지에 맞추어 창조되었다고 생각했다.

인류는 한 사람의 인간으로부터 시작되었다. 그러므로 어느 누구도 다른 사람에 대해서 '나의 아버지는 당신의 아버지보다 위대하다'라고 말해서는 안 된다고 탈무드에 씌어 있다. 성경의 〈창세기〉에 의하면, 하나님께서 먼저 하나의 인간을 만들었고, 인류는 그 후예임을 교시하고 있다. 인간은 모두 아담으로부터 갈라져 나왔다고 생각하고 있는 것이다.

유대인은 어렸을 적부터 이러한 이야기를 듣고 배우고 있으므로 이치를 불문하고 상식으로 알고 있다. 인간에게는 상하 구분이 있을 수 없다. 그러므로 권위를 자랑하려는 인간의 존재는 유대인 사회에서는 인정되지 않는다.

붕괴된 집단주의 사회

지금까지의 동양은 외국의 관찰자로부터 자주 지적을 받은 바와 같이 지극히 균형이 잡힌 사회였다. 그러나 앞으로 동양은 이질적인 것이 모여들어 성립하는 서구형의 불균형적인 사회가 되어 갈 것이며, 서로 부딪치며 갈등하는 사회가 될 것이다.

광고의 캐치프레이즈에 '차이를 아는 사나이'라는 말이 있는데, 퍽이나 암시적이다. 이제까지는 동질의 정도가 너무 심해서 이질의 것에 대한 거부반응이 강했는데, 새로운 시대에는 그렇게 할 수 없다는 것이다. 앞으로는 다양한 가치가 공존하며 경쟁하는 시대가 될 것이 확실하다.

이제까지의 동양사회에서는 사람들이 각자 동질적인 인간이 되려고 하는 힘이 크게 작용해 왔다. 기업에 있어서도 자기가 속하는 그룹의 색깔에 맞추어 자기를 염색하는 일이 제일 중요했다. 그리고 그 대신 그룹으로부터 보호를 받아 왔었다. 샐러리맨은 자기 개성을 되도록 없애려고 노력했다. 권위를 중시할 것과 주위에 자기를 맞추는 일이 요구되어 왔던 것이다. 더구나 이러한 일에 대해서 별로 의문을 품는 일도 없이 자기를 주위에 적응시켜 왔다고 할 수 있다.

자기 중심의 시대가 도래했다고 하는 현상은 결코 기업에만 한정되어 있는 것이 아니다. 동양 전체를 보아도 제품 제조와 생존을 위한 소비의 시대는 끝났다. 새로운 기호의 시대, 혹은 취미의 시대가 시작되고 있는 것이다.

얼마 전까지만 해도 핵가족에 의한 새로운 가족제도는 환상이라고 말했었다. 그러나 어느 큰 그룹에도 속하지 않고, 자기들의 취향에 맞는 생활을 해 나가는 젊은 부부와 아이들의 가정은 흔히 볼 수 있게 되었다.

대도시 근교에 있는 지방도시도 차차 개성을 갖게 되었다. 그것도 갖가지 기능을 복합적으로 가지는 뉴타운으로 탈바꿈하고 있다. 바꾸어 말하면 대도시가 그룹으로서의 흡인력을 잃게 되는 것이다.

이와 같이 자기를 좌표의 중심에 정립하는 일은 개인뿐만 아니라 지역사회에도 나타나고 있다. 지금까지 동양에서는 자기를 강조하는 것은 그룹에 대한 배반이라고 생각해 왔다. '배반' 이라는 말이 너무 강한 표현일지도 모른다. 그러나 융합되지 않고 자기 자신의 시간을 가지려고 할 때는 적어도 꺼림칙한 생각이 떠나지 않았다.

'저 녀석은 틀렸어'라고 하는 말을 듣는 것은 사회로부터 소외당한 계급으로서의 낙인이 찍히는 일이었다. 금전이건 시간이건 다른 사람을 위해서 자기를 희생시키는 인간이 바람직한 인간상으로 정립되어 왔다. 따라서 그룹의 입장에서 보면 어떤 일을 해결하는 사람이 중요시되어 왔지만, 앞으로는 개인 입장에서 해결할 수 있는 사람을 높이 사게 될 것이다.

이러한 새로운 세계를 가져온 것은 무어라 해도 생활 수준의 향상이다. 풍요는 사람을 자유롭게 한다. 각자에게 자기의 성(城)을

쌓을 자유와 힘이 부여되기 때문이다. 그리고 사회는 다양화되고 눈부시게 변화한다. 다양화와 불확실성은 같은 의미이다. 앞으로는 문화적인 가치가 경제적인 가치의 척도가 된다. 그리하여 경제와 문화의 경계선이 애매하게 될 것이다.

탈무드에는 '자기에게 가장 좋은 선생은 자신이다. 이렇게 학생을 잘 알고 있고, 이처럼 깊이 학생을 동정하고, 이처럼 강력하게 학생을 격려하는 선생은 어디에도 없다' 라는 말이 있다.

이것은 자기와의 대화를 두고 하는 말이다. 물론 고집스럽게 자신을 붙잡고 있어서는 안 된다. 스스로 자기의 껍질에 갇혀서도 안 된다. 자기 중심이라고 하는 것은 자기가 전부라고 하는 뜻이 아니라, 자기 자신에 대해서도 유연성을 가져야 함을 뜻한다. 다른 사람에게 마음을 쓴 나머지 자기를 잊어서는 안 되는 것처럼, 자기 안에서 자기를 잃어서도 안 된다.

연상력을 발휘하는 요령

탈무드 사고력의 하나로서 연상이 지니는 힘을 크게 평가하고 있다. 인간이 가지고 있는 사고력이라고 하는 것은 요컨대 연상하는 힘이다. 하나의 생각이 실마리가 되어 다음 생각으로 이어진다. 연상력과 감성의 예민함은 같은 것이다.

실제로 연상력만큼 훌륭한 것은 없다. 흔히 '저 사람은 머리가 좋다' 고 하는 말은 곧 연상력이 풍부하다는 것을 뜻한다. 프로그래밍이 잘된 컴퓨터를 생각해 보자. 이 컴퓨터를 움직이는 힘은 바로 연상력인 것이다.

탈무드적 인간은 연상력이 풍부해야 된다. 그러기 위해서는 자기의 관심을 한정시키지 말고 될 수 있는 대로 전반적인 지식을 가지고 있는 편이 유리하다. 이것은 온갖 학문에 대한 풍부한 지식을 갖도록 하라는 권장이기도 하다.

영어로는 연상을 'association'이라고 한다. 이것은 '결합시킨다'는 뜻도 된다. 개인적 지식의 집적이 클수록 지식이 서로 어울리어 자극하므로 직관력이 날카로워진다. 인간이 지닌 지력(知力)은 궁극적으로 직관력이다. 단지 지식을 갖고 있는 것만으로는 갖가지 상황에 적응할 수가 없는 것이다.

두뇌는 기억을 저장해 두는 단순한 창고가 아니다. 다양한 지식이 각각 상호간에 화학반응을 일으켜서 창조적인 발상이 생긴다. 연상력은 그것을 발상한 주인공까지도 놀라게 하기가 일쑤다. 이러한 일은 독자 자신도 때때로 경험한 일이 있을 것이다.

"내가 어떻게 해서 이런 일을 생각해냈을까!"

내심 감탄의 소리를 외친 일이 틀림없이 있었을 것이다. 그것은 연상의 마술이다. 가능한 한 지식을 많이 흡수한다는 것은 주입식 교육과는 완전히 다른 것이다.

지식을 구하는 일은 어디까지나 왕성한 호기심에 의해서 뒷받침되어야 한다. 그러므로 탈무드에서도 가르치고 있듯이 학문을 좋아하는 자세부터 갖추어야 한다.

'불손한 호기심은 신이 인간에게 보낸 훌륭한 안내자다'라고 탈무드는 가르쳐 주고 있다. 당신도 그 안내자를 갖고 있다. 그러므로 지식을 더할 때마다 호기심은 더욱 새로운 영역을 확장해 나간다.

탈무드적 인간은 고지식해서는 안 된다. 권위를 비웃을 수 있는 억센 기질이 있어야 한다. 동시에 권위에 대한 도전과 완고한 정의감을 가지고 있어야 한다. 저장된 지식이 어울려서 뛰어다닐 수 있는 운동장을 만들어 주어야 한다. 그렇게 하여야만 비로소 연상력에 의한 기습을 받게 된다.

탈무드에 의하면, 연상력이라고 하는 불가사의한 힘을 작동시키기 위해서는 세 개의 방아쇠가 필요하다. 그것은 곧 자기 혹은 타인과의 대화·독서·집필이다. 연상력은 게으름뱅이이다. 그러므로 이 방아쇠를 수시로 당기지 않으면 연상력은 작동되지 않는 것이다. 연상력은 자기 스스로 만드는 것이다. 우선 호기심의 인도를 받아서 지식을 축적하면 그것이 잠재의식 속에 저장된다. 인간의 의식 중 90퍼센트 이상이 잠재의식이다.

잠재의식에 저장된 지식이 풍부해지면 이윽고 상호 화학반응을 일으키게 된다. 연상력을 폭발시키기 위해서는 역시 세 개의 방아쇠를 활용할 필요가 있다. 단지 지식을 긁어모으는 단순한 서고의 파수꾼이 되어서는 안 된다.

인간은 평등하다

유대인은 균형이 잡힌 인간관을 가지고 있다. 인간은 누구나 큰 차이가 없음을 알고, 그리고 자기도 그와 같은 인간이라고 생각할 때 자신감이 생기는 것이다.

그러면 대화에서도 막힘이 없고 항상 쾌활한 표정을 지을 수 있게 되어 사람들이 좋아하게 된다. 건전하고 늠름한 평등관은 건강한 화장품이 되어 정신뿐만 아니라 표정에 나타나게 된다. 평등이라고 하는 것은 약한 자가 입는 갑옷이 아니다.

그와 같은 외적인 도구가 아니라 내적의 균형을 갖추는 것이며, 인간이 지닌 아름다움의 바탕을 이루며, 또한 그것을 자기의 존엄으로 이끈다. 자기가 올바르지 못하다는 것을 판단할 수 있도록 이 평등으로부터 항상 가르침을 받아 그것이 몸에 배어 있는 것이다.

탈무드에 의하면, 자연은 법칙에 따라 움직이고 천사들은 하나님으로부터 주어진 사명을 다하기 위해서 일하지만, 인간은 인간 자신이 주인이라는 것이다. 유대교에서의 인간은 이중의 성질을 지니고 있다. 이것은 두 천사에 의해 상징되고 있는데 하나는 '이에쓰아 하토프'라는 선(善)의 천사이며, 또 하나는 '이에쓰아 하라'라는 악(惡)의 천사이다.

인간이 평등하다는 것을 확신하고 있으면 위장된 권위의 도금은 빗겨진다. 유대인 이외의 사회에서는 사람들에게 권위라고 하는 도금을 도가 지나치게 입힌다. 유동적인 사회에서는 권위라고 하는 것은 흔히 시대에 뒤떨어지기 쉽다. 유대인은 전통에 의해서 무엇이 올바른가, 무엇이 '이에쓰아 하토프'라고 불리우는 선한 성향을 가진 천사이며, 반대로 무엇이 '이에쓰아 하라'라고 불리우는 악한 성향을 가진 천사인가를 따진다. 이 선과 악의 천사가 인간 안에 공존하고 있다는 것이다.

인간은 두 가지 충동을 느끼면서 살아가고 있다. 인간은 태어나면서부터 이 충동을 가지고 있으며, 살아 있는 동안은 나쁜 충동을 극복하지 않으면 안 된다.

그리고 극복한 자에게는 큰 보상이 따른다.

《창세기》를 보면, 첫째날에 하나님께서는 세계를 하늘과 땅으로 나누셨다. 그리고 탈무드에 의하면, 인간은 하늘과 땅 양쪽에 속해 있는 생물이다. 곧 정상적인 면과 짐승과 같은 면을 가지고 있다고 한다. 이것은 결코 전자가 선이고, 후자가 악이라고 단정짓는 것은 아니다.

따라서 유대인의 현실성이라는 것은 유대인의 수치심에 의한 본질적인 자세와도 관계가 있으며, 인간을 자연스러운 것으로 인정한다는 데서 이것은 권위의 부정과도 관계되는 것이다.

도대체 어째서 짐승 같은 측면을 가지고 있는 인간이 같은 인간 위에 권위를 구축할 수 있겠는가? 권위를 무조건 인정한다면 자유로운 정신도 없고, 나아가서는 자유로운 지적 창조도 사라져 버린다. 제약이 있으면 진정한 창조물은 있을 수 없기 때문이다.

인간에게는 편의적으로 받아들이는 권위와 운명적으로 받아들이는 권위가 있다. 운명적으로 권위를 받아들이면 지적인 창조물에 제약이 생기고 만다. 자기 혼자 있을 때에 창조적이 되기 위해서는 권위를 음미할 필요가 있는 것이다.

유대인은 인간이 인간임을 부끄러워하지 않는다. 그들은 인간에게 짐승과 같은 면이 있음을 인정하고 있다. 예를 들어 유대인은 아무리 중요한 손님과 같이 있어도 용변이 보고 싶으면 화장실에 가는 것을 조금도 수치스럽게 생각하지 않는다. 그런데 서양인이나 동양인은 중요한 손님과 마주 앉았다가 용변이 보고 싶어 자리에서 일어나야 할 때에는 수치스럽게 생각한다.

그러한 기묘한 권위주의는 유대인들과는 거리가 멀다. 탈무드에도 '용변이 보고 싶으면 화장실에 가야 된다'라고 씌어 있다. 유대인은 꾸미는 것을 싫어한다. 자기를 꾸미기 위해 돈과 시간을 허비하는 것이 과연 옳은 것이며, 그와 같이 참아서 도대체 무엇을 얻겠다는 말인가.

유대인은 돈이나, 혹은 기독교도들이 부끄러워하는 성(性)에 대해서도 전혀 이상하게 여기지 않는다. 섹스는 있는 편이 좋다는 것을 솔직히 표현하는 것이 훨씬 더 인간답지 않을까? 하기야 유대인이라 할지라도 다른 사람 앞에서 옷을 벗는 것은 금기시되어 있다. 그렇지만 기독교도들처럼 육체나 돈이나 성이 죄악이라고 하는 사고방식은 갖고 있지 않다.

인생에 대해서 현실화한다는 것은 고도 합리화한다는 말이다. 인간이 인간임을 감추는 일이 권위나 위신에 관계된다면 이것은 정말 불합리한 일이다. '자기가 모르는 것은 질문한다. 자기가 원하고 있는 것은 말한다. 그리고 상대편도 그것을 당연한 일이라고 믿어들이는 것이 자연스러운 사회이다'라는 것이 유대인들이 갖고 있는 보편적인 생각이다.

자신의 개성을 살려라

오늘날의 사회에서는 개성과 독창성을 가진 인간이 요구되고 있다. 곧 일 이외에도 취미를 가지고 있다거나 여유 있게 즐기는 사람이 그렇지 못한 사람보다도 오히려 호감이 간다고 생각되는 것이다.

과거의 사회에서는 일이 첫째였고, 개인적인 일은 그 뒤에 따르는 제2의 생활이었다. 이것은 일터야말로 귀중한 집단생활이며, 개인생활은 단순하게 생각되어 왔기 때문이다.

그러나 기업 내부에서 개성과 독창성을 추구하게 되자, 과거와 같이 일과 생활을 분리해서 생각할 수 없게 되었다. 대체로 제2의 생활을 잘 해나가는 사람은 제1의 일을 하는 곳에서도 재능을 충분히 발휘할 수 있는 것이다. 게다가 고도의 경제성장을 이룩하여 풍요로움이 급속히 확대되면서 사람들은 자기 자신의 생활에 더욱 충실하고 싶다는 욕망을 갖게 되었다. 제1의 일이 제2의 생활에 우선하고 있었던 이제까지의 도식이 깨어진 것이다.

이제까지 동양에서는 다른 사람을 위해 희생하는 것이 미덕이라고 생각해 왔다. 빈곤의 극복이라고 하는 하나의 큰 목표를 향한 경제성장 아래에서는 주어진 목표를 향해 집단적으로 그 총화의 힘을 발휘하라고 요구해 왔다. 그래서 자기 생활을 소중히 여기는 사람이나 혹은 개성이 강한 사람을 무시하고 배척해 왔다.

그러나 오늘날의 사회는 분기점에 서 있으며 크게 변하고 있다. 예를 들어 대기업에서는 정년제를 낮춘다든가 혹은 '지당족(至當族)'이 탄생되고 있는 것이 그 징후이다. '지당족'이란, 그룹을 위해 개인의 개성을 희생시켜 온 사람들이라고 할 수 있다. 개성을 희생시킨다고 하는 것은 집단에 의해 보호를 받고 있다는 교환 조건 속에 성립되어 왔던 셈인데, 이와 같은 보호는 급속히 사라지고 있다. 자기의 개성을 죽이고 집단을 살려가는 시대로부터, 한 사람의 인간으로서 자기를 창조하는 시대가 시작되고 있는 것이다.

어떤 기관의 '21세기의 제언'이라는 조사 결과에 의하면, '기업

은 무엇을 해야 되는가? 라는 질문에 '종업원이 삶에 대한 보람을 갖도록 해야 한다'는 답이 가장 많았다고 한다. 이 조사는 경영자·노동조합·학계 등 각계의 지도자를 대상으로 한 것이다. 그리고 '앞으로의 사회 정세의 동향에 대해서'라는 항목으로는 앞으로의 큰 문제로서 '사회병의 발생'이라는 답이 많았다.

여기에서 사회병이라고 하는 것은 삶의 보람을 찾지 못하는 사람들의 고뇌가 점점 더해 간다는 뜻이다.

그러나 이러한 조사나 여러 가지 신문·잡지에서 다루는 봉급 생활자의 삶의 보람이라든가 취미론 같은 것을 읽으면 이제까지 일부 국가에서 얼마나 개인적인 생활이 묵살되어 왔는가를 알 수가 있다. 이제야 겨우 이런 일에 대한 논의가 대두된다는 것은 이제까지 얼마나 개인이 자기를 귀중하게 여기지 않았나 하는 것을 그대로 드러낸 것이라 하겠다.

어쨌든 삶의 보람이라든가 정말 몰두할 수 있는 취미라든가 하는 것은 잔재주만으로는 발견할 수 없다. 그것을 발견하기 위해서는 인간이 가지고 있는 개인의 철학을 근본적으로 바꾸지 않으면 안 된다. 그리고 생활 전체를 새롭게 해야 할 필요가 있다. 지금 유행이 되고 있다고 해서 근처 가게에 가서 손쉽게 살 수 있는 그런 유행상품 따위는 결코 아니다. 자기 자신을 창조해야 하는 새로운 인간혁명이라고 해도 좋을 것이다.

일부 국가에서는 자기 중심이라는 말을 지극히 싫어한다. 가령 개인주의가 범람하는 서양에서는 지켜야 할 가치가 있는 것으로 생각되는 말도, 그런 나라에서 '그는 개인주의자다'라고 하면 거기에는 비난의 뜻이 담겨져 있다. 이와 같이 개인주의와 이기주의가 같은 말이라고 생각되어 왔다. 이것은 그들이 개인 경시의 사회에 살고 있었음을 증명해 주는 것이다.

세계를 자기중심으로 조립하라

어느 날 한 랍비가 주위 사람들이 더 이상 자기를 존경하고 있지 않음을 깨달았다. 그는 그 일로 해서 몹시 괴로워했지만, 어떻게 해야 될지를 몰랐다. 그런데 얼마 지난 후 그는 주위 사람들이 그를 존경하지 않는 것이 아니라, 그 자신이 자기에게 경의를 품고 있지 않다는 것을 깨닫게 되었다.

만약 자기 자신이 자기에 대해 경의를 갖고 있지 않다면, 그 누구도 그에 대해서 경의를 표하지 않는 법이다. 그래서 그는 자기의 좋은 점, 자기가 노력하고 있는 점을 생각하면서 자신감을 회복했다. 그러자 그의 가족·이웃·학생들 그리고 사회 전체가 그에 대해서 보다 큰 경의를 표하게 되었다.

어느 날 그 랍비는 '천주 십계'를 읽다가 '도둑질하지 말라'는 계명을 읽으며 생각했다. 다른 사람의 물건을 도둑질하는 것도 물론 나쁘지만, '자기 스스로를 훔치는 일'도 나쁘다는 것을 깨달았다.

자신감을 잃는다는 것은 자신 속에 있는 것을 자기가 도둑질하는 것과 마찬가지다. 인간의 존엄은 먼저 자기 자신에서부터 출발해야 한다. 그렇지 않고서 다른 사람의 존엄을 어떻게 인정해 줄 수 있겠는가, 사회에 기여하려 해도 자기에게 그만한 능력이 있다는 것을 스스로 인정할 수 없다면 그것은 불가능한 일이다.

인간은 혼자서 전 우주와 대결하고 있다. 개인이 뛰어나지 않으면 좋은 사회를 건설할 수 없다. 일부 지역은 지금까지 자기를 타인의 희생으로 바친 '화(和)'의 사회였다. 기업체나 공공건물 등을 보면 '총화'라는 휘호가 설려 있거나 혹은 사시(社是)로 '인화'를 강조하고 있는 곳이 많다.

이제까지 동양에서는 개인의 개성을 그대로 노출시키는 것은 좋지 않은 일이라고 간주되어 왔다. 따라서 동양인은 자기 자신을 경시하는 경향이 많다. '무사(無死)'라든가 '멸사(滅私)'라는 말을 지금도 미덕으로 알고 있는 실정이며, 사적인 일은 공적인 일보다도 항상 경시되어 왔다. 여기에서 '공적'이라고 하는 것은 단체라고 바꾸어 이해해도 좋을 것이다.

그러나 나를 확립하는 일은 단순히 머릿속에서만 할 수 있는 것이 아니다. 이치로 납득하는 것만으로는 아무런 힘도 안 된다. 우선 자기의 존재를 크게 보는 일부터 시작하여, 그 다음에는 자기의 것을 소중히 이기는 것이 습관화되어야 한다.

자기의 것이란 자기 가족을 비롯하여 자기의 물질적인 소유물, 그리고 자기의 시간에 이르기까지 각양각색이다. 이러한 모든 것을 소중하게 여겨야 비로소 자기의 사고방식도 귀중하게 여길 수 있게 된다. 자기 세계를 만들지 않고 어떻게 자기를 소중히 여길 수 있으며 어떻게 자기의 견해, 자기의 생각이 생길 수 있겠는가. 하지만 여기에서 사회보다 자기 쪽이 더 훌륭하다고 생각해서는 안 된다. 그렇다고 해서 자기를 낮추어 생각해서도 안 된다. 자기와 주위 사람들을 대등하게 보는 것이 중요하다.

동양인은 어떤 면에서 뚜렷한 상하관계로 이뤄져 있다. 하지만 또 다른 면에서는 대통령이나 거지나 태어날 때는 모두 벌거숭이였다는 식의 평등주의가 나타난다. 유대인 사회에서는 모든 인간은 평등하다고 생각한다.

개인 혹은 개성이라고 하면 다른 것과는 반드시 달라야 된다. 그리고 그 다른 면에서 가치를 발견하는 것이다. 그래서 개인주의가 좋다고 하는 반면, 이기주의는 좋지 않다고 하는 식으로 구별을 할 수 있다. 개인주의와 이기주의는 전혀 다른 것이다. 개인주의는 서양에서는 생활의 기본처럼 되어 있다. 개인주의는 개인을 존중하지 않는 데서는 생기지 않는다. 그리고 개인을 소중히 여기면 각각 사람마다의 차이를 인정하게 된다.

그리고 그 차이를 인정할 뿐만 아니라 그 차이가 있기 때문에 사회가 발전한다는 전체를 중요시한다. 각기 이질적인 것이 서로 경쟁을 하여 그 중 뛰어난 것이 이기게 된다. 이러한 세계에서는 권위가 생기기 어렵다. 혹 생겼다 해도 빈번히 교체된다. 권위는 정체하고 있는 상태에서 힘을 갖게 된다.

당당하게 대립하라

탈무드에 '철을 단련시킬 때에는 철을 사용하고, 인간을 단련시킬 때는 인간을 쓴다' 라든가 '칼을 갈 때는 또 하나의 칼을 쓴다' 고 하는 격언이 자주 나온다. 철을 써서 철을 단련시키고, 칼을 써서 칼을 갈 수 있는 것은 양쪽이 다 단단하기 때문이다. 양쪽이 다 부드러우면 단련시키거나 혹은 갈 수가 없는 것과 마찬가지로 때로 인간에겐 격렬한 대립도 필요하다는 것을 가르치고 있다.

그러나 이 경우에는 어디까지나 대립은 보다 나은 것을 낳고 그 효용적 가치가 있음을 인정한 후가 아니면 아무 쓸모 없는 것으로 끝나고 만다.

대립을 좋게 이용하기 위해서는 어떻게 하면 좋을까? 그것은 상대의 입장을 존중하는 것이다. 곧 상대의 의견을 존중한다고 하는 편이 옳을지도 모른다. 탈무드는 '좋은 의견에는 인격이 없다' 고 말하고 있다. 좋은 의견은 모든 사람의 소유가 되어야 하며, 그 의견을 낸 안건을 보고 평가해서는 안 된다는 것을 의미하고 있다.

동양인은 서양인들과는 달라서 여간해서는 자기 주장을 철회하려고 하지 않는다. 좀처럼 과오를 인정하려 하지 않는다는 것이다. 이것은 역시 아이디어와 그 창출자를 강력하게 결부시켜 생각하기 때문일 것이다. 그러나 설령 설복당하였다 하더라도 그것은 상대에게 진 것이 아니라, 상대의 아이디어가 이긴 것뿐이니 절대로 수치스러운 일이 아니다.

따라서 대립할 때는 상대편이 훨씬 더 훌륭한 의견을 가지고 있을 가능성이 있으므로, 그것을 인정하고 받아들일 준비를 해두지 않는 한 풍성한 열매를 기대할 수가 없다. 요컨대 대립이라고 하는 것은 차이를 인정하는 데서부터 출발하는 것이다.

탈무드에는 아무리 치졸한 질문이라 할지라도 필요하다면 대답을 해야 한다. 물론 치졸한 질문을 하는 것은 질문을 받은 입장에서 말한다면 짜증이 나는 일이며 시간 낭비인 것이다. 그렇다고 해서 못하게 해서는 안 된다. 치졸한 질문을 봉해 버리면 좋은 질문도 없애는 결과가 되기 때문에, 질문할 수 있는 분위기라고 하는 것이 그만큼 중요함을 역설하고 있다.

탈무드적 인간이라고 하는 것은 지적으로 지극히 자유로운 인간이다. 질문을 두려워해서는 자유로워질 수가 없다. 새롭고 훌륭한 아이디어를 발견하게 될지도 모르는데, 스스로 눈을 감고 귀를 막아버리게 되기 때문이다. 항상 지적 호기심이라는 문을 활짝 열어놓아 둘 필요가 있다.

이것은 자기 혼자 있을 때에도 마찬가지다. 늘 자문자답을 되풀이해야 하고 자기 안에도 갖가지의 대립이 있어야만 된다. 고정관념만큼 무서운 것도 없다. 자기 머릿속에 권위를 만들어서는 안 된다. 왜냐하면 권위를 만들면 그 이면에는 부작용이 생기기 때문이다.

건전한 성생활

기독교나 혹은 동방의 몇몇 종교는 결혼을 필요악이라고 생각하고 있다. 하지만 유대교에서는 절대로 그렇게 보지 않는다. 탈무드의 현인들은 성의 충동을 극히 자연스러운 것이라고 했다. 그리고 그 충동이 악이라고는 생각하지 않았다.

예를 들면 현인 히스다가 자기 딸들에게 성교육을 시킨 것도 기록되어 있다. 유대교에서는 성년이 되어도 결혼을 하지 않는 남자는 의무를 다하지 못한 사람으로 간주한다. 왜냐하면 하나님은 '생육하고 번성하여 땅에 충만하라'고 인류에게 명령을 내렸기 때문이다. 그러므로 독신자는 하나님의 가르침을 배반한 자라고 생각한 것이다. 탈무드는 '아내가 없는 자는 남자라고 부를 수 없다' 고 까지 말했다.

탈무드에 기록된 성에 관한 일곱 가지 가르침은 다음과 같다.

① 성적 의무를 소홀히 하는 자는 죄를 범하는 것이다.
② 남편은 아내의 성적 욕망을 충족시켜 주어야 한다.
③ 여자 쪽에서 먼저 성적 욕망을 밝히는 것은 좋은 일이다.
④ 성적인 욕구는 여자 쪽이 더 강하다. 여자는 편한 생활 속에서 성적으로 불만족을 느끼기보다는 가난한 생활일망정 성적 만족을 누리고자 한다.
⑤ 성행위를 가질 경우 여자가 먼저 절정에 이르러야 한다.
⑥ 여자가 깨끗한 날(월경을 하지 않는 날)에는 언제든지 성행위를 가져도 좋다. 몸의 어느 부분에 입을 대도 좋고, 어떤 체위라도 좋다.

⑦ 욕망을 느껴도 며칠 동안은 참는 편이 좋다.
　이 밖에도 탈무드에는 성에 대해서 쓴 것이 많다. 좀 길지만 인용해 보기로 하자.

　🍎 남편과 아내 사이에서 이루어지는 성행위는 성스러운 것이며, 좋은 일이라는 것을 알아야 한다. 그 누구도 성행위를 추하다거나 기피해야 할 일이라고 생각해서는 안 된다. 올바른 성행위는 〈창세기〉에는 '안다'라고 씌어 있다. 왜냐하면 성행위는 성스러운 것과 깨끗한 것이 깃들어야 될 지혜의 주머니, 즉 뇌수에서 출발하는 것이기 때문이다. 그래서 〈창세기〉에서는 성관계를 맺는 것을 '안다'라는 말로 표현하고 있는 것이다.
　성스러운 《토라》를 이어받은 우리들은 신이 위대한 지혜로 세계를 만든 것을 알고 있으므로 전혀 추하거나 수치스러운 것은 만들 리가 없음을 믿어야 한다. 만약 성행위가 꺼려해야 될 것이라면 성기도 마찬가지로 혐오해야 될 것이다. 그러나 성기도 신께서 만드신 것이다. 만약 성기가 수치스러운 것이라면 신의 행위가 불완전했다는 말이 된다.
　에덴 동산은 완전한 세계였다. 그 안에서 아담과 이브는 '두 사람 다 벌거벗었지만 서로 부끄럽게 생각하지 않았다'고 성경에 씌어 있다. 그들에게 성기는 눈이나 손과 같은 몸의 다른 기관과 똑같다. 그러나 두 사람이 성적인 충동을 알았을 때에 '그들은 자기들이 벌거벗은 것을 비로소 알았다'고 하였다.
　이 말은 손에 대해서도 마찬가지다. 손이 성경을 베낄 때는 칭송을 받고 명예를 부여받았다. 그러나 손이 무엇인가 나쁜 짓을 했

 을 때에는 미움을 받아야 된다. 아담과 이브의 성기도 마찬가지다. 따라서 몸의 어느 기관이라도 인간이 좋은 행위를 했을 때에는 칭찬을 해야 하고, 나쁜 짓을 했을 때에는 벌을 받아야 한다.

 그런데 남자는 지혜를 지배하고 여성은 이해하는 마음을 지배한다. 그래서 완전한 성교는 두 사람의 정신의 고양을 일으키게 되는 것이다. 여기에 남자와 여자의 몸을 결합시키는 비밀이 있다. 그러나 이와 같은 두 사람의 정신의 고양을 구하지 않는 성교는 피해야 된다. 그렇기 때문에 남편은 아내를 중히 여겨야 하는 이유가 있다.

 남편과 아내가 성교를 하는 가장 권장할 만한 시간은 금요일 밤이다. 금요일 밤, 식사가 끝나고 난 후 적어도 몇 시간이 지난 후가 좋다. 왜냐하면 식후 바로는 섭취한 음식물의 소화 때문에 몸의 열이 높은 상태이므로 정자가 깨끗하지 않기 때문이다. 또 평소에 남편은 아내를 너무 가까이하여 수탉이 암탉을 쫓듯이 해서는 안 된다. 너무 아내만 가까이해서는 힘이 약해지고 성욕도 감퇴된다.

여기에서 현인들이 굳이 금요일 밤을 택하고 있는 것은, 이 날은 성스러운 안식일로서 성행위는 정신적인 고양을 수반하지 않으면 안 된다는 것을 의미한다. 그리고 성행위는 휴식을 겸해야 한다. 이 때 남편은 아내에게 부드러운 목소리로 상냥하게 이야기해야 한다.

아내에게 정신적·육체적인 기쁨을 안겨주는 것은 남편의 의무이다. 이러한 기쁨을 끌어내기 위해선 언어와 몸 양쪽 다 부드럽고 상냥하게 이끌어가야 된다. 사랑과 자유의사를 왜곡시킨 형태로 하는 성행위는 성스러운 신의 뜻에 위배되는 행동이다.

남편은 아내가 잠자고 있을 때에 성행위를 가지려고 해서는 안 된다. 그리고 성행위를 갖는 동안에 신에 대해서 경건해야 함이 얼마나 칭찬받을 일이며, 얼마나 명예로운 일인지, 또 《토라》의 가르침을 받드는 것이 얼마나 바람직한 일인지 알아야 하며, 두 사람은 신을 찬양하는 일에 대해서 이야기를 나누어야 한다.

🍎 여기에서 보는 바와 같이 만약 성을 더러운 것, 혹은 필요악이라고 보았다면 여자를 기쁘게 하는 일, 하물며 두 사람이 성행위에 들어가려고 할 때라든가 그것이 끝난 후에 신을 찬양하는 대화를 나눌 것을 권할 리가 없을 것이다. 물론 정자가 뇌수에서

만들어지는 것이 아님을 우리들은 잘 알고 있다. 그러나 남녀가 성관계를 맺는 일에 '안다'고 하는 말을 쓴 것은 참으로 훌륭한 일이다.

극단을 배제하는 지혜

탈무드에 나타나는 유대인의 사고방식은 현실의 시점에서 보아도 지극히 발전된 것이다. 여자의 권리를 충분히 보호하고 있는 점을 보아도 이미 옛날부터 여권신장을 옹호하고 있었음을 알 수 있다. 탈무드는 아내가 성행위를 갖고 싶지 않을 때에 남편이 억지로 성교를 강요하는 것도 강간의 범위에 포함시키고 있다. 동시에 성의 남용도 경고하고 있다. 탈무드에는 '성은 강과 같은 것이다. 말라 버려도 안 되고, 범람해서도 안 된다'고 하는 경구가 있다.

성은 금전과 비슷한 데가 있는 듯하다. 누구나 그것을 원하고 있지만 노골적으로 말하지 못한다. 조크를 좋아하는 유대인에게 있어 금전은 흔히 화장지에 비유된다. 전혀 없으면 정말 곤란하고, 그렇다고 너무 지나치게 많으면 처치곤란이다. 또 금전도 강과 비슷하다. 물이 전혀 흐르지 않으면 사람은 살 수가 없고, 그렇다고 해서 너무 많이 흐르면 홍수가 된다. 따라서 유대인은 인간에게 부여된 충동을 부자연스럽게 억압하지 않았음을 알 수가 있다.

유대인과 금욕주의는 전혀 상관이 없다. 천주교에서의 신부는 평생 독신을 지켜야 되지만, 유대교의 랍비는 아내를 맞는 것이 보통이다. 유대인은 성을 추잡한 것이라 하여 억제한다든가 혹은 돈을 더러운 것이라고 멀리 하는 일도 없었으므로, 소위 청빈이라고 하는 말은 애당초 존재하지 않는다. 그러기는커녕 가난한 것은 수치스러운 일이라는 생각이 더 깊었다. 육체적인 욕망이나 혹은 물질적인 욕망을 필요 이상으로 회피하는 것은 어리석은 짓이라 간주하고 있었던 것이다.

하지만 금전이나 물질 혹은 성을 결코 목적이라고도 생각지 않고 있다. 그것은 수단이라고 보고 있다. 탈무드는 '돈은 기회를 늘려준다'고 말하고 있다. 따라서 돈이나 성의 지배를 받고 사는 유대인은 아주 드물다.

술도 마찬가지다. 탈무드에는 '술은 인간의 뇌수를 활동적으로 만든다. 술을 한 방울 도입에 대지 않는 사람은 지혜의 문을 열 수 없다'고 하는 말이 있다.

유대인은 극단적인 것을 매우 싫어한다. 이런 사상은 유대인의 결혼관에도 나타나 있다. 유대인 가운데서 열렬한 연애결혼을 하는 사람은 극히 드물다. 탈무드에는 연애나 결혼에 대한 훈계의 말이 많다. '정열 때문에 결혼하여도 정열은 결혼만큼 오래가지 못한다'고 한 경구는 그 전형적인 예이다. 또는 '연애는 잼과 같은 것이다. 잼만 먹고서는 살아갈 수 없다'고 하는 말도 있다.

어떤 의미에서 유대인의 결혼관은 동양인의 결혼관과 비슷할지도 모른다. 결혼은 연애의 종착역이라기보다는 두 사람이 결혼을 한 후에 사랑을 가꾸고 지켜나가는 것이라고 생각하고 있다.

여기에서 탈무드적 인간의 또 하나의 특징을 들어 보자. 그것은 '분수를 안다'라고 하는 것이다. 좀더 어렵게 말하면 중용을 중시한다는 것이다. 탈무드에는 도를 넘어서는 안 된다고 하는 경계의 말이 있다. 예를 들어 세상엔 도를 넘으면 안 되는 것이 여덟 가지 있는데, 그것은 여행·성·부(富)·일·술·잠·약·향료라고 한다. 혹은 '평생에 단 한번 오리고기와 닭고기를 배불리 먹고 다른 날은 굶주리는 것보다는 평생을 양파만 먹고 사는 편이 낫다'는 말도 있다.

인간은 도를 지나치면 안 된다. 일시적으로 무리를 해서 좋은 것을 만들기보다는 오랜 시간에 걸쳐서 만드는 편이 훌륭한 것을 만들 수 있다. 이것은 유대인이 현실적이라고 하는 특징을 말해 주는 것이다. 유대인은 필요 없이 참는 것을 배척한다.

앞에서 말한 바와 같이 중요한 손님을 앞에 두고 갑자기 용변을 보고 싶어졌을 때 유대인은 개의치 않고 화장실로 간다. 요컨대 무리하지 않는 것이다. 더구나 그 이면에는 건강한 육체를 유지하는 것이 신에 대한 의무라고 하는 훌륭한 생각도 가지고 있다.

가정의 중요성

다음으로 탈무드적 인간의 조건은 가정을 귀중하게 여긴다는 것이다. 탈무드에는 악처의 무서움을 설명한 것이 많다.

또 유대인은 결혼하면 반드시 독립하여 살게 되어 있다. 그것은 고부간의 갈등이 언젠가는 가정생활을 파괴하게 되리라는 것을 잘 알고 있기 때문이다.

성경이나 탈무드에 의하면, 남성의 첫째가는 책임은 가정에 있다. 남성의 생애는 가정에서 시작한다고 해도 지나치지 않다. 인간은 먼저 자기의 건강을 유지하는데 유의하고, 그리고 결혼하고 자식을 낳고 자식들을 교육시키고 부모를 봉양하고 벗들과 친교를 맺고, 그리고 선배에게 경의를 표하는 것이 책임이라 하고 있다. 거기에다 사회에 대한 책임을 더한다. 곧 일을 가져야 한다는 말이다.

아내나 어린이를 중요시함은 어느 세계에도 공통적인 것이지만, 특히 신으로부터 '생육하고 번성하라'고 하는 명령을 받은 유대인으로서는 결혼하고 자식을 낳고 아이를 교육시키는 일이 무엇보다 중요하다는 것은 두말할 나위도 없다. 더구나 고명한 랍비들이 모두 자기 생업을 가지고 있었다는 것은 경제적인 자립이 인간의 존엄에 꼭 필요하며, 개인의 존엄을 확립하기 위해서는 필요불가결하다는 것을 뜻하고 있다.

가정이라는 확고한 성(城)을 가지고 있지 않으면 자기를 충분히 표현할 수 없다. '가정은 가장 작은 사회의 단위이다. 그곳에서 낙오되는 사람은 큰 사회에서도 제대로 일을 할 수 없고, 큰 사회의 진정한 일부가 될 수 없다'고 탈무드는 가르치고 있다.

동양에서는 어정쩡한 외국어를 빌려 표현하는 것이 많다. 이것은 미국도 마찬가지다. 미국에서는 섹스에 대해서 프랑스어를 많이 사용한다. 동양에서도 성(性)을 섹스라고 표현하고, 자위행위를 마스터베이션이라고 표현하는 것처럼 외국어를 사용하여 얼버무리려는 듯 사용한다. 이와 마찬가지로 자기 가정을 중시하는 사람을 '마이홈(my home) 주의자'라고 둘러댄다. 역시 동양에서도 자기 가정을 사업보다도 중히 여기는 것에 대해 어쩐지 낯간지러운 생각을 갖고 있는 것 같다.

그러나 개인의 확립은 자기가 가지고 있는 것을 설령 그것이 작다하더라도 중요시하는 데서부터 시작된다. 가정은 그 가운데에서 가장 큰 것이다. 대부분의 동양인은 표면적으로는 가정을 경시하지만, 사실은 가정을 지극히 아끼고 아내와 자식을 귀중하게 여긴다는 점에서 다른 민족에 결코 뒤지지 않을 것이다.

그런데도 동양인에게는 자기가 정말 아끼는 것을 아끼고 있다고 솔직히 드러내는 것을 꺼려하는 일종의 부끄럼증이 있다. 이래서는 자기가 정말로 중요시하는 것도 표현할 수 없다. 동양인에게는 지나치게 외부에 맞추려고 하는 성격이 있다. 그러나 앞으로는 가정을 중히 여기고, 표면적으로 공공연하게 가슴을 펴고 그것을 말할 수 있는 사람이 힘을 발휘하는 시대가 올 것이다.

3
탈무드적 인간의 조건

탈무드적 승리

여기에선 두 사람의 유대인 망명자에 대해서 언급해 보고자 한다. 두 사람 다 주머니에 동전 한 푼 없는 빈털터리로 고향에서 쫓겨나 미국으로 건너갔다. 그리고 두 사람은 미국에서 최고의 각료가 되었다.

한 사람은 재무과장을 지낸 마이켈 브루맨솔이다. 그는 나치 독일에 쫓기어 배편으로 중국 상해로 도망쳐갔다가 당시의 일본 관헌의 보호를 받아 미국으로 건너갈 수 있었다.

또 한 사람은 헨리 키신저이다. 키신저 일가도 나치에 의해 독일에서 쫓겨나 무일푼으로 미국에 도착했다. 그리고 누구나 다 잘 알고 있는 것처럼 하버드 대학의 교수가 되었고, 대통령 특별보좌관을 거쳐 국무장관으로까지 승진하였다.

망명자로서 미국의 각료가 됐다는 것은 대단한 일이 아닐 수 없는데, 그 성공의 이유는 그들 두 사람에게는 모두 탈무드적 발상의 철학이 있었기 때문이다. 이 탈무드적 발상이야말로 두 사람의 성공을 가능하게 했다고 할 수 있을 것이다.

그런데 이 탈무드적 발상의 밑바탕에 흐르고 있는 것은, 동전에는 반드시 표리의 두 면이 있는 것과 마찬가지로, 현재라는 이면에는 과거가 있으며 미래는 현재와 표리의 관계에 있다는 것이다. 아무리 어두운 경우라도 밝은 면이 있으며, 밝은 경우에도 부분적으로 어두움이 있다고 보는 것이다.

요컨대 모든 사물과 모든 문제에는 언제나 두 가지 면이 있다. 탈무드의 금전에 대한 항목 가운데에는 '돈은 사람들 사이를 굴러 다니니까 둥글다'고 하는 격언도 있는데, 동시에 '모든 사물은 동전과 같이 두 면(표리)이 있다'고 하는 말도 있다. 이 표리라는 사고방식을 시간의 문제에 적용시키면 어떻게 될까? 그것은 과거와 현재 그리고 미래라고 하는 것이다.

또한 탈무드의 다른 페이지를 넘겨보면 '보트의 노를 저어 앞으로 나가기 위해서는 보트의 뒤를 보고 앉아야만 된다'고 하는 말도 있다. 이것도 또한 전진하기 위해서는 과거가 소중하다는 것을 일깨워주는 말이다.

이 탈무드적 발상을 몸소 실천한 사람을 소개하겠다.

영국에서 하층계급에 속하는 생활을 하고 있던 유대인 일가가 있었다. 이 일가는 동유럽의 포그롬에서 박해를 피하여 이주해 왔었다. 양친은 손수레에 잡화를 싣고 끌고 다니면서 행상으로 생계를 이어가고 있었다.

그에겐 아이가 모두 열한 명이나 있었는데, 그 열 번째 아들은 머리가 아주 좋고 활력에 넘쳐 있었다. 그러나 학교 성적이 너무 나빴고 다른 학교로 옮겨도 늘 성적이 뒤졌다. 그렇다고 해서 그 아이의 머리가 나쁜 것은 아니었으며, 단지 학교의 수업방식에 적응하지 못했기 때문이었다.

이와 관련한 비슷한 예로 아인슈타인이 있다. 그 또한 유대인이다. 천재의 대명사처럼 되어 있는 그도 학교에서는 항상 낙제점에 가까운 점수만 받았다. 아마도 틀에 박힌 학교 규칙에 적응하지 못한 사람 중의 한 사람이었을 것이다. 만약 아인슈타인이 평범하고 성실한 학생이었더라면 나중에 대성하지 못했을 것이다.

아인슈타인이 초등학교 1학년 때의 일이다. 담임인 여교사는 성적표에 다음과 같이 기입하였다. '이 아이가 장래에 성공한다는 것은 절대 있을 수 없는 일이다.' 세계의 교육사상 이처럼 평가를 잘못한 사람도 드물 것이다.

이 에피소드는 모든 고정화된 개념으로는 위대한 것이 아무것도 생길 수 없다는 것을 말해 주고 있다.

그러면 여기에서 그 런던의 유대인 일가의 아들 이야기로 돌아가자. 그 아이가 고등학교를 졸업했을 때 부친은 그 아들에게 선물을 주었다. 유대인은 한 시기를 매듭지을 때마다 반드시 선물을 하는 습관이 있었다. 그 부친은 아들에게 극동(極東)행 배의 3등실 편도 승선권 한 장을 축하선물로 주었던 것이다.

그때 부친은 아들에게 두 가지 조건을 붙였다. 하나는 금요일의 샤바트가 시작되기 전에 반드시 어머니에게 편지를 쓰라는 것이었다. 그것은 어머니를 안심시키기 위해서였다. 두 번째는 부친 자신도 나이도 먹었고, 또 열 명의 형제자매가 있으므로 집안살림에 도움이 될 만한 일을 여행중에 생각해 주기 바란다는 것이었다.

이 아들은 18세의 나이로 런던에서 혼자 배를 타고 인도 · 말레

이시아・싱가포르를 거쳐 극동으로 향했다. 그는 도중에 아무데에서도 내리지 않고 배의 행선지 종점인 일본의 요코하마까지 곧바로 갔다. 그것이 1880년대의 일이었다.

그는 주머니 속에 넣어둔 5파운드의 돈 이외에는 아무것도 가지고 있지 않았다. 일본에는 물론 아는 사람이라고는 한 사람도 없었고 숙식할 집도 없었다. 또 그 시대에는 일본에 있는 외국인이라야 기껏 요코하마와 도쿄 등지에 사는 수백 명에 지나지 않았다.

그는 소난의 해안에 도착하여 금방 주저앉을 것 같은 무인 판잣집으로 기어들어가 처음 며칠을 지냈다. 거기에서 그가 이상하게 여긴 것은 매일 일본의 어부들이 물가의 모래를 파고 있는 모습이었다. 눈여겨보았더니 그들은 모래 속에서 조개를 캐고 있었다. 굉장히 아름다운 조개였다. 순간 여러 가지로 가공하거나 다듬으면 단추라든가 담배 케이스 등 아름다운 상품이 되지 않을까 생각하였다.

그래서 그는 자기도 열심히 조개를 줍기 시작했다. 그 이후로 조개를 가공해서 부친에게 보내면 부친은 그것을 손수레에 싣고 런던 거리에 팔러 다녔다. 당시의 런던에서는 이것을 진기하게 여겨 날개 돋친 듯이 팔렸다.

얼마 후 부친은 손수레를 끌고 다니면서 팔던 장사를 그만두고 조그마한 가게 하나를 얻었다. 이 가게가 이층집이 되었고, 다음에는 삼층집이 되었고, 후에는 처음 런던의 빈민가인 이스트엔드에 있었던 점포를 웨스트엔드로 옮기는 등 이 조개껍질을 밑천으로 한 장사는 나날이 번창해 나갔다.

그 사이에도 일본에 있었던 그의 아들은 상당한 돈을 저축할 수 있었다. 이 청년의 이름은 마커스 사무엘이고, 히브리 이름으로는 모르데카였다.

그 무렵 온 세계의 비즈니스맨 사이에서 가장 큰 화제가 되었던 것이 석유였다. 때마침 내연기관이 등장하였고, 석유의 수요가 급증하고 있었다. 록펠러가 석유왕이 된 것도 이 시대였으며, 러시아 황제도 시베리아에서 석유를 탐사케 하고 있었다.

조개껍질 장사로 크게 성공한 사무엘은 이 석유의 채굴에 눈을 돌려 1만 파운드를 자본금으로 해서 계획을 세웠다. 그 자신은 석유에 대한 지식이 전혀 없었지만, 다른 사람들과 상의하며 인도네시아 근처라면 석유가 나오지 않을까 생각하고, 인도네시아에서 석유탐사를 시작했다. 육감이 들어맞았던지 아니면 행운이었던지 어쨌든 제대로 들어맞아 석유를 채굴할 수 있게 되었다.

당시의 인도네시아는 석유를 난방용으로 쓸 필요가 없었고, 또 어두워지면 활동을 계속하지 않았기 때문에 석유의 판매처를 어딘가 다른 데에서 구해야만 했다.

그래서 그는 '라이딩선(船) 석유주식회사'를 설립하여 일본에 석유를 판매하기 시작했다. 그 무렵 일본에서는 석유로 난방을 하기도 하고, 혹은 조명을 한다든가 하는 혁명적인 일이 일어났다. 그래서 이 장사도 역시 대성공을 거두었다.

그러나 석유를 인도네시아에서 일본까지 어떻게 운반할 것인가 하는 문제가 큰 골칫거리였다. 처음에는 2갤런들이 깡통으로 운반했는데, 원유를 운반하면 선박이 더러워지므로 운반 후 청소하는 일이 문제였다.

그리고 또 화재 위험도 크다는 이유로 선박회사에서 원유 운반

을 꺼려했고, 운반한다 해도 운반비가 엄청나게 비쌌다.

그래서 사무엘은 자기 스스로 연구한 끝에 세계 최초의 유조선을 고안해냈다. 그리고 그는 세계에서 첫 번째로 유조선의 선주가 되었다. 그는 자기 소유의 유조선마다 일본 해안에서 자기가 캐냈던 조개 이름을 붙였다. 이에 대해서는 그 자신이 다음과 같이 기록하고 있다.

"나는 가난한 유대인 소년으로서 일본의 해안에서 혼자 조개를 줍고 있었던 과거를 결코 잊지 못한다. 그 덕분에 나는 오늘날 백 반장자가 될 수 있었다."

그러나 그의 석유사업이 성공하면 할수록 영국인 사이에서는 유대인이 석유업계에서 군림하고 있는데 대해 반발이 강해져, 마침내 이 회사를 팔지 않을 수 없게 되었다. 그것은 당시 영국은 대해군을 가지고 있었는데, 그 함대에 사무엘이 석유를 공급하고 있었기 때문이다.

사무엘이 회사를 팔게 되었을 때 몇 가지 조건을 내세웠다. 그 하나는 소수 주주라 할지라도 반드시 유대인이 간부로 회사에 들어갈 것, 그리고 이 회사가 존속하는 한 조개이름을 상표로 한다는 내용이었다.

그것으로 그는 항상 자기의 과거를 기념하고 싶었기 때문이다. 이 조개 마크를 붙인 석유회사가 바로 지금 세계 각국 어디에서나 볼 수 있는 쉘 석유이다.

사무엘도, 브루맨솔도, 키신저도 탈무드에서 배워 인생을 참되게 사는 지혜와 용기를 자기의 것으로 만들었으며, 탈무드적 발상을 실행했던 사람들이다. 특히 사무엘의 인생을 사는 방법에는 오늘날 동양의 셀러리맨이 배워야 할 시사적인 교훈이 내포되어 있다.

오늘날 세계는 불확실성의 시대라고 하는데, 이 불확실성의 큰 원인은 과거와 현재 사이에 올바른 균형이 잡히지 않고 있는 데서 기인한다.

자기의 과거는 사무엘뿐만 아니라 누구에게나 큰 자산이 된다. 그리고 미래에 대해서는 누구나 잘 모르고 있으므로 자기의 과거에 대해서 자신을 갖는 것은 절대로 필요한 일이다. 자기가 굉장히 고독하고, 자기 눈앞에 열려 있는 상황이 어떤 처지라 해도 자기가 이제까지 걸어온 과거 속에서 자신감과 긍지를 발견하고, 그것을 의지하며 살아나 갈 수 있기 때문이다.

이것은 무엇을 뜻하느냐 하면 중론, 곧 다수의 의견이 반드시 올바르다고는 결코 볼 수 없으며 설사 다 한 사람이라도 자기가 옳다고 생각하면 자신감을 가져야 한다는 뜻이다. 여기에서 개체로서의 신선한 발상이 생긴다.

유대인에게는 많은 적이 있다. 그러나 그것은 유대인 개개인의 탓이 아니다. 따라서 유대인은 만약 주위 사람이 자기 적이 된다고 해도 그것은 자기 탓이 아니라고 생각한다. 그들이 그러한 태도를 취하는 것은 그들의 문제이지, 자기 문제가 아니라고 명쾌하게 결론을 내려 버린다. 그리고 자기가 언제나 옳고, 자기 외에는 신뢰할 자가 없다고 판단하여 자기 중심적인 생활을 한다.

거기에 비하면 동양인은 고독에 빠져 있다. 집단으로 일을 하고 있는 것처럼 보이면서도 사실은 자신감이 없고 고독하며 언제나 초조하다. 예를 들어 동양인이 담배를 피우는 모습, 술 마시는 법, 혹은 노래 부르는 모습을 보면 그로써 고독이나 초조감을 해소시키기보다는 균형을 잃고 비틀거리고 있는 것처럼 느껴진다. 이것은 동양인이 자기 중심의 생활을 보내고 있지 않기 때문에 생활 안에 단층이 생기는 것이라고 하겠다.

이런 방식으로 살아나가면 긍지와 맞서는 용기 혹은 기회를 잡고 과감하게 자기를 주장하고, 그것을 내 것으로 만든다고 하는 대담성을 잃게 된다. 유대인이 어떻게 해서 자기 인생에 자신감을 갖느냐 하면, 역시 유대민족은 위대하다는 것을 기술한 탈무드를 열심히 탐독하기 때문이다.

훌륭한 고전이나 문학은 단지 비즈니스 면에서의 기지를 신장시키는 데 도움이 되는 것만은 아니다. 비즈니스라고 하는 것은 원래 인간사회에 있어서의 승부이므로 개체로서의 자기를 확립시킬 필요가 있다. 조용한 자신감은 언젠가는 겉으로 드러나는 법이다. 그러기 위해서는 한 민족으로서의 전통을 올바로 배우고, 거기에서 민족의 긍지를 이해하여 자기 자신이 자랑할 만한 인간이라고 하는 자신감을 확립하는 일이다. 그것이 저절로 비즈니스의 재치와 결부될 것이다.

풍부한 아이디어의 산실

여기에서 탈무드적 인간이란 어떤 형의 인간을 말하는 것인지 다시 한번 열두가지 항목으로 정리해 보자.

① **늘 배워라** - 그렇다고 수동적으로 습득하는 자세를 취해서는 안 된다.

② **자주 질문하라** - 이것은 결코 다른 사람에 대해서 질문하는 것만을 권장하고 있는 것이 아니다. 늘 모든 일에 호기심을 가지고, 책을 읽을 때나 혼자 눈을 감고 생각에 잠겨 있을 때에도 질문을 계속하는 습관을 가지라는 것이다.

③ **권위를 인정하지 말라** - 사물에 대해서 항상 의심하라. 모든 발전은 기존의 권위를 부정하는 데서부터 출발한다. 인간에게는 곧 인정해 버리지 않는 오만한 데가 있어야 한다.

④ **자기를 세계의 중심에 두어라** - 이것은 타인을 경멸하라는 말이 아니다. 자기를 소중하게 여기는 사람은 다른 사람도 소중하게 대한다. 그리고 이제까지의 세계의 모든 발전은 자신을 존중하는 사람에 의해서 출발되었다.

⑤ **폭넓은 지식을 가져라** - 자기가 받아들인 갖가지 지식은 저절로 서로 작용하여 풍성한 연상력을 길러내고 육감을 날카롭게 한다.

⑥ **실패를 두려워하지 말라** – 실패를 좌절이라고 생각해서는 안 된다. 그 이면에는 성공이 숨어 있다. 성공과 실패는 표리의 관계에 있다. 그만큼 성공에 가까워졌다고 생각해야 된다.

⑦ **현실적이어야 한다** – 될 수 있는 대로 자연스럽게 살아야 된다. 가능성과 함께 한계를 알아야 된다. 인간은 하늘과 땅에 동시에 속해 있는 존재이다. 어느 한쪽에 속하려고 해서는 안 된다.

⑧ **낙관적이어야 한다** – 내일이란 발전을 써 넣어야 할 백지와 같은 것이다. 자기 내부에도 언제나 흰 종이가 마련되어 있다. 여유를 갖고 그 백지를 메워 나가라.

⑨ **풍부한 유머를 가져라** – 웃음은 의외성에 의해 기인한다. 사물에는 항상 뜻밖의 견해가 있다.

⑩ **대립을 두려워하지 말라** – 발전은 대립에서부터 생긴다. 자기 견해에 찬성하지 않는 사람도 소중히 해야 된다.

⑪ **창조적인 휴일을 보내라** – 인간의 진가는 어떻게 휴일을 보내느냐 하는 것으로 판가름할 수 있다.

⑫ **가정을 소중히 하라** – 집은 자기를 키우는 성역이다. 자기를 중심으로 하는 생활을 영위하기 위해서는 자기의 성을 소중히 해야 된다.

그런데 이제까지 동양에서도 탈무드적 인간이 성공한 예는 많았으리라고 생각된다. 다만 탈무드적 인간은 자기가 그렇다는 것을 교묘하게 숨기고 있으며, 종래의 확실성이 높았던 시대에는 조직의 부품이 될 수 있는 인간을 환영했기 때문이다.

이제까지의 모든 기업은 군대와 비슷했다고 생각된다. 군대에서는 지성적인 인간을 싫어한다. 주어진 부서에만 정통한 인간이 높이 인정받아 왔다. 불필요한 지식을 갖고 있거나 비판적인 인간은 제대로 인정받지 못했다. 말하자면 '단세포' 인간이 환영을 받았던 것이다. 그러나 탈무드적 인간은 자기 자신이 하나의 조직으로 되어 있다.

여러 가지 다양하고 이질적인 생각을 많은 서랍에 넣어 두고, 상황이 변하면 그 상황에 맞추어 서랍을 연다. 열 개의 서랍을 가지고 있는 사람이 종래의 조직적 인간이라면, 탈무드적 인간은 수천 개의 서랍을 갖고 있는 셈이다.

자기 안에 많은 아이디어를 가지고 있으면 그 아이디어가 서로 경쟁을 하게 된다. 무의식중에 서로 경쟁을 하고 서로 부딪쳐서, 그 결과로 하나의 발상이 되어 겉으로 드러난다. 탈무드적 인간에게는 지식이 많으면 많을수록 좋다. 지식은 무엇이든지 사용하기에 따라 대단히 중요한 것이다.

또 탈무드적 인간은 자기의 전문분야를 가지고 있다 하더라도 그것이 유일한 분야는 아니며, 모든 방면에 호기심을 가져야 한다. 하나의 분야라고 하는 것은 대학이나 연구소에서 편의적으로 그 분야의 선을 긋는 것이지, 현실의 세계는 결코 단순한 것이 아니기 때문이다. 현실은 좀더 많은 분야와 상호 관련을 갖는 복잡한 세계이다.

동시에 두 가지 이상의 일에 관심을 갖는다고 하는 것은 단지 지식의 양만을 증가시킨다는 뜻이 아니고, 호기심을 한층 더 왕성하게 하고 날카롭게 하는데에 도움이 된다. 이 경우 두 가지 분야가 이질적일수록 상호 자극하는 효과가 크며 두 가지보다는 세 가지, 세 가지보다는 네 가지가 더 좋다. 자기 안에 두 사람 이상의 자기를 육성해야 한다.

 탈무드적 인간은 다양하고 다채로운 인간이다. 특히 오늘날처럼 사회가 역사상 유례 없는 풍요에 의해서 다양화되고 모든 사상(事象)이 상관관계로 파악될 수 있어 종합적인 지식이 요구되고 있는 시대에는, 설령 지금까지는 자기가 관심을 갖지 않았던 분야까지도 음미해 볼 필요가 있게 되었다. 그러다 보면 의외의 호기심 때문에 자기 분야가 또 하나 늘어나게 될지도 모를 일이다. 그리하여 새로운 분야를 경험해 보는 것이다.

 '두 마리의 토끼를 잡으려다 한 마리도 잡지 못한다'라는 속담이 있는, 오늘날에는 '토끼 한 마리를 쫓는 사람보다는 두 마리, 세 마리를 쫓는 사람이 한 마리의 토끼라도 얻을 수 있는 확률이 높다'고 바꾸어 말해야 될 것이다. 탈무드적 인간은 언제나 동시에 두 마리 이상의 토끼를 쫓아왔다.

그러나 얄팍한 지식의 소유자로 그쳐서는 안 된다. 무엇이든 넓게 알고 있다는 데에 안주해서는 안 된다. 역시 몇 가지 분야에 대해서 꽤 깊은 관심을 갖고, 거기에 따르는 상당한 지식이 있어야 된다. 수동적으로 흡수한 지식은 아무리 많이 알고 있다 하더라도 재치는 생기지 않는다. 자기 스스로 구하고, 자기 나름대로 해석하는 것이 중요하다.

폭넓게 많은 지식을 갖고 있는 것을 팔방미인이라고 하여 경멸해 온 것은 지금까지 대학을 지켜온 머리가 굳어버린 학자들이었다. 자기를 지키기 위해서 그렇게 해온 것이다. 그런데 역사상 뛰어난 학자를 보면 모두 한결같이 다방면의 대가들이다. 그들은 육감 또한 뛰어나다.

또 탈무드적 인간에게서 빼놓을 수 없는 것은 날카로운 직감이다. 그러나 직감이란 선천적으로 갖추어져 있는 것이 아니다. 자기 안에 축적해 놓은 풍부하고도 이질적인 지식이나 아이디어가 무의식중에 서로 부딪치고 경쟁하여 훌륭한 발상을 낳게 되는 것이다. 하긴 더러 전혀 글자를 읽지 못하는 문맹자라도 직감이 아주 날카로운 사람이 있다.

이러한 사람들은 사실상 지적인 직감이 날카로운 탈무드적 인간과 공통점이 있다. 그것은 가지고 있는 서랍이 많다는 것이다. 학교 교육을 전혀 받지 않은 사람이 생활의 각 방면에서 직감이 좋다고 한다면, 그 사람은 나름대로 풍부한 인생의 체험을 쌓고 있는 셈이다. 체험이라고 하는 서랍이 없는데도 불구하고 직감이 좋다는 것은 있을 수 없다.

그와 마찬가지로 많은 지식이나 아이디어를 갖고 있는 사람이 날카롭게 갈고 닦은 직감을 갖추게 되는 것이다. 그리고 새로운 문제가 일어나도 그에 대한 해결의 실마리를 곧 자기 안에서 끌어낼 수 있는 사람은 자기 안에 세금 없는 자유시장을 설치하고 있는 것과 마찬가지이다. 지식이나 아이디어는 상품과 같은 것이어서 서로 경쟁을 한다. 그 결과 좋은 것이 나쁜 것을 쫓아내 버린다. 또한 지식이나 아이디어를 조금밖에 갖고 있지 않은 사람은 빈약한 시장을 형성하고 있는 것과 같다. 별로 경쟁이라는 것이 없으므로 당연히 활동이 저조해지지 않을 수 없다.

이런 경우, 유연한 정신을 가지고 있느냐 없느냐 하는 것도 중요한 열쇠가 된다. 이 책에서 나는 유대인은 고지식한 것을 배척한다고 강조해 왔다. 고지식하다는 것은 뒤집으면 편협과 통한다. 따라서 경직화되어 버리는 것이다. 아무리 지식이 자기 안에 축적되어 있다 하더라도 고지식하다면 이것은 통제경제를 자신 속에서 실시하고 있는 것과 같다. 그리고 자기 안에서 지식이나 아이디어가 자유성생을 하는 일이 없어서, 마침내 고지식함은 광신(狂信)의 길로 이어지는 것이다.

'4월의 마음'을 가지고 있는 탈무드적 인간

탈무드적 인간은 중요시된다. 회의석상에서도 반드시 발언해 주기를 바랄 것이고, 혹은 사람들이 그 발언을 기대하고 있을지도 모른다. 이런 사람은 직감이 좋고 머리 회전이 빠르며 지혜가 있는 사람들이다.

탈무드적 인간은 사람들이 모두 좋아한다. 위트가 있고 고지식하지 않으며, 그렇다고 해서 불성실하지도 않다. 또한 해박한 지식을 가지고 있을 뿐만 아니라 항상 호기심에 차 있으므로 이야기를 나누는 상대방이 즐거워한다. 그리고 상대방의 입장을 존중하므로 좋은 상담역 내지는 이야기 상대가 될 수 있으며, 결코 자기의 지식이나 재능을 자랑하고 상대를 압도하려고 하지 않는다.

경건한 유대교도의 남성이라면 모두 머리에 '키파'라고 하는 작고 둥근 모자를 쓰고 있다. 쓰고 있다기보다는 얹어놓고 있다고 하는 편이 좋을 것이다. 카돌릭교의 로마 교황이나 추기경이 쓰고 있는 것과 같은 모양의 것으로서, 이스라엘에 가면 이 모자를 쓰고 있는 사람이 많다.

개중에는 이것을 쓴 채 오토바이나 스쿠터를 타고 다니는 사람도 적지 않다. 바람에 날려가지 않는 것이 신기하게 느껴지지만, 실은 머리핀을 꽂은 것이다. 어째서 키파를 머리에 얹어놓고 있느냐 하면, 자기보다도 높은 사람이 있다는 것을 상기하기 위해서이다. 항상 겸허하라고 하는 것을 가르쳐주고 있는 것이다.

탈무드적 인간은 설사 키파를 쓰고 있지 않더라도 언제나 머리위에 보이지 않는 키파를 얹어놓고 있어야 한다. 겸허함은 자기부정과는 전혀 다르다. 자신감을 확고히 가지고 있지만, 자기의 부족함을 늘 자각하고 타인의 지혜로 자기의 부족을 보완하려고 애쓰는 사람을 말한다.

절대로 자기를 낮추거나 비굴해지지 않으면서도 자기를 귀중하게 여기기 때문에 상대방도 존중한다. 겸허함은 인간관계의 윤활유이다. 자기보다도 큰 것이 존재하고 있다는 것을 언제나 잊어서는 안 된다.

　인간은 어떤 천재라도 일생 동안 어딘가 결함이 있는 존재로서 완전함이란 있을 수 없다. 그러나 완전하다는 것이 없음을 알면서도 완전한 것에 홀려 거기에 접근하려고 노력한다. 그렇게 함으로써 인간은 형성되는 것이다.

　랍비 사캐야는 다음과 같은 아름다운 말을 남기고 있다.

　"사막을 여행하는 자는 별에 인도되어 앞으로 나아간다. 비록 별에 도달할 수는 없지만, 별에 가까워짐으로써 목적지에 닿게 된다. 사람들이 각자 내세우는 이상은 별과 같은 것이다."

　인간은 불완전함을 알고 있으므로 향상되기를 원한다. 탈무드적 인간이 사람들로부터 신뢰를 받는 것도 확고한 자신감을 가지고 있기 때문이다. 누구에게나 영합하려 들지 않으며 부탁을 받는다고 아무 일이나 떠맡지 않는다.

　어떤 일을 떠맡는다는 것은 '예'와 '아니오'를 확실히 잘라 말할 수 있는 사람이다. 물론 자기가 소용된다면 적극적으로 도와준다.

　'무엇을 보아도 웃지 않는 인간과 무엇을 보든 웃는 인간은 경계해야 된다'라고 탈무드에서 말하듯 '아니오'만 해도 안 되고 또 '예'만 해서도 안 된다.

　동양에서는 주위 사람들과 영합해 가려고 하는 충동이 매우 강한 듯하다. 부탁을 받으면 여간해서는 거절하기 어려운 분위기가 짙다. 그리고 서양인들처럼 '예'와 '아니오'를 확실히 잘라 말하는 사람은 사귀기 어렵다고 하는 평가를 받게 된다.

　그러나 앞으로는 동양도 '영합하는' 시대로부터 '자기 중심'의 시대로 변해 갈 것이다. 그리고 할 수 없는 일은 할 수 없다고 말

하는 편이 오히려 동정심이 많은 것이라고 할 수 있다. 동정심은 동서를 불문하고 상대에게 통하는 법이다.

탈무드적인 인간을 사람들이 좋아하는 것은 엄격한 면과 함께 살아있는 것을 즐기기 때문이다.

명랑함은 우울함과 마찬가지로 전염되는 것이다. 신이 만든 세계는 본래 좋은 세계이다. 그러므로 좋은 것을 즐기는 것은 일종의 의무이다.

좋은 경치·음악·술·요리와 같은 것에도 세련된 기호를 가지고 있어야 한다. 그러한 일에도 수동적이어서는 안 된다. 지적인 호기심은 모든 것에 대해서 작용한다. 즐거움을 구하려는 마음을 잃어서는 안 된다.

탈무드적 인간은 젊음을 잃지 않으며, 계절로 말한다면 항상 4월에 살고 있는 것과 같다. 4월의 세계는 향긋한 푸르름으로 충만하다. 이것은 '가시오'의 푸른색 신호이기도 하다. 인생은 언제나 청춘인 것이다. 나이에 관계없이 어딘가 봄을 느끼게 하는 것이다.

이 글을 쓰고 있는 사이에도 창 밖은 비에 젖어 정원이 흐릿하게 빛나고 있다. 하지만 어느 날엔가 또 개일 것이다. 그러면 창 밖은 밝게 빛나리라. 밝은 날도 있고 어두운 날도 있으니까.

모든 일에는 두 가지 면이 있으므로 자기의 성공에 도취되는 일도, 다른 사람의 성공을 시기하는 일도 혹은 타인의 실패를 기뻐하고, 자기의 실패에 좌절되는 일이 있어서도 안 된다고 탈무드는 가르치고 있다.

탈무드적 인간은 포용력을 가지고 있으며 너그럽다. 이러한 인간이야말로 호감을 얻는다. 그리고 항상 유머로 괴로움을 감쌀 수 있다. 인생은 '생각하는 사람'에게는 희극이며, '느끼는 사람'에게는 비극인 듯이 비친다. 웃음의 정신과 포용력은 하나이다.

그리고 무엇보다도 탈무드적 인간은 자기와 공존할 수 있다. 자기와 사이좋게 지낸다는 것은 누구에게나 상당히 어려운 일이다. 그러나 자기와 화해해야만 비로소 외부에 대하여 효율적으로 대할 수가 있는 것이다. 그러기 위해서는 자신과 어울려야 된다.

그리고 내부적인 자기를 가볍게 보아서는 안 된다. 아마 독자가 상상하는 것보다도 내재하는 자기는 탈무드적인 지적 생활을 기꺼이 받아들일 것이다. 각자 시험해 보기 바란다.

Talmud 제3부

유 대 인 의 지 혜

1

지식과 지혜

어느 랍비의 유서

아들이여!
책을 너의 벗으로 삼으라.
책장과 책꽂이를 너희 환희의 밭, 환희의 정원으로 삼으라.
책의 동산에서 체온을 만끽하라.
지식의 열매를, 그 향기도 너 자신의 것으로 삼으라.
만약 너의 영혼이 만족을 느끼거나
아니면 피로에 지쳐 있다면 뜰에서 뜰로, 밭에서 밭으로
또는 이곳 저곳의 정취를 즐기는 것이 좋으리라.
그리하면 새 희망이 솟아나고,
너의 영혼은 환희로 가득 차게 되리라.

쥬다 이븐 티본(1120~1190년, 유대의 이사이자 철학자)

중요한 것은 배우고자 하는 자세

나이가 들면 더 이상 배운다는 게 힘들다고 말하는 것은 유대인에게는 통하지 않는 말이다.

인간은 아무리 나이를 먹어도 배워야 한다.

배우는 것만이 젊음을 되찾는 일이다. 청춘이란 나이만 가지고 따지는 것이 아니다. 그것은 태도에 따른 마음을 가리키는 말이다. 물론 이것은 근대의학에 의해서도 증명되는 바이지만, 유대인이 2천년 전에 기록한 것 가운데도 그렇게 씌어 있다.

유대인은 살아 있는 날까지 배운다. 그들은 배우는 것을 거룩한 의무라고 생각한다. 인간은 천국에 갈 때까지 배움을 멈추지 말아야 한다고 생각했다.

아무리 훌륭한 교사일지라도 끊임없이 배우지 않으면 안 된다고 생각해 왔다. 배움에는 끝이 없는 것이다. 이디쉬어(독일어·슬라브어·히브리어의 혼성어)에서 학자란 히브리어의 '라무단'에서 유래한 말이다. '라무단'은 '알고 있는 사람'을 뜻하는 것이 아니고 '배우는 사람'이란 뜻이다. 거창한 지식을 갖고 있는 사람보다 배우고 있는 사람이 존귀하다고 생각되어 왔고, 지금도 유대인은 그렇게 생각하고 있다.

지식보다 지혜를 중시하라

유대인은 인간에게 있어서 가장 중요한 것은 지성이라고 생각한다. 그 이유는 유대인의 종교적 전통에서 기인하고 있다.

그러나 그후 유대인은 긴 세월 동안 박해를 받으면서 살아왔다. 많은 사람들이 집을 잃고 재산을 빼앗겼다. 그래서 유대인 어머니들은 자기 아이에게 다음과 같은 질문을 한다.

"만약 집이 불타고 재산을 빼앗긴다면 너는 대체 무엇을 가지고 도망가겠느냐?"

그러면 대개의 아이들은 돈이라든가 다이아몬드라고 대답한다.

"아니란다. 모르겠다면 힌트를 주마. 그것은 모양도 빛도 냄새도 없는 것이란다."

이렇게 대답하고는 다시 한번 묻는다.

그래도 대답을 못하면, 갖고 가야 하는 것은 돈이나 다이아몬드가 아니고 '지성'이라고 어머니는 가르쳐 준다. 지성은 그 누구도 빼앗을 수 없으며, 자신이 죽음을 당하지 않는 한 항상 몸에 지니고 도망칠 수가 있기 때문이다.

이와 관련된 격언이 유대에는 많이 있다.

- 만일 생활이 너무 궁핍하여 가산을 팔아야만 될 경우라면 금·보석·집·토지순으로 팔아라. 최후까지 팔아서는 안 될 것은 책이다.
- 만일 두 아들이 있는데, 한 아들은 책을 남에게 빌려 주기를 싫어하고, 또 한 아들은 책을 빌려 주는 것을 좋아한다면 당신의 책을 후자의 아들에게 물려주라.

- 책은 설령 적이라 할지라도 빌려 달라고 한다면 빌려 주어라. 그렇지 않으면 당신은 지식의 적이 될 것이다.
- 책을 읽던 곳을 표시하기 위해 사용하는 도구는 책에 상처를 내지 않는 것으로 사용하라.
- 책을 당신의 벗으로 삼고 당신의 뜰로 삼아라. 그리고 그 아름다움을 즐기고, 열매를 따먹으며 꽃을 즐기도록 하여라.

지식의 상징은 책이다. 1736년에 라트비아의 유대인 거리에서는 책을 빌려 달라는데도 빌려 주지 않는 사람에게는 벌금을 과한다는 조례가 규정되었다. 또 유대인 가정에서는 침대의 발쪽에 책꽂이를 두어서는 안 되며, 언제나 머리 쪽에 놓아 두어야 한다고 전해오고 있다.

유대인 사회에서 지성이 얼마만큼 중시되어 왔는가 하는 증거로서, 학자를 왕보다도 훌륭하다고 하여 높은 존경의 대상이 된 것을 보아도 알 수 있다. 이것은 유대인만이 갖는 자랑할 만한 전통이다. 다른 민족들은 황후·귀족·군인·부자들을 학자보다 높이 생각했다. 그만큼 유대인은 학문을 중요시해 왔는데, 그러면서도 유대인은 지식보다 지혜를 더 중요시해 왔다.

지식을 아무리 풍부히 지니고 있다 하더라도, 지혜가 없는 자는 많은 책을 등에 짊어진 당나귀와 같다고 생각했기 때문이다.

지식은 제아무리 많이 모아도 그것이 좋은 목적에 사용되지 않으면 도리어 해가 되며, 또 단순히 지식을 쌓기만 하는 것은 책을 쌓아두는 것과 같은 이치이다. 지식은 지혜를 갈고 닦기 위해서 몸에 지니는 것이다.

무조건 배우기만 하는 것은 한낱 모방에 지나지 않으므로 바람직하지 못하다. 배운다는 것은 어디까지나 스스로 생각하는 힘을 기르기 위한 기초에 불과하다. 현자(賢者)를 의미하는 히브리어의 '훗헴'은 '호브마(知)'를 가지고 있으며, 그것을 사용할 수 있는 사람을 말한다. 그러나 반드시 지식인을 말하는 것은 아니다.

예컨대 정육점이나 식료품점을 경영하는 사람 중에서도 '훗헴'으로 알려져 있는 사람들이 많으며, 또 옛날의 위대한 랍비들 중에는 양치기나 구두 수선공도 있었다.

그들 가운데서도 가장 지혜있는 사람들은 '탈미트 훗헴(탈무드에 정통한 자)'이라 칭하고, 《토라》에 정통한 사람을 존중했다. 이런 사람들이 반드시 정규교육을 잘 받은 결과라고는 볼 수 없으며, 본래 가진 신분덕으로 '탈미트 훗헴'이란 호칭을 얻을 수도 없었다.

젊은 학생이 지식을 쌓고 지성을 발휘해 가는 동안에 통찰력을 얻고, 또 겸허함을 몸에 익히면 '훗헴'이라 불리우게 된다. 이와 같이 학식과 마찬가지로 겸허도 중요하게 여겼다. 자신이 행복하다고 느끼는 사람은 행복하지만, 자신이 현명하다고 생각하는 사람은 어리석은 자이다. 곡식은 열매가 굵어질수록 아래로 내려가는 법이다. 이것은 현자가 된 증거이다.

'탈미트 훗헴'은 평생 배우는 것을 잊지 않고 부지런하며 지혜가 풍부하다고 생각되는 사람을 호칭하는 말이다.

고대의 유대 사회에서는 '탈미크 훗헴'은 모든 세금을 면제받았었다. 이것은 현명한 사람이 있기 때문에 사회 전체가 도움을 받는다고 보고, 따라서 사회 전체가 이런 사람을 도와주어야 하는 것으로 생각했기 때문이다.

'훗헴'을 유대인이 얼마나 존중했는가를 보여주는 예로서 다음과 같은 것이 있다.

'훗헴'과 부자는 어느 쪽이 더 훌륭한가? 그것은 물론 '훗헴'이다. 왜냐하면 '훗헴'은 돈의 고마움을 알고 있지만, 부자는 '호프마'의 고마움을 모르기 때문이다.

배움은 통찰력을 길러준다

인간은 배우는 것을 통해서 한 가지 중요한 일을 알게 된다. 그것은 무엇에나 의심을 품고 질문한다는 것이다. 질문을 한다는 것은 중요한 것이다. 의심을 함으로써 지혜에 이르게 되며, 알면 알수록 더 깊은 의심이 생겨나고 동시에 질문하는 일이 많아지는 것이다. 그러므로 질문은 인간을 향상시킨다.

자기 자신에 대해서 질문하는 것도 중요하다. 탈무드에서는 '더 좋은 질문은 더 좋은 해답을 얻는다'고 말하고 있는데, 우리들은 간혹 다른 사람들로부터 전혀 예기치 못한 질문을 받고 놀라는 경우가 있다. 이럴 때에는 스스로 생각해도 놀랄 만큼의 좋은 답을 이끌어내는 수가 있다.

질문은 답과 같은 정도의 위력을 갖고 있는 것이다. 호기심이 없으면 의심도 없다. 사색한다는 것은 의심과 대답을 한다는 말이다. 현자란 의문을 품는 빈틈이 없는 사람을 말하기도 한다.

인간으로서 절대적 확신을 갖는다는 것은 불가능한 일이다. 그러므로 의문을 갖게 되면 모든 일에 의혹을 품게 될 것이다. 그러나 심오한 의심을 품기 시작하여 얻어낸 해답은 거의 확고한 것으로 확신할 수 있다.

그리고 어떠한 불분명한 사실이나 의문은 행동을 통해서 밝혀낼 수가 있다. 결국은 행동함으로써 많은 현명한 해답을 찾을 수가 있는 것이다. 고대의 랍비들은 지나치게 사고를 깊이 하는 것은 도리어 행동을 방해하는 것이 아닐까 하고 생각했었다.

주저함과 망설임은 위험하다. 순간적으로 결단을 내리지 않으면 절호의 기회를 놓칠 수도 있다. 시기 적절하게 과감한 행동을 하는 사람만이 승리의 환희를 누릴 수가 있다. 때가 되있는데 머뭇거렸다간 시기를 놓쳐버리기 십상인 것이다.

그렇다면 사람이 배우는 목적은 무엇일까? 완전히 똑같은 상황은 두 번 다시 반복되지 않는다. 그러므로 어떤 새로운 상황에 부딪혔을 때에는 이전의 배운 것을 토대로 할 수밖에 없다. 그렇게 볼 때 인간의 마지막 힘이 되는 것은 사고력뿐이다.

우리들이 배우는 이유는 감성을 잘 닦아 예민하게 하기 위함이다. 오랫동안 산 속에서 지내본 능숙한 사냥꾼은 예리한 감각을 지니고 있다. 이러한 감각은 오랫동안의 체험에서 비롯된 것이라기보다 오랜 체험에 의해 연마된 감성에 의한 것이다. 또한 자신이 직접 체험하지 못했던 일이라도 다른 사람의 체험을 통해서 배우는 것도 생각을 예민하게 한다.

생각이란 설명할 수 없는 어떤 신비적인 것으로 보일지도 모르겠지만, 한순간의 생각에 따라 내리게 되는 결단은 그때까지 쌓아 올려진 영지(領地)에 의해 결정되는 것이다. 생각이란 곧 통찰력이라고 할 수 있다. 그러므로 배운다는 것은 순간적인 통찰력을 기르기 위한 하나의 준비작업인 것이다.

학식이란 시계와 같은 것

학식은 밖으로 드러낼 만한 성질의 것이 못 된다. 자기가 우수하거나 자신에게 힘이 있다는 것을 자기 스스로가 내세워서는 안 된다. 사람들은 대게 그런 사람을 혐오하기 마련이다.

탈무드에서는 학식이나 능력은 값비싼 시계와도 같다고 말하고 있다. 말하자면 시간을 묻는 사람이 있어야 비로소 시계를 꺼내는 것이지, 갖고 있다는 것을 자랑하기 위해 내보여서는 안 되는 것과 같다. 퍼내도 퍼내도 마르지 않는 샘물처럼 학식이 풍부해야 한다. 유대인은 학식을 우물에 비유하여 '깊은 우물은 아무리 퍼내도 마르지 않지만, 얕은 우물은 곧 바닥이 나타난다'고 말한다.

돈이나 재물은 언제라도 잃어버릴 수 있지만, 지식은 일평생 따라다닌다. 그러므로 '배우는 일은 일생의 일'이라고 하는 것이며, '나는 스승에게서 많은 것을 배운다. 그리고 친구들로부터도 많은 것을 배운다. 그러나 가장 많이 배울 수 있는 상대는 학생들로부터이다'라고 하는 겸허한 생각이 나올 수 있는 것이다. 일찍이 아브라함 벤 에즈라는 '지혜는 겸허함을 낳는다'고 말했다.

교육의 두 종류

하늘의 시작은 어디서부터인가? 이런 질문에는 어떻게 대답해야 할까? 그것은 당신의 발 밑에서부터 시작된다고 대답할 수도 있을 것이다

예컨대 개미에게 있어서 하늘의 높이는 어느 정도일까? 그것은 아마 당신의 신발 부근에서 시작될지도 모른다. 그러면 세계는 도대체 어디서부터 시작되는 것일까? 세계는 당신 자신으로부터 시작된다.

그러나 사람들은 흔히 이렇게 말하는 것을 듣게 된다.

"나는 이 세계를 훌륭하게 만들 힘이 없다. 나는 아주 무력한 존재이다."

그러면서 자신은 세계의 일부가 아닌 것으로 생각해 버린다. 이러한 생각은 크나큰 오류이다. 그리고 실제로 이처럼 무기력한 사람은 아무 쓸모도 없다. 모든 문제는 인간으로부터 출발된다. 세계가 안고 있는 갖가지 어려운 문제를 더욱 확대시킬 수도 있고, 반면에 그것의 해결을 위해 당신의 힘을 빌려 줄 수도 있다. 당신은 당신 자신이 생각하는 만큼 무력하지도 무능하지도 않다. 적어도 당신의 힘으로 당신 주위의 세계를 변화시킬 수가 있을 것이다.

그렇다면 이 세계 속에서 가장 중요한 것은 과연 무엇일까? 그

것은 바로 가정이다. 그러므로 흔히 가족관계가 원만한 사람들은 불행한 일이 적다. 그 다음에 자기의 직업이 있으며, 또 자기가 살고 있는 지역 사회가 있다. 어떻게 하면 보다 나은 세계를 만들 수 있을까? 그것은 먼저 배움으로써 보다 좋은 환경을 만들 수가 있다. 배운다고 하는 것은 단순히 학교를 다닌다거나 책을 읽거나 하는 것만을 의미하는 게 아니다. 주위 사람들이 무엇을 바라고 있는가 하는 것을 배우는 것도 중요한 공부의 일부이다.

내가 동양 사회에 대해 걱정을 하는 것은, 배운다는 것이 학교교육이나 혹은 직업에 도움이 되는 지식을 얻는 것과 같이 아주 좁은 뜻으로 한정되어 있다는 사실이다.

동양에서는 안타깝게도 공부를 한다거나 배운다고 하는 것을 모두 손익과 결부시켜 생각하고 있다. 배우는 폭이 좁고 한정된다면, 인간이 바람직하게 살아가는 데 지장을 줄 것이다. 배우는 목적은 인간다운 생활을 하는 매력을 증대시키는 데 있다.

현대 학문에 있어서도 선악의 개념으로 구별되어 제거되어야 할 것은 마땅히 제거되어야 하는데도 불구하고, 현대 과학은 사실만을 취급하고 선악과는 무관한 것이라고 생각되고 있다.

과학이란 속성이 그런 것인지도 모른다. 그러나 사람들은 흔히 과학이 인간의 도구라는 사실을 잊어버리고 있다. 그러므로 인간이 과학을 이용하기 위해서는 선악의 판단을 하지 않으면 안 된다. 따라서 어디까지나 객관적인 학문 그 자체로는 우리들의 도구에 불과하다.

과학 기술은 인간의 생활을 크게 변화시켜 놓았다. 과학 기술의 발달로 선진 공업사회는 인간들을 지난날의 굴욕적인 빈곤으로부터 해방시켰다. 과학이야말로 인간 생활을 가장 크게 향상시키는 힘이 되었다. 그러나 과학의 힘을 지나치게 믿어버린 결과 자신도 모르는 사이에 어느새 과학이 세계의 지배자라는 잘못된 생각을 하는 것은 아닐는지?

인간의 생활에서는 어떤 것이 좋고 나쁜가 하는 가치판단이 정립되어 있지 않으면 안 된다. 그러나 지나치게 좋고 싫은 것만 따지며 살아가는 사람은 기회주의자로 변해 버린다. 이득과 손실도 그렇다. 인간은 순간을 초월하여 살지 않으면 다른 사람으로부터 호감을 살수가 없다. 꾸준한 인내를 가지고 있는 사람만이 사람들로부터 신뢰를 얻을 수 있으며, 신용이란 바로 그런 것을 말한다. 선악의 판단은 한 사람의 인간으로부터 비롯된다.

탈무드에서는 '다른 사람들보다 훌륭한 사람은 두 종류의 교육을 받는다. 그 하나는 교사로부터 받는 것이며, 또 다른 하나는 자신으로부터 받는 것이다'라고 말하고 있다. 자신으로부터 받는 교육이라는 것은 자기 자신에게 내해 교사가 되는 동시에 지도자가 되어야 한다는 말이다. 리더십은 그로부터 비롯된다. 자기 자신을 지도할 때에는 무엇보다도 도덕적인 원칙이 기준이 되어야 한다. 그리고 다음으로는 좋은 시민으로서의 충분한 고려가 있어야 한다.

인간에겐 빛과 그림자의 두 가지 면이 있다. 아무리 착한 사람에게도 그림자가 있는 법이며, 어떠한 악인에게도 빛이 있기 마련이다. 그러므로 그림자가 있다고 해서 부끄러워할 필요는 없다. 빛의 부분을 더욱 밝게 하면 되는 것이다. 반면에 빛의 부분이 크다고 자만해서도 안 되며 언제나 뒤를 따라다니는 그림자 부분을 작게 하기 위한 노력을 게을리 해서도 안 된다. 인간의 어떠한 교육도 이 세계를 위해 도움이 되는 것이어야만 한다.

인간은 왜 태어났을까? 탈무드는 이렇게 답하고 있다.

"인간은 자기 보존과 타인을 돕기 위해 태어났다."

옛날의 랍비들은 자신만을 위해 살아서도 안 되고 타인만을 위해 살아서도 안 된다고 생각했다. 자기 자신만 생각하는 사람은 비열하고, 자기 희생만을 추구하는 사람은 광신적으로 되기가 쉽기 때문이다.

남을 초월하기보다 자기를 초월하라

인간은 선척적으로 게으르다. 그러므로 새로운 사상(事象)에 대한 관심을 멈추어 버리면 생활도 사고도 단조로운 반복이 된다.

알버트 아인슈타인 박사는 '인간은 항상 새로운 것을 생각하지 않으면 로봇처럼 되어 버린다.'라고 경고한 바 있다.

생각하지 않고 타성에 젖어 움직이면 기계와 다름이 없다는 말이다.

또 토마스 만은 이렇게 말하고 있다.

"습관이란 인간에게 있어 잠자는 것과 같다. 어린 시절이나 청춘기에 시간이 길게 느껴지는 것은 항상 새로운 것을 대함으로써 자극이 강하기 때문이며, 반면에 중년 이후에는 1년이란 세월이 빨리 지나가 버리는 것처럼 느껴지는 것은 너무나도 많은 습관이 축적되었기 때문이다."

오늘날의 생활에서 대중에게 매스 미디어가 어떤 작용을 하고 있는가에 대해 생각해 보자.

아침에 일어나면 직장에 나가기 위해 서둘러 준비를 하면서 뉴스를 듣는다. 신문을 읽으면서 식사를 하거나 혹은 통근차 안에서라든가 회사에 도착해서 신문을 읽는다. 근무 후에는 일주일에 몇 번씩 주간지도 본다. 신문이나 주간지는 모두 뉴스를 나름대로 대중화시키며 취급하고 있다.

대중들은 어째서 신문이나 주간지를 읽는 것일까? 진실을 알기 위해서일까? 그렇지 않으면 다른 사람들은 알고 있는 사실을 자신도 모르고 있다면 불안하기 때문일까? 어쨌든 이제는 신문이나 주간지를 읽는 것이 자연스런 습관이 되었다.

매일매일 새로운 뉴스가 계속해서 밀어닥친다. 그리고 우리들은 그것을 매일의 식사처럼 소화해 버린다. 그러면 또 다음날에는 신문이나 텔레비전이라는 접시에 새로운 뉴스라는 음식이 담겨져 나오는 것이다.

텔레비전도 역시 습관화된다. 동양에서나 서양에서나 텔레비전의 교육 프로그램은 거의 인기가 없다. 교육 프로그램보다는 소위 수준이 낮은 프로의 시청률이 더 높다. 그 이유는 교육 프로의 수준이 형편없기 때문이다. 나 역시 텔레비전이 처음 나왔을 때 그 앞에서 거의 못박혀 있듯이 앉아서 여러 가지 오락 프로를 보았다. 그러나 얼마 가지 않아 눈앞에 놓여 있는 땅콩처럼 고소한 것에 끌려들어 텔레비전 보는 것을 그만둘 수 없다는 사실을 알게 되었다.

그러나 텔레비전 말고도 인간생활 속에서 이와 같이 굳어진 습관으로 해서 많은 시간을 빼앗기는 일이 얼마나 많은가? 한번 자신의 생활을 돌이켜볼 필요가 있지 않을까?

이제는 부지런한 것만으로는 좋은 평가를 얻을 수 없다. 부지런한 것도 일종의 습관과 같은 것이기 때문이다. 신체의 컨디션을 잘 유지하기 위해서는 평상시에 충분히 걷고 운동을 해야 된다는 사실을 누구나가 알고 있다. 그런데 높은 수준의 능력을 유지하기 위해서는 언제나 새로운 지적 자극을 받는 것이 필요하다는 사실을 인식하고 있는 사람은 드문 것 같다.

항상 새로운 것을 탐구하고 힘을 기르는 데 온힘을 정진해야 한다. 지성은 은그릇과도 같아서 자주 닦지 않으면 퇴색해 버린다. 그렇기 때문에 많은 지식을 쌓아 그런 것들의 조화로 말미암아 새로운 지혜와 통찰력이 솟아나게 해야 한다.

인생의 최대의 목적은 무엇일까? 그것은 바로 꾸준히 자기 자신을 창조해 나가는 것이다. 인간은 누구나 어머니의 뱃속에 있다가 태어난다. 이것은 생물학적 출생이다.

그러므로 인간은 다시 한번 이성적 출생을 해야 한다. 즉, 자기 자신의 자아를 탄생시키는 것이다. 따라서 인간은 자기 생애를 통해 두 번 태어나는 것이다. 모든 인간은 자기 나름대로의 창조력을 갖고 있다. 그러나 많은 사람들은 스스로가 갖고 있는 창조력을 개발하려 하지 않는다.

탈무드에서는 다음과 같이 말하고 있다.

"다른 사람보다 훌륭하다는 사람은 진정 훌륭한 사람이라고 말할 수 없다. 이전의 자신에 비해 향상된 사람을 진정 훌륭한 사람이라고 부를 수 있다."

타인을 초월하려 하기보다는 자신을 초월하기 위해 노력하는 사람이 언젠가는 다른 사람보다 앞서게 되는 것이다.

부모의 유산

최근의 부모들은 자식들에게 자전거나 피아노를 사주거나 혹은 좋은 학교에 보내기 위해 노력하는데, 이러한 현상은 그들이 과거에 갖지 못했던 것들을 자식에겐 주려고 생각하는 소치일 것이다. 그러나 굳이 그렇게 하지 않더라도 부모가 갖고 있는 고유한 것만으로도 사실은 자식에게 줄 것은 충분할 것이다. 부모들이 가진 사랑·근면성·겸허함·검소함, 이러한 것들을 자식들에게 물려주는 것만으로도 훌륭한 교육이 되는 것이다.

자식들이 좋은 회사에 취직하거나 명문학교에 다니도록 해주는 것은 물론 나쁜 것은 아니다. 그러나 부모가 갖지 못했던 것을 자식들에게 주고자 하고, 부모가 하지 못했던 일을 자식들에게 시키고자 하여 부모가 갖고 있는 소중한 정신적 유산을 자칫 잊기가 쉽다.

탈무드는 말한다.

"아버지가 나의 마음에 남겨준 것을 나는 자식들에게 물려주고 있다."

또 이런 경우도 있다.

"다섯 살의 아들은 당신의 주인이며, 열 살의 자식은 노예이고, 열다섯 살의 자식은 동격이 된다. 그리고 그 뒤는 양육 방법에 따라 친구도 될 수도 있고 적도 될 수 있다."

부모와 스승은 신과 같다

캘리포니아주의 사클라멘트에 가면 그 주(州)의 의회장 건물에 다음과 같은 문구가 새겨져 있다.

"우리 고장의 높은 산들보다 더 높이 솟아오르는 인간을 만들자."

이와 비슷한 발상이 유대인의 마음속에도 깃들어 있다. 히브리어로 산을 '하림'이라 하고, 부모는 '호림'이라고 하며, 교사는 '오림'이라고 한다. 그래서 유대인은 부모와 교사는 산과 같은 것이어서 보통 사람들보다 높이 솟아 있다고 생각한다.

산이 하늘보다도 높이 솟기를 원해서 산정(山頂)이 위로 치솟아 있는 것과 마찬가지로, 그들도 자식들이 더 높은 곳에 이르도록 가르친다. 자식들이나 학생들은 이 산의 높이만큼 달하지 않으면 안 된다고 교육을 받는 것이다.

유대인은 어느 민족보다도 교육열이 강한 민족이기 때문에 세 살 때부터 공부를 가르치기 시작한다. 그들은 일주일에 6일 동안 하루에 6시간 내지 10시간씩을 공부하는데 쏟는다. 그들은 선생의 집이나 학교에서 《토라》나 《탈무드》를 암기하며, 버미츠바(성인식)를 준비하는 것이다.

2 균형의 조화

돈과 섹스를 혐오하지 말라

유대인은 결코 금욕적이 아니다. 또 유대에는 청빈이라는 개념이 없다. 그러나 일반적으로 젊었을 때는 가난한 것이 낫다고 생각하고 있다. 물론 가난한 청년이 후에 성공을 하면 바람직한 일이다.

그러나 만약 그렇지 못할 경우에는 비극이다. 그러나 젊기만 하다면 가난은 성공할 수 있는 기회를 제공해 주는 하나의 계기가 된다. 가난을 탈피하고 싶다는 충동만큼 강한 힘은 없다. 그러나 중년이 되고 나서도 가난한 것은 불행이다. 젊음은 원인이며, 중년은 결과이기 때문이다. 유대인은 돈이나 섹스를 혐오하지 않고 오히려 인생에 도움이 되는 것이라고 생각하고 있다.

돈과 섹스에는 하나의 공통점이 있다. 그것이 없다면 오로지 그 일만을 생각하지 않으면 안 된다는 것이다. 그것이 있을 때에야 비로소 다른 것을 찾을 마음의 여유가 생겨난다.

그래서 가난을 죄악이라든가 수치라고는 보지 않으나, 그렇다고 미덕이라고도 생각지 않는다. 부족하지 않은 상태가 가장 좋다.

특히 가난은 인간의 행복에 있어서는 커다란 적이다. 왜냐하면 가난한 사람은 정신적으로 독립하기가 매우 어렵기 때문이다. 성서에는 '지혜가 힘보다 낫다. 그러나 가난한 자의 지혜는 멸시받고 그가 말하는 것은 들어지지 않는다(전도서 9장 56절)'라고 씌어 있다. 성서 시대나 현대의 인간사회는 다를 바 없는 것이다.

그런데 유대인 사회에도 거지가 있었다고 하면 놀랄 사람이 있을지도 모른다. 하지만 실제로 동유럽의 시골이나 도시에는 반드시 개인이나 집단의 거지패가 있었다. 그들은 '슈노렐'이라고 불리웠는데, 집집마다 찾아다니며 구걸하는 일은 없었다.

거지도 하나의 직업으로 신의 허락을 받은 존재라고 생각했었다. 그들은 사람들의 선행의 대상이 되어 왔던 것이다.

슈노렐 가운데는 굉장한 독서자가 많았는데. 탈무드에 통달하고 있는 자도 적지 않았다. 시나고그의 단골손님이기도 하며 교우의 한사람으로서 《토나》나 《탈무드》의 토론에도 참석했었다.

이러한 연고에서인지 《탈무드》에는 가난한 사람을 변호하는 격언도 종종 나온다.

- 가난하다고 해서 바보 취급을 하지 말라. 그 중에는 학식이 높은 사람이 많기 때문이다.
- 가난한 사람을 업신여기지 말라. 그들의 옷 속에는 영지(領地)의 진주가 숨겨져 있다.

유대교는 삶의 환희를 추구하는 것

고대 유대 사회에는 세속적인 것을 완전히 등지고 은자 같은 생활을 하는 사람들이 있었다. 그들은 종교적인 수도자였었다. 마치 선인(仙人)과 같은 생활을 영위하면서 신을 향한 기도 생활을 계속했다.

'나지르인'이라고 불리우는 이들은 술과 여자를 멀리했다. 사막에서 1년 또는 10년씩도 살았다. 그러나 나지르인이 다시 환속했을 때에는 신에게 용서를 빌지 않으면 안 되었다. 유대교에서는 삶의 기쁨을 부정한다는 것은 죄악이기 때문이었다. 오늘날에도 그와 같은 사람은 신에게 용서를 구해야만 할 것이다.

인생에는 돈·술·노래·섹스 등과 같은 즐거움도 필요한 것으로서 때로는 규제를 벗어나는 것도 바람직한 일이다. 때로는 취해서 쓸데없이 지껄여보는 것도 좋고 노래를 크게 불러보는 것도 좋다. 어쩌다 싸움을 한다 해도 무방하다. 그러나 물론 그렇게 행동하는 것은 어디까지나 착실하고 정상적인 생활을 유지하기 위한 것이라는 전제가 있어야 한다.

인생의 톱니바퀴가 한때 어긋나는 것을 두려워할 필요는 없다. 그렇지만 전 생애를 그르치는 행동은 두려워해야 한다.

사해(死海)처럼 저장만 해놓지 말라

인간은 모든 것을 소유하려는 욕심을 품어서는 안 된다. 솔선해서 남과 더불어 나눠 가지고자 하는 사람의 주변에 사람들이 모여든다. 나눠 준다는 것은 중요하다. 갈릴리 바다와 사해는 그러한 교훈을 우리들에게 가르쳐 주고 있다.

이스라엘에는 두 개의 내해(內海)가 있다. 그 하나는 갈릴리 바다이며, 다른 하나는 사해(염해)이다.

사해는 해변보다 392미터 아래에 있는데, 오늘날에는 이름난 휴양지가 되어 있다. 주변에는 사막이 펼쳐져 있고 대안에는 요르단 영토가 있다. 사해의 물은 염분의 농도가 짙어 사람이 물 속에 들어가도 가라앉지를 않는다. 염분의 비중이 너무 커서 물에 뜨는 것이다. 사해에는 아무 생물도 살지 않는다.

그러나 갈릴리 바다는 담수여서 물고기가 살고 있다. 그곳은 베드로가 그물을 던졌다고 해서 유명하며, 오늘날에 와서는 '세인트 피터스피쉬(성 베드로의 물고기)'라는 맛있는 물고기가 명물로 등장하여 해변가에는 몇 개의 요리점이 자리잡고 있다. 해안에는 많은 수목들이 수면 위로 가지를 뻗고 있어 새들이 모여 지저귀는 활기차고 아름다운 풍경을 이루고 있다.

그런데 사해에는 생명 있는 것은 아무것도 살지 않는다. 주변에는 나무도 없어 새가 노래하는 일도 없다. 사해 위에 떠도는 공기마저 답답해 보인다. 그리고 사막에 살고 있는 동물들이 물을 마시러 나타나는 일도 없다. 그래서 옛사람들은 죽음의 바다, 즉 사해(死海)라고 이름지었던 것이리라.

갈릴리 바다는 요르단 강물을 받아들이고 있다. 그러나 사해처럼 그저 저장만 하는 일은 없다. 갈릴리 바다에서 요르단 강이 이어져 다시 사해로 들어간다. 그러나 사해는 물이 흘러나가는 강을 갖고 있지 않다. 받아들이는 물을 모두 자신의 것으로 만들어 버리는 바다이다.

그리하여 유대의 현인들은 갈릴리 바다는 받아들인 만큼을 남에게 주기 때문에 항상 신선하며, 사해는 자신에게로 흘러 들어오는 모든 물을 자신의 것으로 만들어 버리기 때문에 생물이 살 수 없고, 또 생물과 가까이 지낼 수도 없다고 생각했다.

인생에서도 이와 같은 사람이 있다. 물은 흐르는 상태가 아니면 물고기가 살 수 없고, 동물이 물을 마시러 오지도 않는다. 받기만 하고 주는 것에 인색하다는 동양인들로서는 다시 생각하게 하는 교훈이 아니겠는가.

사흘에 한 번 마시는 술은 금이다

유대인들은 금욕적이 아니기 때문에 술은 좋은 것으로 되어 있다. 탈무드에는 '아침의 술은 돌, 낮의 술은 구리, 밤의 술은 은, 사흘에 한 번 마시는 술은 금'이라고 씌어 있다. 그렇지만 유대인은 결코 만취하지 않는다. 유대 문학 속에도 그와 같은 인물은 거의 나오지 않는다.

그렇지만 술은 유대인과는 불가분의 관계에 있다. 아이들은 어려서부터 포도주 맛을 배운다. 샤바트 때에는 술은 빼놓을 수 없는 즐거움의 일부이다. 성서에도 술의 효용에 대해서 여러 번 언급되어 있다. 성서 속의 비유에는 술이 많이 등장하는데, 이것은 즐거운 일이나 풍요함을 나타내는데 이용되고 있다. 탈무드에서는 '술은 적당히 마시면 뇌를 활성화시킨다'라고 가르치고 있다.

그러나 동시에 그 정도가 지나치면 지혜를 잃는다는 것을 경고하고 있다. 랍비들은 '술은 오랫동안 인간에게 훌륭한 약이 되어 왔으므로, 술이 있으면 약은 없어도 좋다'고 말하고 있다.

랍비 이스라엘은 "술은 사람의 마음을 열어줌으로써 너그러움을 갖게 한다."

이렇게 말하고 있다. 그러나 현인들은 술은 좋은 것이지만, 지나치게 마시면 안 된다고 경계해 왔다. 밤이 되면 다른 민족의 많은 사람들은 술에 깊이 빠지는 데 비해, 대부분의 유대인들은 적당히 마신 후 책을 읽고 감미로운 음악을 감상한다.

탈무드는 "사람이 죽어 신 앞에 섰을 때, 신은 모처럼 인간에게 내려 준 온갖 즐거움을 피한 것에 기뻐하지 않는다."

이렇게 적고 있다.

이와 같이 랍비들은 금욕적인 것은 신이 인간에게 부여해 주신 온갖 즐거움을 무시하는 것이므로 내세에서 벌을 받는다고 생각했으나, 이것은 유대인의 인생을 즐기고자 하는 태도의 일면이다. 그들은 즐기는 것이나 일하는 것은 어디까지나 적당한 선에서 그쳐야 하며, 그 도를 지나쳐서는 안 된다고 생각했다.

가톨릭의 신부와 신교의 목사와 유대교의 랍비, 세 사람에 관한 에피소드가 있다.

어느날 그들은 함께 식사를 하게 되었다. 세 사람의 앞에는 먹음직한 한 마리의 커다란 물고기가 요리되어 나왔다. 세 사람은 각기 나름대로 식전 기도를 올렸다.

그리고 나서 먼저 가톨릭의 신부가 "로마 교황은 교회의 머리니까 나는 머리 부분을 먹겠소."라고 말하고 고기를 반으로 잘라 머리가 붙은 부분을 가져다가 자기의 접시에 놓았다.

다음에 신교의 목사가 "우리들은 최후의 진리를 장악하고 있으므로 난 꼬리 부분을 먹겠소."라고 말하고 꼬리가 붙은 나머지 반토막을 자기 접시로 가져갔다.

랍비에게는 소스와 야채가 조금 남겨져 있을 뿐이었다. 랍비는 이렇게 말하면서 야채와 소스를 자기 접시로 옮겼다.

"유대교에서는 양 극단을 싫어하지요."

🍎 이러한 이야기는 유대인의 처세술에 관한 것으로, 유대인들은 극단적으로 살아가는 것보다는 균형을 취하는 것을 중시한다는 사실을 알려주는 것이나. 무엇을 하든 적당히 한다는 이치이다. 때로는 규제를 벗어나는 경우가 있더라도 최저의 균형은 지키라는 것이다. 금욕적인 것을 추구하는 사람들에게 있어서는, 술을 포함한 인생의 모든 즐거움은 나쁜 것으로 생각되고 있다.

만일 인간에게 강점만 있다면 얼마든지 어려운 것을 요구해도 좋을지 모른다. 그러나 인간은 누구나 약점도 함께 갖고 있다. 즉, 인간은 어느 정도 약함을 지니고 있다는 사실을 인정해야 할 것이다. 그렇다고 해서 약함을 장려하는 것은 아니다. 그러나 어느 정도의 허세나 탐욕이나 게으름을 피우고 싶은 마음 같은 것은 허용되어야 할 것이다.

늘 긴장해 있는 인간은 오래 살지 못한다. 그래서 무조건 약함을 꺼려하고 싫어하기보다는 어느 정도의 약함을 인정하는 것이 좋은가 하는 것을 문제삼는 편이 현실적이라 하겠다.

어느 정도의 약점을 지니고 있는 것은 어떤 면에서는 건전하다고 볼 수 있다.

시간은 생명과 같은 것

내가 뉴욕에서 고등학교에 다니고 있을 때, 교사였던 랍비 한 사람이 차고 있던 시계의 뒷면에 '시간을 중히 여기라'는 경구가 새겨져 있었다. 그는 어느 땐가 시계를 우리들에게 보여주었는데, 대부분의 학생들은 너무 진부한 말이 아닌가 하고 생각했었다.

그 랍비는 우리들이 별로 감동하는 눈치를 보이지 않자, 시계를 다시 팔목에 차고서는 이렇게 말했다.

"미국에는 '타임 이즈 머니(시간은 돈이다)'라는 금언이 있는데, 나는 이것은 잘못된 말이라고 생각합니다. 왜냐하면 이것은 자칫 오해를 불러일으킬 소지가 있기 때문입니다. 만약 시간이 돈이라면 이것은 우선 자기에게 주어진 시간을 어떻게 쓰면 좋을지를 모르는 사람이든가, 혹은 돈을 어떻게 써야 할지 모르는 사람들에게 해당되는 말입니다. 다시 말해서 시간이나 돈에 대해서 알지 못하는 사람들에게 한 말이라는 것입니다. 안 될 일입니다. 우선 시간은 돈보다도 훨씬 더 귀중한 것입니다. 이 두 가지는 서로 비슷하다거나 공통점을 전혀 갖고 있지 않습니다. 왜냐하면 돈은 저축할 수가 있지만 시간은 저축할 수 없으며, 한번 잃은 시간은 되돌려 받을 수도 없고 그 누구의 시간을 빌릴 수도 없기 때문입니다. 또한 인생이라는 저축되어 있는 시간이 얼마나 되는지도 알 수 없습니다. 그러므로 '타임 이즈 머니'라는 말은 완전히 틀린 말입니다. 오히려 '타임 이즈 라이프(시간은 생명이다)라고 해야 맞는 것입니다."

그 말을 듣고 우리들은 모두 큰 감명을 받았다. 탈무드에서는 인간을 재는 네 가지 척도에 대해 기술하고 있다. 즉 돈·술·성(性)·시간에 대한 태도이다. 그런데 이 네 가지 것에는 상호 공통점이 있다. 그것은 바로 매력적인 것이긴 하지만, 그 도를 지나쳐서는 안 된다는 것이다. 그리고 나서 이 랍비는 우리들이 졸업하기 전에 이렇게 말했었다.

"소년은 부모가 생각하고 있는 것보다 3년 빨리 어른이 됩니다. 그리고 자신이 그렇게 되었다고 생각되는 2년 후에는 진정한 어른이 됩니다. 다인들도 마찬가지입니다."

랍비는 이것을 탈무드에 있는 말이라고 했는데, 이것은 매우 함축성 있는 말이었다. 그리고 또 다음과 같은 말도 했다.

"인생에서 돈·술·성(性)·시간은 그 도를 지나쳐서는 안 됩니다. 처음의 세 가지는 웬만하면 지킬 수 있는 일이지만, 맨 나중의 시간에 대해서는 그다지 신경을 쓰지 않지요. 무심코 쓸데없는 일에 시간을 흘려보내기 쉬우니까요. 어른이 되었을 때 내가 이렇게 이야기했던 것을 기억하기 바랍니다."

그리고 이러한 이야기도 들려주었다.

어느 날 두 사나이가 악한에게 쫓겨 깊은 골짜기의 절벽 끝까지 왔다. 골짜기를 건너는 데는 한 가닥의 줄이 걸쳐져 있을 뿐이었다. 그리하여 두 사람은 이 줄을 잡고 건너기로 하였다.

우선 한 사나이가 줄타기 선수처럼 재빨리 건넜다. 그런데 두 번째 사나이는 천길 낭떠러지 아래를 내려다보고 두려움에 떨면서 소리쳤다.

"당신은 어떻게 그렇게 잘 건넜소? 무슨 비결이라도 있소?"

그러자 이미 건너간 사나이가 대답했다.

"이런 밧줄 타기는 처음이라서 잘 모르겠소만, 한편으로 기울어지려고 할 때는 다른 한쪽에 힘을 주어 균형을 잡으면서 건넜소."

🍎 이것은 인생을 밧줄타기에 비유한 이야기다. 인생만큼 균형을 잡고 살아가야 할 것도 없다. 아마 유대인 처세술의 그 진수는 균형을 잡는 데에 있을 것이다. 어떤 일이건 균형을 맞춰 적당히 해야 한다.

유대인은 돈·술·성(性) 같은 것들을 그리스도 교도들처럼 죄악시하지는 않는다. 앞서 말했듯이 신이 내려주신 즐거움을 굳이 피하는 것도 죄가 된다고 생각함과 동시에 도가 지나쳐도 죄가 된다고 생각하는 것이다.

감정에 의해 노출되는 정열은 위험하다

정열에는 감정에 의해서 노출되는 정열과 이지(理知)에 의해 지탱되는 정열의 두 종류가 있다.

감정에 의해 노출되는 정열은 위험하다. 감정은 쉽게 격양되고, 오래 지속되지 못한다. 그러나 이성(理性)은 일생을 지배할 수가 있다. 예를 들면 아인슈타인의 상대성 원리 등은 그와 같은 정열의 소산이다. 모든 어려움을 극복하고 이성적 감정의 정열로 말미암아 마침내 그러한 업적을 달성한 것이다. 감정의 정열로 인해 일신을 망치는 것에 대해 신랄하게 경고하는 유대인의 전통이 있다. 이러한 정열은 스스로 경계해야만 한다.

이러한 정열은 인생의 톱니바퀴를 어긋나게 한다. 연애도 마찬가지다. 유대인은 웬만해선 불 같은 연애는 하지 않는다. 물론 그들도 인간이므로 연애를 하지만, 연애는 가정을 이루기 위한 것이라고 생각하는 것이 보편적이다. 또한 유대인은 중용을 중요시한다. 그리고 과격한 것을 싫어한다. 이것이야말로 유대인의 처세술의 요체이다. 하지만 그렇다고 해서 감정을 경계하는 것은 아니다.

탈무드는 다음과 같은 아름다운 말을 쓰고 있다.

"마음이 가득 차면 마음은 눈으로부터 넘쳐 나온다."

마음의 상태는 눈빛으로 나타나는 것이라 보고 감정의 존재를 긍정하는 것이다.

유대인 부모들은 아이가 울 때면 '웃음은 풍력(風力), 울음은 수력(水力)'이라는 말로 놀리곤 했다고 한다. 그러나 세월의 시련을 거치고서 가치를 잃는 것은 진정 존경할 만한 가치가 없다. 감정은 시간의 시련에 따라 변하기 마련이다.

　유대인은 동정을 베푸는 일을 '레헴'이라고 한다. '레헴'이라는 말의 어원을 알게 되면 자못 흥미가 깊다.

　성서에 따르면, 신은 이 세상을 정의만이 지배하는 곳으로 만들고자 했으나 그것이 불가능해지자 하는 수 없이 인간이 어려움을 견뎌낼 수 있도록 동정심을 주었다고 말한다.

잡초나 녹(綠)도 도움이 되는 것

　　아무리 하잘것 없는 것이라 해도 도움이 되는 수가 있다. 밭에서 한 농부가 허리를 구부리고 땀을 뻘뻘 흘리며 열심히 잡초를 뽑고 있었다.

　"이 지긋지긋한 잡초만 없다면 이런 고생을 안 해도 되고 밭도 깨끗할 텐데, 어째서 하나님은 이와 같은 잡초를 만들어 냈을까?"

　농부는 혼자 중얼거렸다. 그러자 이미 뜰의 한쪽 구석에 뽑혀진 잡초가 그에게 말했다.

　"당신은 나를 지긋지긋한 존재라고 말하는데 그건 그렇지가 않답니다. 우리는 사실 매우 유익한 존재지요. 우리는 진흙탕 속으로 뿌리를 뻗음으로써 흙을 갈아주고 있는데, 우리가 아예 없다면 아마도 흙을 우리만큼 잘 갈 수가 없을 것입니다. 게다가 우리는 비가 내리면 진흙이 흘러내리지 않도록 막아주고, 건조할 때에는 바람에 모래나 먼지가 날리는 것을 막아줍니다. 그러므로 우리들은 당신의 밭을 지켜온 것입니다. 만일 우리들이 없었다면 비가

흙을 씻어 내리고 바람이 흙을 날려서 당신이 무엇을 가꾸고자 해도 불가능했을 것입니다."

농부는 이 말을 듣더니 허리를 펴고 얼굴의 땀을 씻으며 가볍게 웃었다. 그 이후로 그는 잡초를 소홀히 생각하지 않게 되었다.

녹은 하등 도움이 안 되는 것이라고 생각할지도 모른다. 그러나 그렇지 않다. 신은 날마다 창조 행위를 한다. 인간도 이 창조 행위에 잠가하고 있다. 자연의 법칙에 따라 우리늘은 날마다 새로이 태어나고 있다. 지식에서 패션까지 하루하루가 다르게 변화하고 있다. 그러므로 이 세계는 창조 행위가 시시각각으로 진행되고 있는 것이다. 이와 같은 창조적인 역할에 녹도 참여하고 있다.

창조를 위해서는 낡은 것을 파괴하지 않으면 안 된다. 새로운 탄생이 있기 위해서는 언제나 낡은 것의 파괴라는 전제가 있다. 쇠의 녹은 오래된 것을 제거하고 새로운 것이 탄생함을 의미한다. 만약 낡은 것이 파괴되어 없어지는 일이 없다면 세계는 낡은 것들로 가득 차 버릴 것이다.

인간에게도 나타나는 녹과 똑같은 현상은, 예컨대 기억이 희미

해지는 경우이다. 우리들은 오래 전에 이루어진 일들은 대개 잊어버리기 때문에 모든 과거의 기억을 모두 간직하고 있지는 못하다. 그래서 끊임없이 새로운 상황에 접할 수 있는 것이다.

사람은 나이가 들면 쇠퇴해진다고 하는데, 그것은 신이 나이든 사람에게 안락을 주기 위해 기억력을 약화시키고 부드러운 것만을 받아들이도록 하셨음에 틀림없다. 사람이 가장 기뻐하는 순간은 감사를 받을 때이다. 무슨 일에든 감사하는 마음을 갖는 것은 인생을 살아가는데 커다란 활력이 된다.

만사는 바람직한 면과 그렇지 못한 면이 있다. 그러나 바람직하지 못하다고 생각되는 일에도 무언가 도움이 되는 요소가 종종 발견되는 것이다. 그러므로 어떠한 일이 일어나도 항상 도움이 되는 것이라고 생각해야만 한다. 감사하는 마음은 겸허한 태도로부터 나오는 것이다.

마음이 겸허해지면 외부 세계를 보는 시야가 넓어진다. 이제까지 상대하지 않았던 사람이나 사물이 눈에 들어온다. 그리고 농부에게 말을 걸어온 잡초와 같이 상대방이 먼저 당신에게 접근해 올 것이다. 우리들은 모두 상인과 같다고 할 수 있는데, 겸손한 상인은 거만한 상인보다도 고객이 많을 것은 당연하다.

그렇다고 좋은 인상을 주기 위해서 무조건 굽신거리거나 비굴하라는 얘기는 아니다. 겸허함은 긍지라고 하는 샘으로부터 솟아 나오는 것이다. 그러므로 어느 순간 상대가 나에게 해를 주는 상대라는 것을 인정하게 되면 과감하게 잘라 버려야 한다.

관용에는 한정이 없어도, 시간에는 끝이 있다. 겸허함과 관용을 혼동해서는 안 될 것이다.

전통을 중시하는 마음

오늘날의 세계에서 진정한 의미로서의 자유민주주의 국가는 드물다. 게다가 어떠한 상황에서라도 광부의 파업이 일어나지 않을 정도로, 다시 말해서 사회의 깊숙한 곳까지 민주주의가 정착되어 있는 나라는 열 손가락으로 셀 수 있을 정도이다.

굳이 꼽아보자면 영국·미국·네덜란드·벨기에·스웨덴·노르웨이·덴마크·스위스·캐나다·이스라엘 등이다. 서독·프랑스·이탈리아에서는 불가피한 상황에서나 쿠데타나 폭력에 의한 정권교체도 가능하다고 생각되고 있다.

이들 자유민주주의 국가의 공통점은 바로 그들 국가가 오랜 전통을 중요시하고 있다는 점이다.

영국·미국·네덜란드·벨기에·스웨덴·노르웨이·덴마크는 왕실을 존중하고 있으며, 스위스·미국·캐나다·이스라엘에서도 역사적 전통을 자랑으로 삼고 있다.

민주주의 국가에서 특별히 전통을 중시하고 있는 이유는 무엇일까? 나는 한동안 일본의 와세다 대학에서 강의를 한 적이 있었는데, 그때 학생들로부터 '오랜 전통과 민주주의는 화합할 수 없는 것'이라는 말을 들었다. 민주주의는 새로운 것이므로 날마다 새롭게 변해 가는 것인데, 오랜 전통은 도리어 민주적 발전을 저해하는 것으로 생각하고 있는 것 같았다.

얼마 전 나는 골다 메이어의 자서전 《나의 생애》라는 책을 읽었다. 골다 메이어는 이스라엘의 여성 수상이다. 그녀는 젊은 시절을 미국에서 보냈는데, 노동운동의 선도자였다. 골다는 러시아 태생이지만 유대인인 부모를 따라 미국으로 이민을 갔고, 1917년에 모리스 메이야 손이라는 사람과 밀워키에서 결혼을 했다(이스라엘로 옮겨가서 히브리식 이름인 메이어로 개명했다).

"결혼 전에 나는 어머니와 끈질긴 협상을 해야 했다. 어머니와 나의 의견이 상충되어 있었기 때문이다. 모리스와 나는 시청에 가서 결혼신고만 하면 손님을 초청해서 피로연을 할 필요도 없고, 또 다른 귀찮은 일도 없이 결혼할 수 있을 것이라고 생각하고 있다. 모리스와 나는 사회주의자였다. 전통에 대해서 어느 정도 이해는 하고 있었지만, 그 어떤 것에 대해서도 자신들의 행동을 속박할 수는 없다고 믿고 있었다. 그러나 어머니는 자식이 그런 결혼을 하면 유대인 사회에 얼굴을 내놓고 다닐 면목이 없으며, 가정의 수치가 되어 더 이상 밀워키에서 살 수가 없게 된다고 완고하게 버티었다. 전통적인 의식에 따라 결혼해야 한다는 주장이셨다. 그리고 그렇게 하는 것이 너희들에게 무슨 해가 되느냐고 어머니가 말했을 때, 모리스와 나는 15분 동안 '쥬파'(유대식 결혼에서의 신부를 위해 만들어진 천막) 아래서 식을 올린다 해도 손해가 될 것이 없다 하여 타협했다. 우리는 양쪽 친구들도 초대했다. 그리고 밀워키의 저명한 랍비 중 한 사람인 손펜트 씨가 주례를 맡아 주었다. 어머니는 살아 생전에 언제나 랍비 손펜트 씨가 주례를 보아주고 게다가 어머니가 만드신 케익이 맛있다고 말해 준 것을 자랑으로 여기며 즐거운 듯이 회상하시곤 했다. 지금에 와서 생각해 보면, 그날 어머니를 그토록 기쁘게 해주고 우리 뜻대로 시청에 가서 결혼신고만 하고 끝내지 않은 것이 얼마나 다행이었는가를 생각해 보고 흐뭇해진다."

동양에는 이와 비슷한 전통과 관습을 가진 나라들이 많다. 멋있는 오래된 가옥과 가족주의, 그리고 독특한 경어를 쓰는 다양한 전통적인 관습을 고수한다. 관습을 지키는 것은 아무런 해가 되지 않을 뿐더러 민주주의를 확고한 것으로 만드는 데 도움을 주는 것이다.

민주주의 사회는 전체주의 사회와는 달라서 사람들은 모두 자기 나름대로의 주장을 펼 수 있는 자유가 있다. 동양 자유국가의 텔레비전 토론을 보면 몇 사람의 참석자이든지 간에 제각기 독자적인 다른 의견을 표명한다. 즉 다원적인 것이다.

이와 같은 민주주의 사회를 정착시킬 수 있는 것은 전통이라는 오랫동안의 자산이 있기 때문이다.

민주주의 사회에서는 사람들이 고유한 전통을 중요시함으로써 사회가 공동의식을 가지게 되고, 그 공통분모 위에 서서 다양한 가치를 추구할 수가 있는 것이다. 그러므로 참된 민주주의 국가에서는 전통을 특별히 존중하는 것이다.

과거의 유산과 전통을 중시하는 나라만이 민주주의 국가로 발돋움하고 있는 점에 특히 주목해야 할 것이다.

유대인은 전통을 매우 중히 여김으로써 민족성을 유지해 왔다.

"전통의 의미를 깊이 생각하지 않는 사람은 다른 사람에게 손을 이끌려 다니는 맹인과 같다."라고 탈무드는 말한다.

3
사랑과 결혼

정열의 생명은 결혼보다 짧은 것

유대인은 열렬한 연애에 대해 그리 예찬하지는 않는다. 그러나 인간이기 때문에 연애가 이루어진다. 연애 자체를 부정하는 것은 아니지만 어디까지나 올바른 눈으로 남녀관계를 바라보는 것이다. 탈무드는 인간에게는 감출 수 없는 세 가지가 있다고 본다.

그것은 기·가난·사랑하는 마음이라는 것이다. 그러나 동시에 탈무드는 '열정 때문에 결혼한다 해도 그 열정의 흥분은 오래가지 않는다'라고 경계하고 있다.

사랑이 열렬할수록 그 생명은 오히려 짧다. 흥분은 오래 지속되지 않기 때문이다. 그러나 유대인은 사랑을 매우 귀중하게 생각했다.

이와 관련된 유대의 격언이 있다.

- 사랑은 잼이다. 그러나 그것은 인생이라는 빵을 함께 먹어야만 하는 것이다.

- 사랑은 이성을 잃게 한다.
- 경솔한 사랑은 예기치 못한 결과를 낳는다.
- 사랑과 증오는 언제나 과장되기 마련이다.
- 신혼여행은 일주일로 끝난다. 그러나 일생은 일주일로 끝나지 않는다.

여자를 소중히 하는 관습

유대인은 부계 중심의 사회를 만들어 왔다. 한 가정에서 아버지가 권위를 갖고 있긴 하지만, 그렇다고 하여 여성이 학대를 받아온 것은 아니다.

천주 십계에서는 남녀가 평등하게 다루어졌다. 이스라엘 사람을 이집트 사람의 손에서 해방시킨 것은 미리엄이었으며, 고대 유대를 독립시킨 영웅으로 드보라가 있다. 성서의 잠언 가운데는 여성이나 어머니도 찬양되고 있다.

히브리어에서는 '라하마라트' 라는 말에 가장 높은 가치를 두고 있는데, 이 말은 '어머니의 사랑' 이라는 의미이다.

그래서 유대 속담에 다음과 같은 것이 있다.

"신은 모든 곳에 있을 수가 없으므로 어머니를 만들었다."

또 유대 사회에서 남자가 아내를 맞아들여 자기 가정을 꾸리지 않는 한 떳떳한 한 남자로서 대접받지를 못한다. 유대인들은 이상적인 남성이란 사나이의 강인함과 여자의 부드러움을 겸비한 자라고 생각한다 탈무드에서는 다음과 같이 말하고 있다.

"자기 자신을 사랑하듯이 아내를 사랑하고 중히 지키십시오. 여자를 울려서는 안 됩니다. 하나님은 여자의 눈물을 한 방울씩 셀 것입니다."

유대의 전통에서 여성은 중요한 위치를 차지해 왔다. 예를 들면 유대인들은 매주 금요일 샤바트의 만찬 때 가족들이 모여 식사를 하는데, 이때 남편은 다음과 같이 아내를 찬양하는 노래를 부르게 되어 있다.

"그대는 힘과 상냥함을 함께 겸비하고 있으니, 그대가 입을 열면 지혜로운 말이 넘쳐흐르네, 하나님이 그대를 축복하시고 그대의 자녀들을 지켜 주시기를…."

그러면 아내는 촛불을 켠다.

또 탈무드는 이렇게 가르치고 있다.

"만일 남녀 고아가 있으면 우선 여자를 구하라. 남자아이는 걸식을 해도 좋지만 여자는 그렇게 하는 것이 허락되지 않기 때문이다."

유대인들은 아내를 때리는 것을 가장 수치스러운 일로 생각하고 있다. 그러나 유럽이나 중동의 다른 민족 중에서는 이런 일은 다반사로 일어난다. 예를 들면 중세의 가톨릭 교회법에서는 필요하다면 아내를 때리는 것도 허용하고 있다. 영국에서는 15세기 말까지 아내를 때리는 것이 법으로 허용되고 있었으며, 19세기에는 아내를 팔아 넘기는 일조차 허용되었다. 이것은 토마스 아디의 《캐스터 브리지의 시장》에 잘 묘사되어 있다.

다른 문화권에서는 아내를 때린다고 하는 것은 자연스러운 일로

생각되었다. 그러나 유대인 사회에서는 고대로부터 아내를 때린 남편에 대해서는 엄중한 벌을 가해 왔다. 그럴 경우 아내가 소송만 제기하면 위자료를 받고 이혼할 수가 있었다.

유럽에는 다음과 같은 속담이 있다.

"유대인은 기아에 허덕일 때는 노래를 부른다. 그리스도 교도가 굶주릴 때는 아내를 때린다."

〈창세기〉를 보면, 신은 아담이 잠들어 있는 동안에 그의 갈비뼈 하나로 이브를 만들었다고 씌어 있다. 고대의 랍비들은 어째서 남자가 여자를 원하고 여자가 남자를 사모하는 것인가에 관해, 그것은 바로 남자는 자신의 갈비뼈를 되찾으려 하고, 여자는 자신이 생겨난 남자의 가슴으로 돌아가려고 하기 때문이라고 풀이한다. 이 힘이 서로 끌어당겨 남녀가 맺어진다고 생각했던 것이다.

미국에서는 아내가 남편에 의해 강간당했다고 제기한 소송을 법원이 인정했다고 하는 사례가 있었는데, 이와 같은 일은 유대에서는 고대로부터 존재하고 있었다. 곧 남편은 아내의 동조 없이는 성관계를 할 수 없다는 것이다. 유대의 율법 속에는 소위 남편의 강간죄라고 하는 것을 인정하고 있다.

"여자가 거부하는 경우 남자는 자신의 욕구를 강요할 수 없다."

유대 사회에서는 이혼율이 극히 낮다. 그것은 유대인 남성이 아내를 소중히 여기는 전통에서 나온 것이다. 예를 들면 유대의 남편들은 아내에 대해서 강간을 하는 것이 허용되지 않을 뿐더러, 만약 성관계를 한다 해도 충분한 전희(前戲)를 베풀지 않으면 안 된다. 남자 혼자서 도취하여 클라이막스에 도달하는 것은 금지되어 있다.

그러나 유대 사회에서는 남성 우위의 전통도 상당히 강하다. 특히 교육면에 있어서 그러한데, 모든 남자아이들은 6세가 되기 전에 반드시 성서를 읽도록 하고 있지만, 여자아이는 꼭 그렇게 하지 않아도 되었다. 그렇다고 해서 여성이 교육받는 것을 금한 것은 아니었다. 예를 들어 1475년, 로마의 유대인 사회에서는 여성을 위한 탈무드 학교가 설립되어 있었다. 그러므로 같은 시대의 다른 민족의 여성들과 비교해 보면 유대인 여성들은 교육 정도가 높았음을 알 수 있다.

그래서 전후(戰後) 이스라엘에서는 세계 그 어느 나라보다 앞서 골다 메이어와 같은 여성 수상이 나온 것이다. 그러나 동시에 유대인 여성들은 남성들의 학문연구와 사업을 도와야 하며, 육아나 가사에도 힘써야 한다는 것을 중시하고 있다.

"신은 여자를 남자의 머리로 만들지 않으셨는데, 그것은 여자가 남자를 지배해서는 안 된다는 의미이다. 또 신은 남자의 발로 여자를 만들지 않으셨는데, 그것은 여자가 남자의 노예가 되어서도 안 된다는 의미이다. 그렇다면 왜 갈비뼈로 만들었는가? 그것은 언제나 남자의 가슴에 안겨 있는 것처럼 생각하기를 바라는 의도에서였다."

 여자를 남자의 갈비뼈로 만들었다는 〈창세기〉의 이야기는 비단 유대인에게만 전해오는 이야기는 아니다. 이와 같은 이야기는 폴리네시아·버마·시베리아의 타타르인 또는 캘리포니아 주의 유키 새리난 인디언 등의 사회에도 있다. 어느 인류학자는 늑골로 여자를 만들었다는 그와 같은 전설은 그리스도의 선교사가 구약성서의 이야기를 전도하는 가운데 자기들의 전설과 합류된 것이라고 주장하고 있다.

 어찌됐든 남성에게 있어서 여성은 영원한 수수께끼이다. 남자에게 있어서는 여성만큼 다루기 힘든 것은 없을 것이다.

 《미트랏슈》라는 책에는 다음과 같은 이야기가 실려 있다.

🍎 알렉산더 대왕이 여자들만 모여 살고 있는 지방을 침입하여 이곳을 점령하려 했다. 그러자 여자들이 뛰쳐나와 이렇게 소리쳤다.

 "만일 대왕께서 우리 여자들을 죽인다면 온 세계는 당신을 향해 이렇게 말할 것이랍니다. '대왕이 여자를 죽였다!' 라고, 그리고 만일 우리들이 당신을 죽인다면 세계는 이렇게 말할 것입니다. '여자한테 죽음을 당한 자는 대체 어떤 대왕인가' 라고."

🍎 이리하여 남자는 설 곳이 없다. 그래서 탈무드는 악처를 경계하여 다음과 같이 말하고 있다.

- 부모에게는 어리석은 자식을 가진 것이 불행한 일이고, 남자는 악처를 가진 것이 불행하다.
- 폭우는 남자를 집안에 가두어 두지만, 악처는 남자를 밖으로 쫓아낸다.

성서에도 다음과 같은 말이 씌어 있다.
- 다투는 여인과 함께 큰 집에서 사는 것보다는 차라리 혼자 움막에서 사는 것이 낫다.
- 착한 여인은 남편의 면류관이지만, 악한 여인은 그 남편의 뼈를 썩게 하느니라.
- 어떤 남자에게 있어서 악처는 가공하지 않은 돌과 같다.

석공이 돌을 사랑하듯이 기꺼이 그와 같은 아내를 다루는 남자도 있다.

천 개의 눈을 가진 질투

여자는 질투심이 매우 강하다. 사랑은 맹목적이라고 말하는데, 질투야말로 맹목적이다.

그래서 유대의 속담에 '질투는 천 개의 눈을 가졌다'라는 말이 있다. 여자의 질투도 무서운 것이지만, 남자의 질투 또한 좋지 않은 것이다. 유대인들 사이에서부터 전해 내려오는 수수께끼에 이런 것이 있다.

"랍비님, 당신은 모든 것을 다 알고 계시니, 만일 아담이 에덴동산에서 외박을 하고 돌아왔다면 이브가 어떻게 했을까요?"

에덴동산에는 아담과 이브 단 둘만이 살고 있으므로 대답은 이러했다.

"이브는 아담의 갈비뼈 수를 셀 것이오."

이브가 아담의 갈비뼈로 만들어진 것으로 미루어, 만일 갈비뼈가 줄어들었다면 또 한 사람의 여자가 생긴 것이라는 발상에서 나온 이야기다. 하긴 아무리 질투 때문이라 해도 이 정도로 합리성을 가진 발상이라면 그럴 만도 하다.

"사랑이 맹목적이지만 질투는 맹목보다 더 나쁘다. 왜냐하면 보이지 않는 것까지도 보기 때문이다."

라는 격언도 있다.

질투만큼 무서운 것은 없다. 성서의 잠언은 다음과 같이 경계하고 있다.

"분(忿)은 잔인하고 노(怒)는 폭풍과 같거니와 투기 앞에 누가 서리요."(잠언 27장 4절)

질투를 하게 되면 보이지 않는 것까지도 보았다고 말한다. 끊임없는 망상을 사실로 믿는다. 〈창세기〉에서 인간은 신이 먹지 말라고 한 금단의 열매를 따먹음으로써 인간의 불행을 자초했다고 씌어 있다. 이 금단의 열매는 사실은 지식의 나무에 열려 있었던 것이다.

말하자면 인간은 아는 것으로 말미암아 불행을 야기시킨다는 것을 경계하고 있는 것이다. 완벽하게 알지 못한다는 것은 도리어 두려운 일이다. 그러한 지식은 망상의 씨앗을 만들기에 알맞다.

그리하여 질투의 불타는 마음은 뼈까지 썩힌다. 이렇게 되어 버린다면 분노는 홍수처럼 한없이 넘쳐 도저히 억제할 길이 없어져 버린다.

그렇지만 서로 사랑하는 두 사람의 경우에는 질투도 애정의 기준이 될 수 있다. 질투의 불마저 다 꺼져버렸다면 이별의 날이 가까워졌다는 것을 의미한다.

그러므로 탈무드도 이렇게 말하고 있다.

"질투하지 않는 연인은 진심으로 사랑하고 있지 않는 것이다."

유대의 중매인

유대인에게 있어서 결혼은 매우 신성한 것이다. 〈창세기〉에는 '생육하고 번성하여 땅에 충만하라(1장 28절)'로 신이 명령한 구절이 있다. 또 신은 남자가 어느 정도의 연령에 이르면 부모로부터 독립하여 아내를 맞아들여야 한다고 게시한 바 있다.

즉, 결혼은 남녀 모두가 신에 대한 의무라고 생각하였다. 그리하여 탈무드는 '18세가 되면 결혼해야 한다' 고 가르치고 있다. 또 고대의 랍비들은 '14세가 되면 결혼해야 한다' 고 말하고 있다. 유대인들은 결혼을 하나님이 전해 주는 것이라고 생각해 왔기 때문이다.

유대인 사회에서는 오랫동안 '샤드쿤' 이라는 직업적 중매인이 있었다. 이 중매인은 모든 마을이나 도시에 사는 적령기의 총각이나 처녀에 대해 조사해 놓고 있다가 서로 맞는 사람끼리 맺어주는 일을 했던 것이다. 그러나 유대인에게 있어서는 오로지 신만이 가장 완벽한 '샤드쿤' 이라고 생각해 왔다. 탈무드 외에도 유대인의 오래된 책 가운데는 결혼이라는 것을 찬양하고 또한 매우 즐거워하고 있는 것이 많다.

유대인 사회에서는 고부간의 문제는 거의 없다고 한다. 그도 그럴 것이 일단 결혼을 하면 부모와 함께 사는 것이 금지되어 있기 때문이다.

- 젊은 남자가 결혼하면 어머니를 떠나야 한다.
- 아침에 일찍 일어나는 것과 일찍 결혼하는 것은 나쁜 것이 아니다.
- 결혼을 하면 죄가 감해진다. 여자가 남자보다 빨리 결혼해야 한다고 하는 것은 여자가 남자보다 죄가 많기 때문이다.
- 살아 있던 남자가 후베(결혼할 때 신랑 신부가 들어갔다 나오는 차일 같은 것)에 들어갔다 나오면 시체가 되어 나온다.

이와 같은 말들은 부정적인 격언이다.

유대인 관습에는 남자아이가 태어나면 삼나무를 심고, 여자아이가 태어나면 소나무를 심는다. 그리고 두 사람이 결혼할 때에 이 나무의 가지를 사용하여 '후베'를 만든다. 유대인은 일단 자녀가 결혼하게 되면 간섭하지 않고 대등하게 대한다. 즉, 아들의 독립을 중시하는 것이다.

내가 일본에 있을 때에 〈인생상담〉이라는 라디오 프로에 관계했었는데, 그때 청취자들로부터 고부간의 관계, 모자간의 관계에 관한 호소가 많았었다. 동양의 남자아이들은 더 빨리 독립을 해야겠다고 생각했다.

조혼의 함정

미국 사회에서도 은근하면서도 중대한 변화가 진행되고 있다. 이것은 하나의 혁명이라고 할 수 있는 것으로, 바로 조혼 현상이 증가한 점이다. 이것은 우습다고 생각하실 독자가 있을지 모르지만, 30여년 전 나의 청년 시절에는 학부의 학생이나 대학원 학생이 결혼하는 경우는 매우 드문 케이스였다.

이와 같이 변화가 어떻게 해서 일어나게 되었는가에 대한 사회학자의 분석에 따르면, 조혼은 행복감 내지는 안정감에 커다란 영향을 미치고 있기 때문인 것 같다. 나의 견해로는 조혼의 영향이 어떤 것인가 하는 데 관한 문제는 긍정도 부정도 하지 않는다. 그러나 조혼이 가져오는 결과에 대해서는 관심을 기울이고 있다.

우선 조혼하는 젊은이들은 배우자를 선택할 때 몇 가지 중요한 요소를 염두에 두지 않는다는 사실이다. 예를 들면 상대방의 성장 과정이 어떠했는가, 어떤 취미를 가지고 있는가, 종교관은 어떠한 가, 어떤 사고방식을 가지고 있는가 하는 점에 관한 고려이다. '사랑은 맹목적이다'라는 말이 있긴 하지만, 사랑이 모든 것을 해결해 줄 것이라고 생각한다면 큰 오산이다.

두 사람의 사랑이 너무 뜨거우면 제삼자의 시각으로는 아무리 보아도 순조롭게 진행될 것 같지 않은데도 두 사람에게는 함정이 전혀 보이지 않는다. 서로가 참고 나가면 행복한 결혼생활을 이끌어나갈 수 있다고 속단을 해버리는 것이다. 그렇게 되면 그 결과는 어찌될 것인가?

조혼이 실패로 끝나는 예는 놀랄 만큼 많다. 아마도 당신의 주변을 보아도 이러한 예가 많을 것이다. 그런데 보통은 결혼만 하면 모든 문제가 해결된다고 생각한다. 그러나 설사 해결이 된다 하더라도 또 새로운 문제가 생겨나기 마련이다.

나의 견해로는 결혼 후 2, 3년이 가장 어려운 시기라고 생각된다. 이 시기가 지나면 결혼의 안정성도 만족감도 해마다 증가된다. 나는 여기에서 결혼생활에 있어서의 몇 가지 난점을 들어 살려보고자 한다.

우선 중요한 것은 상대방을 충분히 이해하는 일이다. 감상적인 연애 감정으로만 상대를 선택한 경우에는 결혼은 오래 가지 못하는 경우가 많다. 잠을 깬 현실감각을 갖지 않으면 안 된다.

이것은 기본적 조건이다. 예컨대 결혼하고 나서야 비로소 상대방의 참모습(성격이나 기질)을 알게 되는 경우가 있는데, 그것은 결혼하기 전에는 사랑에 눈이 멀어 상대방의 모습이 마치 초점이 안 맞은 사진처럼 흐리게 보였기 때문인 것이다.

나는 젊은 부부가 '이런 사람과 결혼할 생각은 없었는데…' 라고 후회하는 말을 들은 적이 있다. 이것은 그야말로 커다란 실수이다. 결혼했다고 해서 인간의 기본적인 성격이 변하는 것은 아니다. 그것은 단지 상대방의 마음을 정확히 파악하지 못했던 것뿐이다.

이 단계가 결혼에의 첫 번째 도전이 된다. 그 때가 되면 서로가 상대방에 대해서 정확히 볼 수 있게 된다. 상대방을 잘 보게 되었다는 것은 다시 말해서 상대방도 자신을 잘 볼 수 있게 되었다는 것을 의미한다. 또 육체를 통해서도 상대방을 충분히 알게 되었을 때에는 정신적·심리적으로도 잘 알게 되었다고 할 수 있을 것이다.

연애를 할 때에는 가능한 한 서로가 상대방에게 잘 보이려 갖은 노력을 다한다. 데이트를 하는데 어느 누가 수염도 깍지 않고 나갈 것인가? 또 여성의 경우는 옷이나 머리나 얼굴을 최대한으로 가꾸고 데이트에 나갈 것이 틀림없다. 그런데 일단 결혼을 하고 나면 이제 그런 것에는 신경을 쓸 필요를 느끼지 않고 있는 그대로 자신을 보이는 것이다.

분명 두 개체의 만남은 불꽃처럼 타오르는 사랑으로 시작된다. 그러나 결혼은 그런 충동적인 감정만으로는 유지될 수가 없다. 결혼생활은 일상생활-언행이나 표정-의 연속이다. 하찮은 일이 있는가 하면, 깊은 의미를 지닌 것도 있다.

그러므로 결혼한 이후에 야기될 것 같은 사태를 미연에 통찰하고 이해할 필요가 있는 것이다. 상대방을 진심으로 이해하기 위해서는 서로를 인정하고 긍정하는 것이 중요한 일이다.

그런데 그와 관련하여 수용과 긍정이라는 말에 대해 설명하지 않으면 안 되겠다. 한 개인에게 있어서 심리학적으로 가장 중요하다고 생각하는 것은 '그' 또는 '그녀'가 자기 인생의 전부라고 하는 감각이다. 특히 결혼생활에 임한 두 사람에게 있어서는 상호간의 수용과 긍정은 한 번만의 행위로써 표현될 수 있는 성질의 것이 아니다.

유럽이나 미국에서는 부부가 서로 자주 사랑의 대답을 듣고자 반복하여 '두 유 러브 미?'라고 묻는다. 그리하여 긍정의 대답을 기다리는 것이다. 그러나 나는 결코 두 사람의 행복한 결혼생활을 유지하기 위해 언제나 긴장된 관계를 유지하라는 말은 아니다. 그보다는 두 사람이 마주 앉아 대화를 나누고 서로의 일을 도우며, 감사의 표시를 하는 것이 좋다고 말하고 싶은 것이다. 이렇게 함으로써 부부는 권태나 절망의 구렁텅이로 빠지지 않고, 두 사람의 사랑을 오래 지속할 수 있게 되는 것이다.

아무리 두 사람의 사이가 확고하게 결합되어 있는 것처럼 보여도 매일 함께 지내다 보면 갈등이나 오해가 반드시 생기게 마련이다. 그런 것을 보통 결혼의 시련이라고 말한다. 그럴 때에 두 사람이 진실하게 대화를 나누면 불화의 장벽을 무난히 뛰어넘어, 이와 같은 결혼에서 시련을 지혜롭게 통과할 수가 있다. 파탄은 갑자기 찾아오는 것이 아니라, 서서히 좀이 먹어 들어가듯 퍼지는 것이다.

젊은이들의 결혼이 실패로 끝나는 경우는 대부분 예기치 못했던 사태가 꼬리에 꼬리를 물고 일어나, 그 충격을 견디지 못하기 때문이다. 그러므로 결혼은 정신적으로 충분히 대처할 만한 힘이 생길 때 하는 편이 좋다.

탈무드에서도 다음과 같은 금언으로 섣부른 결혼을 경계하고 있다.

- 생활이 안정되지 않은 상태에서의 결혼은 어리석은 자의 짓이다.
- 신혼은 일 개월, 파탄은 일생

성전 탈무드

초판 1쇄 발행 2007년 3월 10일
중판 1쇄 발행 2016년 3월 25일

■
지은이   마빈 토케이어
옮긴이   김 정 우
펴낸이   박 효 완

■
펴낸곳   아이템북스
디자인   김 영 숙
마케팅   최 용 현
관 리   정 용 숙

■
출판등록 2001년 8월 7일
등록번호 제2-3387호
주   소   서울시 마포구 서교동 444-15 1층

※ 잘못된 책은 바꿔 드립니다.